Global Energy Interconnection
Development and Cooperation Organization

全球能源互联网发展合作组织

亚洲清洁能源开发与投资研究

全球能源互联网发展合作组织

中国电力出版社
CHINA ELECTRIC POWER PRESS

前　言

能源是经济社会发展的重要物质基础。人类对能源的利用，从薪柴到煤炭、石油、天然气等化石能源，再到水能、风能、太阳能等清洁能源，每一次变迁都伴随着生产力的巨大飞跃和人类文明的重大进步。能源作为现代社会发展的动力，关系国计民生、关系人类福祉。传统化石能源的大量开发使用导致资源紧张、环境污染、气候变化等问题日益突出，严重威胁人类生存和可持续发展。从本质上看，可持续发展的核心是清洁发展，关键是推进能源生产侧实施清洁替代，以太阳能、风能、水能等清洁能源替代化石能源。

科学准确的资源量化评估是清洁能源大规模开发利用的重要基础。当前，全球范围内水电、风电、太阳能装机规模已超过总电源装机规模的 30%，清洁能源发展虽然已取得一定成效，但仍存在巨大开发潜力，故资源开发量的精细化评估研究尤为关键。全球能源互联网发展合作组织（简称"合作组织"）在建立健全全球清洁能源资源数据库的基础上，构建了清洁能源资源评价体系和精细化数字评估模型，开展了全球视角下水能、风能和太阳能理论蕴藏量、技术可开发量、经济可开发量的系统测算与量化评估，形成了"全球清洁能源开发评估平台（GREAN）"，有效提升了全球清洁能源资源评估的准确度与时效性，为相关国家和地区清洁能源的大规模开发利用提供了重要支撑。

系统高效的基地宏观选址是清洁能源大规模开发利用的重要前提。清洁能源基地选址关系到电站开发的经济性，对清洁能源的经济化规模开发和高效利用至关重要。影响基地选址的因素众多，选址分析决策过程复杂、难度较大。内业的选址研究往往受到数据资料的完整性和准确度限制，选址作业必须依赖现场查勘，耗费巨量的人力、财力和时间成本。合作组织综合考虑全球地形高程、地物覆盖、流域水系、自然保护区、地质和地震、电源和电网、人口和经济等诸多因素，构建了清洁能源发电基地宏观选址模型及工具，大幅增加了资料收集环节的广度和深度，将极大提升了内业选址的准确性、经济性和有效性，

形成了推动全球清洁能源资源开发的系统化成果，为世界能源战略研究和政策制定提供了可以参考的"工具书"和"数据手册"。

　　聚焦全球各洲资源评估及基地开发，合作组织编制了全球及亚洲、欧洲、非洲、北美洲、中南美洲、大洋洲等各大洲清洁能源开发与投资研究系列报告。本报告是聚焦亚洲的分报告，全面展示了亚洲的清洁能源资源评估和大型基地选址成果。**第1、2章和第3章，采用数字化方法完成了亚洲水电、风电和光伏发电的资源评估与基地开发研究。** 首先分别介绍了资源评估和选址研究的方法体系、模型和数据。水电方面，对亚洲主要流域的水能资源开展了理论蕴藏量测算，对主要待开发的河段提出了梯级开发方案；风电和光伏发电方面，在全面测算和分析影响集中式开发的主要因素基础上，开展了全洲各国家和地区风能、太阳能理论蕴藏量、集中开发的技术可开发量及开发成本测算，并结合亚洲部分国家实际，对分布式开发风电和光伏的规模开展了初步量化评估；运用数字平台，研究提出了亚洲大型的陆上和海上风电基地、大型太阳能光伏基地的选址布局，完成了开发条件评价、开发规模评估以及技术经济指标测算。**第4章，** 基于亚洲能源电力供需发展趋势，统筹区域内、跨区及跨洲电力消纳市场，研究分析大型清洁能源基地送电方向和输电方式。**第5章，** 梳理了亚洲主要国家的能源政策及投资现状，剖析清洁能源开发项目典型投资模式，结合亚洲水能、风能、太阳能大型基地开发方案开展案例研究，提出了加快亚洲清洁发展的政策和投资模式建议。

　　合作组织全球清洁能源开发与投资研究系列报告致力于为全球清洁能源大规模开发利用提供指引和参考，加快推动在能源供给侧实施清洁替代。本报告可为政府部门、国际组织、能源企业、金融机构、研究机构、高等院校和相关人员开展亚洲清洁能源资源评估、战略研究、项目开发、国际合作等提供参考。受数据资料和报告研究编写时间所限，内容难免存在不足，欢迎读者批评指正。

研究范围

本报告研究范围覆盖亚洲 48 个国家和地区 ❶ 以及俄罗斯领土的亚洲部分。亚洲 48 个国家和地区分别为：中国、朝鲜、韩国、蒙古、日本、越南、老挝、柬埔寨、缅甸、泰国、马来西亚、文莱、新加坡、印度尼西亚、东帝汶、菲律宾、印度、尼泊尔、不丹、孟加拉国、斯里兰卡、马尔代夫、巴基斯坦、阿富汗、哈萨克斯坦、乌兹别克斯坦、土库曼斯坦、吉尔吉斯斯坦、塔吉克斯坦、伊朗、格鲁吉亚、阿塞拜疆、亚美尼亚、伊拉克、科威特、沙特阿拉伯、巴林、卡塔尔、阿拉伯联合酋长国、阿曼、也门、叙利亚、黎巴嫩、约旦、塞浦路斯、巴勒斯坦、以色列、土耳其。

---

❶ 本报告对任何领土主权、国际边界疆域划定以及任何领土、城市或地区名称不持立场，后同。

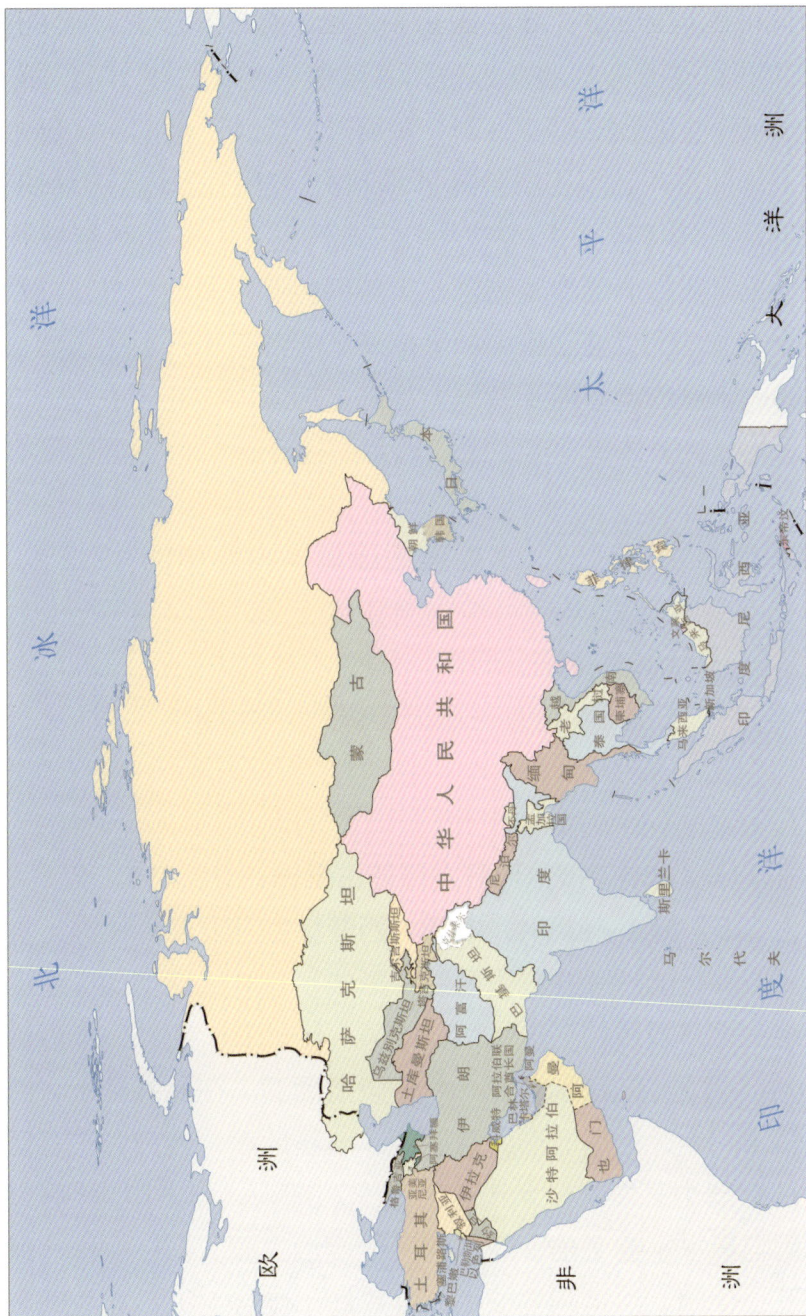

亚洲研究范围示意图

摘　要

近年来，亚洲国家的营商环境整体高于全球平均水平，竞争力不断提高，清洁能源开发在亚洲具有重要的战略地位，并积极鼓励外资进入清洁能源开发领域，努力消除对可再生能源的投资限制，发展潜力巨大。但同时也面临着市场化程度参差不齐、行业准入与用工条件趋紧等制约，部分国家经济增长动力不足、基础设施建设滞后、能源电力保障能力和应对气候变化能力亟待提升等严峻挑战。亚洲需要依托丰富的清洁能源资源，秉持绿色低碳发展理念，在水、风、光资源储量量化评估基础上，推动集中式大型清洁能源基地开发和投资，加快清洁发展，促进亚洲以丰富的清洁能源资源为基础，加快再工业化进程，推动制造业高质量发展，深化区域一体化，实现经济繁荣、社会进步的全面协调发展。

亚洲水能资源居世界前列，水能理论蕴藏量占全球的 47.2%。经测算，亚洲勒拿河、湄公河、布拉马普特拉河等主要流域的水能资源理论蕴藏总量 16801TWh/a，广泛分布在中国、印度、缅甸、阿富汗、尼泊尔、塔吉克斯坦等 21 个国家，其中中国水能资源理论蕴藏量最高，为 7269TWh/a，印度次之，理论蕴藏量达到 1801TWh/a。

亚洲风能资源非常丰富，技术可开发风能占全球的 28.4%，全洲集中式风电平均开发成本为 3.57 美分 / kWh，中亚、西亚集中开发条件优越。报告以国家为单位，完成了亚洲风能资源的量化评估，形成了各国风能资源理论蕴藏量、技术可开发量和经济可开发量的系统化测算结果。经测算，亚洲风能理论蕴藏量达到 595.0PWh/a，广泛分布在东北亚、中亚以及西亚。在此基础上，综合考虑资源禀赋、土地资源利用、地理地形、保护区、地质地震、人口分布等因素，经测算，亚洲风能适宜集中开发的技术可开发量 37.3TW，年发电量 93.9PWh，约为全洲当前年用电量水平的 7 倍。亚洲的风能资源主要分布在中国、蒙古、哈萨克斯坦、阿富汗、伊朗、沙特阿拉伯、阿曼等国。结合 2035 年亚洲风力发电技

术经济性预测结果，考虑交通和电网接入等开发成本，亚洲集中式风电开发的各国平均度电成本为 2.65~6.99 美分 / kWh。其中，资源条件优异，交通、电网基础设施条件较好的哈萨克斯坦、蒙古等国的风电开发经济性更好。

亚洲太阳能光伏资源潜力巨大，技术可开发光伏占全球的 22.9%，全洲集中式光伏平均开发成本 2.48 美分 / kWh，集中开发条件非常优越。 经测算，亚洲光伏发电理论蕴藏量 59099.6PWh/a，广泛分布于蒙古高原、中亚、西亚和南亚等部分地区。综合考虑资源禀赋，排除制约大规模集中开发主要限制性因素，亚洲光伏发电技术可开发量 606.0TW，年发电量 1100.3PWh，是全洲年用电量的 80 余倍。亚洲的太阳能资源主要集中在中国、蒙古、哈萨克斯坦、土库曼斯坦、巴基斯坦、伊朗、叙利亚、约旦、沙特阿拉伯、阿曼等国。结合 2035 年亚洲光伏发电技术经济性预测结果，考虑交通和电网接入等开发成本，亚洲集中式光伏开发的各国平均度电成本为 1.94~3.38 美分。其中，资源条件优异，交通、电网基础设施条件较好的沙特阿拉伯、约旦、巴基斯坦等国光伏发电开发经济性更好。

基于精细化数字评估模型以及基地宏观选址模型，对亚洲主要待开发的水电、风电和光伏基地开展了宏观选址研究，完成了开发条件评价、开发规模评估以及技术经济指标测算。

水电基地方面， 综合考虑资源特性和开发条件，结合已建水电站情况，主要针对恒河、布拉马普特拉河、马哈坎河等共 10 个流域的 10 个基地开展了水电开发方案研究，并选取 4 个大型水电站开展了工程方案与投资的研究。总体上，亚洲 10 个流域的 10 个基地共规划 88 个梯级，总装机规模约 92.01GW，年发电量 431.85TWh。

　　风电基地方面，蒙古、哈萨克斯坦、巴基斯坦和西亚部分地区适宜建设大规模陆上风电基地，日本沿海、朝鲜半岛沿海、菲律宾北部沿海、越南东南沿海、印度半岛南部沿海等地区适宜建设大规模海上风电基地。报告研究并提出了日本稚内、蒙古乔巴山、越南广义、印度杰伊瑟尔梅尔、哈萨克斯坦阿特劳和沙特达曼等 39 个大型风电基地的选址成果，完成了开发条件评价、开发规模评估与资源特性分析，综合工程建设与并网条件分析了基地的经济性指标。39个大型风电基地的总装机规模 288.40GW，年发电量 874.45TWh/a，总投资约 2862.34 亿美元，其中陆上风电基地的度电成本为 1.98~3.85 美分 / kWh，海上风电基地的度电成本为 4.01~7.40 美分 / kWh，项目经济性好。

　　光伏发电基地方面，综合考虑资源特性和开发条件，蒙古、巴基斯坦、印度部分地区和中亚、西亚地区适宜建设大规模光伏基地。报告研究并提出了蒙古乔伊尔、巴基斯坦奎达、哈萨克斯坦卡普恰盖、沙特阿弗拉杰等 38 个大型光伏基地的选址成果，完成了基地开发条件评价、开发规模评估与资源特性分析，综合工程建设与并网条件，提出了基地的经济性指标。38 个大型光伏发电基地的总装机规模约 687.80GW，年发电量 1318.35TWh/a，总投资约 3220.37亿美元，度电成本为 1.81~3.28 美分 / kWh，经济指标优异。

　　亚洲能源互联网是亚洲水电、风电和光伏电力资源大规模多元化开发和高效利用的配置平台，是实现亚洲能源电力清洁、多元、可靠和经济供应的重要基础。基于对亚洲能源电力供需趋势的分析，统筹区域内、跨区及跨洲电力消纳市场，结合清洁能源基地电力外送容量、输电距离及电网网架结构等因素，报告提出了亚洲主要大型清洁能源基地的送电方向和输电方式，将基地开发与电网外送有效衔接，推动亚洲清洁能源大规模开发和高效利用。

进一步改善亚洲的营商环境和政策条件、创新投融资模式是推动洲内大型清洁能源基地项目落地实施的关键因素。 亚洲地区清洁能源资源具有较高的开发潜力，开发成本下降空间较大。为推动经济增长、改善生态环境，应进一步加快开发清洁能源资源，改善能源和投资管理政策环境，创新投融资模式。报告梳理了亚洲整体政策环境，对韩国、日本、哈萨克斯坦、伊朗等 15 个主要国家开展了营商环境、清洁能源开发、电力市场、行业投资、财政政策、土地劳工环保等 6 类电力项目开发的相关政策分析。针对亚洲清洁能源开发，报告提出了包括完善合作机制、发挥"一带一路"金融优势、发展清洁能源产业园区、加快完善市场化机制、丰富风险防范手段等五方面的建议，以进一步推动大型清洁能源项目在亚洲国家尽快实施，实现亚洲经济的绿色发展和互惠共赢。

目 录

前言
研究范围
摘要

1 水能资源评估与开发 **001**

  1.1 方法与数据 002

    1.1.1 资源评估方法 002

    1.1.2 宏观选址方法 004

    1.1.3 基础数据与参数 006

  1.2 资源评估 010

    1.2.1 水系分布 010

    1.2.2 水文数据 010

    1.2.3 地面覆盖物分布 015

    1.2.4 地质条件 017

    1.2.5 水能资源总述 021

    1.2.6 评估结果 025

  1.3 基地开发 041

    1.3.1 开发现状 041

    1.3.2 基地布局 042

    1.3.3 科西河干流基地 044

    1.3.4 普纳昌河干流基地 054

    1.3.5 马哈坎河干流基地 060

   1.3.6 拉让江干流基地 067

   1.3.7 马利瑙河干流基地 068

   1.3.8 伊洛瓦底江干流基地 071

   1.3.9 萨尔温江干流基地 073

   1.3.10 湄公河干流基地 076

   1.3.11 纳伦河干流基地 078

   1.3.12 阿尔丹河干流基地 082

2 风能资源评估与开发 085

  2.1 方法与数据 086

   2.1.1 资源评估方法 086

   2.1.2 宏观选址方法 090

   2.1.3 基础数据与参数 092

  2.2 资源评估 098

   2.2.1 风速分布 098

   2.2.2 地面覆盖物 100

   2.2.3 保护区分布 100

   2.2.4 交通设施 100

   2.2.5 电网设施 104

   2.2.6 评估结果 106

  2.3 风电基地开发 118

   2.3.1 开发现状 118

   2.3.2 基地布局 119

   2.3.3 基地概述 120

   2.3.4 基地选址研究 132

3 太阳能资源评估与开发 143

  3.1 方法与数据 144

   3.1.1 资源评估方法 144

3.1.2 宏观选址方法 146

3.1.3 基础数据与参数 147

3.2 资源评估 153

3.2.1 水平面总辐射量分布 153

3.2.2 地面覆盖物 155

3.2.3 地形分布 155

3.2.4 评估结果 160

3.3 光伏基地开发 171

3.3.1 开发现状 171

3.3.2 基地布局 172

3.3.3 基地概述 173

3.3.4 基地选址研究 186

4 大型清洁能源基地外送 **197**

4.1 电力需求预测 198

4.2 深度电能替代 202

4.2.1 清洁电力制氢与氢能利用 202

4.2.2 海水淡化与生态修复 205

4.3 东亚 207

4.3.1 送电方向 207

4.3.2 输电方式 208

4.4 东南亚 209

4.4.1 送电方向 209

4.4.2 输电方式 210

4.5 南亚 212

4.5.1 送电方向 212

4.5.2 输电方式 213

4.6 中亚 215

4.6.1 送电方向 215

4.6.2　输电方式 216

4.7　西亚 218

4.7.1　送电方向 218

4.7.2　输电方式 219

5　政策环境和投融资建议　221

5.1　亚洲国家投融资政策概况 222

5.2　亚洲重点国家投融资政策 225

5.2.1　俄罗斯 225

5.2.2　韩国 227

5.2.3　日本 229

5.2.4　哈萨克斯坦 231

5.2.5　伊朗 234

5.2.6　沙特阿拉伯 236

5.2.7　孟加拉国 239

5.2.8　巴基斯坦 241

5.2.9　乌兹别克斯坦 243

5.2.10　泰国 245

5.2.11　印度 247

5.2.12　印度尼西亚 249

5.2.13　蒙古国 251

5.2.14　缅甸 253

5.2.15　老挝 255

5.3　投融资建议 257

5.3.1　推动各国电力市场化改革，构建包含中亚、西亚和
东南亚资源方，东亚、南亚市场方的跨国跨区域的
清洁能源电力市场 257

5.3.2　建立亚洲跨国和跨区域层面的清洁能源合作机制 257

5.3.3　充分发挥"一带一路"能源金融优势，依托亚投行、
丝路基金、亚开行等区域金融机构扩大项目投资 258

5.3.4 积极发展清洁能源产业园区 ⋯⋯⋯⋯⋯⋯ 258

5.3.5 逐步降低化石能源补贴 ⋯⋯⋯⋯⋯⋯ 259

5.4 小结 ⋯⋯⋯⋯⋯⋯ 259

结语 ⋯⋯⋯⋯⋯⋯ **260**

图目录

图 1-1   水能发电能力评估技术路线图 ·································· 003

图 1-2   数字化宏观选址技术路线图 ····································· 004

图 1-3   水电基地数字化宏观选址流程示意图 ····················· 005

图 1-4   亚洲主要河流分布情况示意图 ······························ 011

图 1-5   亚洲主要水文站分布示意图 ·································· 012

专栏 1-1 图 1   全球年均径流深分布图 ······························ 013

专栏 1-1 图 2   湄公河的 Luang Prabang 水文站流量数据图 ·············· 014

图 1-6   亚洲耕地和城市分布情况示意图 ··························· 016

图 1-7   亚洲主要断层分布和历史地震情况示意图 ················ 019

图 1-8   亚洲主要岩层分布情况示意图 ······························ 020

图 1-9   亚洲主要流域分布情况示意图 ······························ 024

图 1-10   湄公河主要河流理论蕴藏量分布示意图 ·················· 026

图 1-11   亚洲水电装机容量 ··· 042

图 1-12   亚洲大型水电基地总体布局示意图 ······················· 043

图 1-13   科西河干流河段梯级位置示意图 ··························· 046

图 1-14   科西河干流河段梯级纵剖面图 ····························· 046

图 1-15   德拉里水电站库区主要地面覆盖物分布情况示意图 ········ 048

图 1-16   德拉里水电站周边主要保护区分布示意图 ················ 049

图 1-17   德拉里水电站周边主要岩层分布示意图 ·················· 049

图 1-18   德拉里水电站工程三维效果示意图 ······················· 050

图 1-19   滕古达水电站库区主要地面覆盖物分布情况示意图 ········ 051

图 1-20   滕古达水电站周边主要保护区分布示意图 ················ 052

图 1-21   滕古达水电站周边主要岩层分布示意图 ·················· 052

图 1-22　滕古达水电站工程三维效果示意图　·············· 053

图 1-23　普纳昌河干流河段梯级位置示意图　·············· 055

图 1-24　普纳昌河干流河段梯级纵剖面图　················· 056

图 1-25　皮亚里冈 1 级水电站库区主要地面覆盖物分布情况示意图 ······· 058

图 1-26　皮亚里冈 1 级水电站周边主要保护区分布示意图 ·········· 058

图 1-27　皮亚里冈 1 级水电站周边主要岩层分布示意图 ··········· 059

图 1-28　皮亚里冈 1 级水电站工程三维效果示意图 ············· 060

图 1-29　马哈坎河干流河段梯级位置示意图 ··············· 062

图 1-30　马哈坎河干流梯级纵剖面图 ·················· 062

图 1-31　乌焦比朗水电站库区主要地面覆盖物分布情况示意图 ········ 064

图 1-32　乌焦比朗水电站周边主要保护区分布示意图 ··········· 065

图 1-33　乌焦比朗水电站周边主要岩层分布示意图 ············ 065

图 1-34　乌焦比朗水电站工程三维效果示意图 ·············· 066

图 2-1　风电技术可开发量评估流程　················· 087

图 2-2　基于平准化度电成本的经济可开发量评估流程　········· 089

图 2-3　风电开发并网成本构成示意图　··············· 090

图 2-4　风电场宏观选址流程示意图　················ 091

专栏 2-1 图 1　集中式风电开发场景　················ 093

专栏 2-1 图 2　分散式风电开发场景　················ 094

图 2-5　亚洲风速分布示意图　··················· 099

图 2-6　亚洲森林、耕地、湿地、水体、城市和冰川分布情况示意图 ····· 101

图 2-7　亚洲主要保护区分布情况示意图　·············· 102

图 2-8　亚洲公路和铁路分布情况示意图　·············· 103

图 2-9　亚洲电网设施热力分布示意图　··············· 105

图 2-10　亚洲风电技术可开发区域及其利用小时分布示意图 ········ 108

图 2-11　亚洲风电开发成本分布示意图　··············· 110

专栏 2-4 图 1　蒙古风电技术可开发量以及开发成本分布示意图 ······ 112

专栏 2-5 图 1　阿曼风电技术可开发量以及开发成本分布示意图 ······ 114

图 2-12　亚洲风电装机容量　··················· 119

图 2-13　亚洲大型风电基地布局示意图　··············· 120

图 2-14 塔班陶勒盖风电基地风速分布示意图 ················· 133

图 2-15 塔班陶勒盖风电基地选址示意图 ··················· 133

图 2-16 塔班陶勒盖风电基地岩层分布及地质情况示意图 ········· 134

图 2-17 塔班陶勒盖风电基地年发电量分布和 8760 逐小时出力系数热力
分布图 ······························· 134

图 2-18 塔班陶勒盖风电基地风向玫瑰图和风速威布尔分布图 ······ 135

图 2-19 塔班陶勒盖风电基地风速和风功率密度的典型日变化和年变化
曲线 ······························· 135

图 2-20 塔班陶勒盖风电基地典型日出力和年出力曲线 ·········· 136

图 2-21 塔班陶勒盖风电基地部分区域风机布置示意图 ·········· 136

图 2-22 赫拉特风电基地风速分布示意图 ·················· 137

图 2-23 赫拉特风电基地选址示意图 ···················· 138

图 2-24 赫拉特风电基地岩层分布及地震情况示意图 ··········· 139

图 2-25 赫拉特风电基地年发电量分布和 8760 逐小时出力系数热力
分布图 ······························ 139

图 2-26 赫拉特风电基地风向玫瑰图和风速威布尔分布图 ········· 140

图 2-27 赫拉特风电基地风速和风功率密度的典型日变化和年变化曲线 ··· 140

图 2-28 赫拉特风电基地典型日出力和年出力曲线 ············ 141

图 2-29 赫拉特风电基地部分区域风机布置示意图 ············ 141

图 3-1 太阳能光伏技术可开发量评估流程 ················ 145

图 3-2 光伏电场宏观选址流程示意图 ·················· 146

专栏 3-1 图 1 集中式平原光伏电站 ··················· 149

专栏 3-1 图 2 集中开发的丘陵光伏电站 ················ 149

专栏 3-1 图 3 分布式光伏开发 ···················· 150

图 3-3 亚洲太阳能水平面总辐射量分布示意图 ············· 154

图 3-4 亚洲草本植被、灌丛与裸露地表分布情况示意图 ········· 157

图 3-5 亚洲海拔高程分布示意图 ···················· 158

图 3-6 亚洲地形坡度分布示意图 ···················· 159

图 3-7 亚洲光伏技术可开发区域及其利用小时分布示意图 ········ 161

图 3-8 亚洲光伏开发成本分布示意图 ·················· 163

专栏 3-4 图 1　沙特阿拉伯光伏技术可开发量以及开发成本分布示意图 … 165

专栏 3-5 图 1　巴基斯坦光伏技术可开发量分布示意图 …………………… 167

图 3-9　亚洲光伏装机容量 …………………………………………………… 172

图 3-10　亚洲大型光伏基地布局示意图 …………………………………… 173

图 3-11　泰布克光伏基地太阳能水平面总辐射量分布示意图 …………… 186

图 3-12　泰布克光伏基地选址示意图 ……………………………………… 187

图 3-13　泰布克光伏基地岩层分布及地震情况示意图 …………………… 187

图 3-14　泰布克光伏基地年发电量分布和 8760 逐小时出力系数热力
　　　　　分布图 ……………………………………………………………… 188

图 3-15　泰布克光伏基地辐射和温度典型日变化和年变化曲线 ………… 188

图 3-16　泰布克光伏基地典型日出力和年出力曲线 ……………………… 189

图 3-17　泰布克光伏基地组件排布示意图 ………………………………… 190

图 3-18　胡兹达尔光伏基地太阳能水平面总辐射量分布示意图 ………… 191

图 3-19　胡兹达尔光伏基地选址示意图 …………………………………… 192

图 3-20　胡兹达尔光伏基地岩层分布情况示意图 ………………………… 192

图 3-21　胡兹达尔光伏基地年发电量分布和 8760 逐小时出力系数热力
　　　　　分布图 ……………………………………………………………… 193

图 3-22　胡兹达尔光伏基地辐射和温度典型日变化和年变化曲线 ……… 194

图 3-23　胡兹达尔光伏基地典型日出力和年出力曲线 …………………… 194

图 3-24　胡兹达尔光伏基地组件排布示意图 ……………………………… 195

图 4-1　东亚电力需求变化趋势 ……………………………………………… 198

图 4-2　东南亚电力需求变化趋势 …………………………………………… 199

图 4-3　南亚电力需求变化趋势 ……………………………………………… 200

图 4-4　中亚电力需求变化趋势 ……………………………………………… 200

图 4-5　西亚电力需求变化趋势 ……………………………………………… 201

专栏 4-1 图 1　电制氢与新能源发电匹配示意图 ………………………… 204

专栏 4-3 图 1　反渗透法海水淡化技术示意图 …………………………… 206

图 4-6　东亚清洁能源基地远期输电方案示意图 …………………………… 208

图 4-7　东南亚清洁能源基地远期输电方案示意图 ………………………… 211

图 4-8　南亚清洁能源基地远期输电方案示意图 …………………………… 214

图 4-9　中亚清洁能源基地远期输电方案示意图 ……………………………… 217

图 4-10　西亚清洁能源基地远期输电方案示意图 …………………………… 220

图 5-1　俄罗斯政策概况 ……………………………………………………… 225

图 5-2　韩国政策概况 ………………………………………………………… 227

图 5-3　日本政策概况 ………………………………………………………… 229

图 5-4　哈萨克斯坦政策概况 ………………………………………………… 231

图 5-5　伊朗政策概况 ………………………………………………………… 234

图 5-6　沙特阿拉伯政策概况 ………………………………………………… 236

图 5-7　孟加拉国政策概况 …………………………………………………… 239

图 5-8　巴基斯坦政策概况 …………………………………………………… 241

图 5-9　乌兹别克斯坦政策概况 ……………………………………………… 243

图 5-10　泰国政策概况 ……………………………………………………… 245

图 5-11　印度政策概况 ……………………………………………………… 247

图 5-12　印尼政策概况 ……………………………………………………… 249

图 5-13　蒙古国政策概况 …………………………………………………… 251

图 5-14　缅甸政策概况 ……………………………………………………… 253

图 5-15　老挝政策概况 ……………………………………………………… 255

表目录

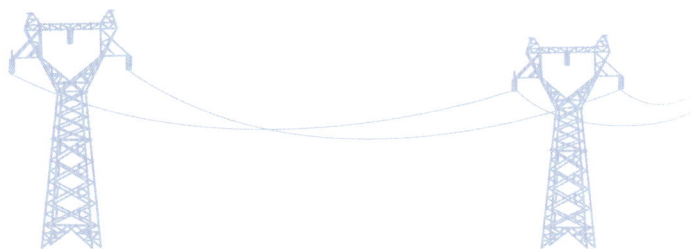

表 1-1　全球水资源和地理信息基础数据　·················006

表 1-2　全球水能资源评估模型采用的主要技术指标和参数　·················008

表 1-3　亚洲水电开发电经济性计算的财务参数推荐取值　·················009

表 1-4　亚洲水电开发重点国家税率信息参考取值　·················009

表 1-5　亚洲河流径流数据对比表　·················015

表 1-6　亚洲主要流域水能资源理论蕴藏量　·················021

表 1-7　亚洲按国别统计的主要流域水能资源理论蕴藏量　·················022

表 1-8　湄公河干流与主要支流理论蕴藏量　·················027

表 1-9　按国别统计的湄公河流域河流长度与理论蕴藏量情况　·················028

表 1-10　勒拿河干流与主要支流理论蕴藏量　·················029

表 1-11　叶尼塞河干流与主要支流理论蕴藏量　·················030

表 1-12　鄂毕河干流与主要支流理论蕴藏量　·················031

表 1-13　印度河干流与主要支流理论蕴藏量　·················032

表 1-14　布拉马普特拉河干流与主要支流理论蕴藏量　·················033

表 1-15　恒河干流与主要支流理论蕴藏量　·················034

表 1-16　锡尔河干流与主要支流理论蕴藏量　·················035

表 1-17　阿姆河干流与主要支流理论蕴藏量　·················036

表 1-18　伊洛瓦底江干流与主要支流理论蕴藏量　·················036

表 1-19　萨尔温江干流与主要支流理论蕴藏量　·················037

表 1-20　马哈坎河干流与主要支流理论蕴藏量　·················039

表 1-21　马利瑙河干流与主要支流理论蕴藏量　·················039

表 1-22　拉让江干流与主要支流理论蕴藏量　·················040

表 1-23　2018 年亚洲主要国家水电开发情况　·················041

表 1-24　亚洲十大流域及大型水电基地技术开发指标 ………………………042

表 1-25　科西河干流分河段水能理论蕴藏量 …………………………………045

表 1-26　科西河干流研究河段梯级开发方案主要技术指标 …………………047

表 1-27　普纳昌河干流分河段水能理论蕴藏量 ………………………………054

表 1-28　普纳昌河干流研究河段梯级开发方案主要技术指标 ………………056

表 1-29　马哈坎河干流分河段水能理论蕴藏量 ………………………………061

表 1-30　马哈坎河干流研究河段梯级开发方案主要技术指标 ………………063

表 1-31　拉让江干流研究河段梯级开发方案主要技术指标 …………………067

表 1-32　马利瑙河干流研究河段梯级开发方案主要技术指标 ………………070

表 1-33　伊洛瓦底江干流研究河段梯级开发方案主要技术指标 ……………072

表 1-34　萨尔温江干流研究河段梯级开发方案主要技术指标 ………………074

表 1-35　湄公河干流研究河段梯级开发方案主要技术指标 …………………077

表 1-36　纳伦河干流研究河段梯级开发方案主要技术指标（1）……………079

表 1-37　纳伦河干流研究河段梯级开发方案主要技术指标（2）……………080

表 1-38　阿尔丹河干流研究河段梯级开发方案主要技术指标（1）…………083

表 1-39　阿尔丹河干流研究河段梯级开发方案主要技术指标（2）…………084

表 2-1　全球风能资源和地理信息基础数据 …………………………………092

表 2-2　全球风能资源评估模型采用的主要技术指标和参数 ………………095

表 2-3　亚洲 2035 年陆地和海上风电开发初始投资组成与推荐取值………096

表 2-4　亚洲 2035 年陆地和海上风电经济性计算的财务参数推荐取值……097

表 2-5　亚洲 2035 年陆地风电开发并网经济性参数推荐取值………………097

表 2-6　亚洲 2035 年海上风电开发并网经济性参数推荐取值………………097

表 2-7　亚洲不同电压等级的交、直流线路建设情况 ………………………104

专栏 2-4 表 1　蒙古主要保护区面积测算结果 ………………………………111

专栏 2-4 表 2　蒙古主要地面覆盖物分析结果 ………………………………111

专栏 2-5 表 1　阿曼主要保护区面积测算结果 ………………………………113

专栏 2-5 表 2　阿曼主要地面覆盖物分析结果 ………………………………113

表 2-8　亚洲 48 个国家和地区风能资源评估结果 …………………………115

表 2-9　亚洲适宜分散式开发风能资源国家的评估结果 ……………………117

表 2-10　2018 年亚洲主要国家风电开发情况 ………………………………118

表 2-11　亚洲主要大型风电基地技术经济指标 ……………………………… 131

表 2-12　塔班陶勒盖风电基地投资匡算表 ………………………………… 137

表 2-13　赫拉特风电基地投资匡算表 ……………………………………… 142

表 3-1　全球太阳能资源和地理信息基础数据 …………………………… 147

表 3-2　全球太阳能资源评估模型采用的主要技术指标和参数 ………… 151

表 3-3　亚洲 2035 年光伏开发初始投资组成与推荐取值 ……………… 152

表 3-4　亚洲 2035 年光伏发电经济性计算的财务参数推荐取值 ……… 152

专栏 3-4 表 1　沙特阿拉伯主要保护区面积测算结果 ………………… 164

专栏 3-4 表 2　沙特阿拉伯主要地面覆盖物分析结果 ………………… 164

专栏 3-5 表 1　巴基斯坦主要保护区面积测算结果 …………………… 166

专栏 3-5 表 2　巴基斯坦主要地面覆盖物分析结果 …………………… 166

表 3-5　亚洲 48 个国家和地区太阳能资源评估结果 …………………… 168

表 3-6　亚洲重点国家分布式开发太阳能资源评估结果 ……………… 170

表 3-7　2018 年亚洲主要国家光伏开发情况 ……………………………… 171

表 3-8　亚洲主要大型光伏基地技术经济指标 ………………………… 184

表 3-9　泰布克光伏基地投资匡算表 …………………………………… 190

表 3-10　胡兹达尔光伏基地投资匡算表 ………………………………… 196

表 4-1　东亚大型清洁能源基地送电方向 ……………………………… 207

表 4-2　东南亚大型清洁能源基地送电方向 …………………………… 210

表 4-3　南亚大型清洁能源基地送电方向 ……………………………… 213

表 4-4　中亚清洁能源外送基地送电方向 ……………………………… 215

表 4-5　西亚大型清洁能源基地送电方向 ……………………………… 218

水能资源评估与开发

亚洲水能资源丰富，总量居世界前列，开发潜力巨大。报告对勒拿河、叶尼塞河、鄂毕河、布拉马普特拉河、恒河、印度河、阿姆河、锡尔河、湄公河、伊洛瓦底江、萨尔温江、马哈坎河、拉让江、马利瑙河等 14 个流域水能资源进行了数字化评估，并引用公开资料统计了中国国内主要水系的理论蕴藏量，测算水能理论蕴藏总量约 16801TWh/a。综合考虑资源特性和开发条件，采用数字化研究平台，报告进一步开展了恒河、布拉马普特拉河、马哈坎河、拉让江、马利瑙河、伊洛瓦底江、萨尔温江、湄公河、锡尔河、勒拿河流域等 10 个大型水电基地的梯级开发方案研究，提出了在水能资源富集河段的 88 个梯级电站布置方案以及大型项目开发方案，总装机规模 92.01GW，年发电量 431.85TWh。研究成果将有力促进亚洲加快形成以清洁能源为主导、互联互通的能源格局，促进亚洲的能源生产和能源消费保持稳定增长态势，保障能源安全可靠供给，实现亚洲的可持续发展。

1.1　方法与数据

水能是蕴藏于河川和海洋水体中的势能和动能。广义的水能资源包括河川水能、潮汐水能、波浪能、海流能等能量资源等；狭义的水能资源指河川水流水能资源，本报告主要研究狭义的水能资源，所需基础数据主要包括资源类数据、地理信息类数据以及人类活动和经济性资料等。

1.1.1　资源评估方法

河流水能的理论蕴藏量是河流水能势能的多年平均值，由河流多年平均流量和全部落差经逐段计算得到，单位为 kWh。水能理论蕴藏量与河川径流量和地形落差直接相关。流域内干支流径流受全球气候、区域环境变化、人类活动影响等存在一定变化，但其多年平均径流量相对稳定；河道天然落差取决于地形，一般情况下区域地形较为稳定。因此，河流的水能理论蕴藏量是相对固定和客观的，是评价河流水能资源大小的宏观指标。受水能资源分布特点限制，开展水能理论蕴藏量评估时，一般遵循"从河段到河流、从支流到干流"的原则，按照流域开展逐级研究。

采用数字化方法评估水能资源理论蕴藏量的目标是计算河流的理论年发电量。首先以卫星遥感观测数据为基础得到数字高程模型，生产数字化河网数据；通过提取河流比降突变点、支流汇入点和河口位置，在满足断面间距要求的前提下，合理确定控制断面，生成用于计算分析的河段；然后以全球径流场数据、全球主要河流水文站数据为基础，结合河流或者湖泊年降水量、河段区间集水面积、上下断面多年径流量平均值、区间水位等信息，计算得到各河段的流量信息，进而完成理论蕴藏量的测算，具体评估流程如图 1-1 所示。

一般情况下，流域的水能资源理论蕴藏量是其干流及主要支流范围内各河段理论蕴藏量的总和；一个国家的水能理论蕴藏量是其国界范围内各流域理论蕴藏量的总和。界河资源量按各 50% 分别计入两岸国家。

评估河流的技术可开发量，主要任务是剔除不宜开发水电站的河段的资源，而评估经济可开发量需进一步考虑影响水电度电成本的经济性因素，结合替代电源成本或受电地区可承受电力成本进行对比分析。

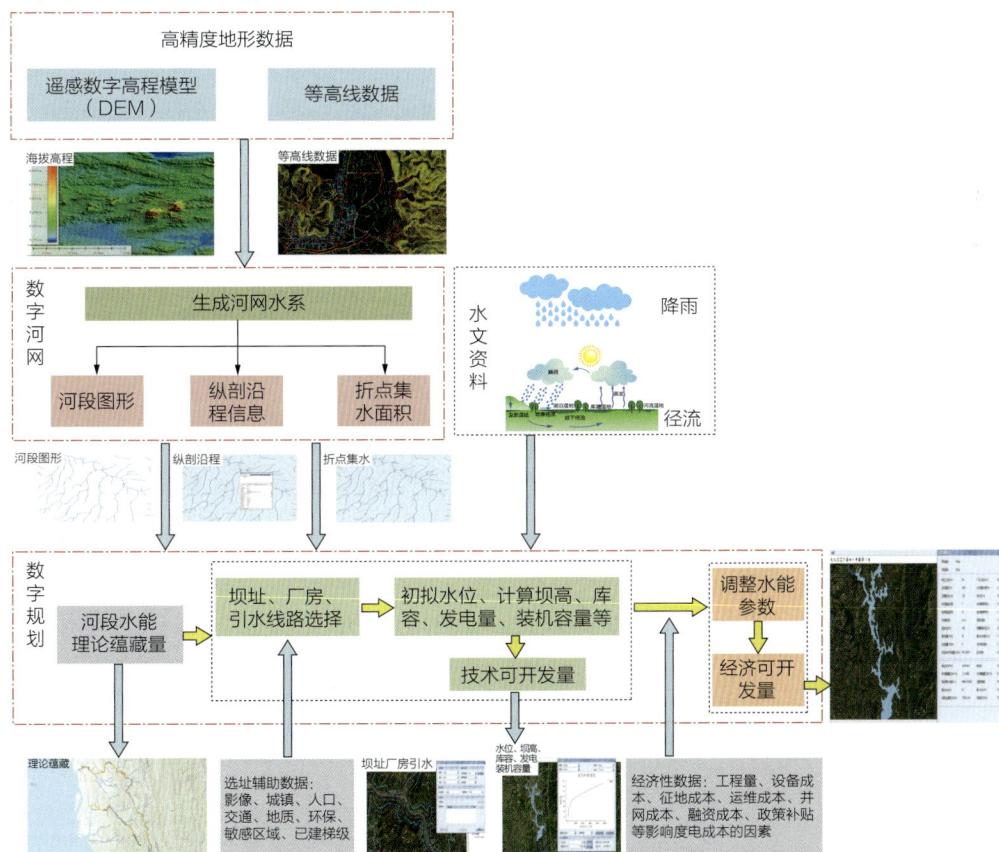

图 1-1　水能发电能力评估技术路线图

1.1.2　宏观选址方法

报告旨在充分利用全球资源数据和地理信息，建立系统化、自动化的宏观选址方法，辅助开展水电基地的选址研究，为政策制定者和商业投资人提供决策支持。

研究建立了数字化水电基地宏观选址方法，基于层次分析方法，在传统电站选址方法的基础上，充分利用全球尺度下丰富的数字化数据信息，综合考虑资源条件、地形地貌、建设条件、开发成本等因素，建立基地宏观选址分析模型，然后利用数值模拟方法计算基地的技术和经济指标，最后收集、整理已建发电基地成果进行验证与总结。采用该方法，可针对一个区域、一个河段，考虑不同的限制条件、开发方式，快速形成多种开发方案并开展比选和优化。研究的主要步骤如图 1-2 所示。

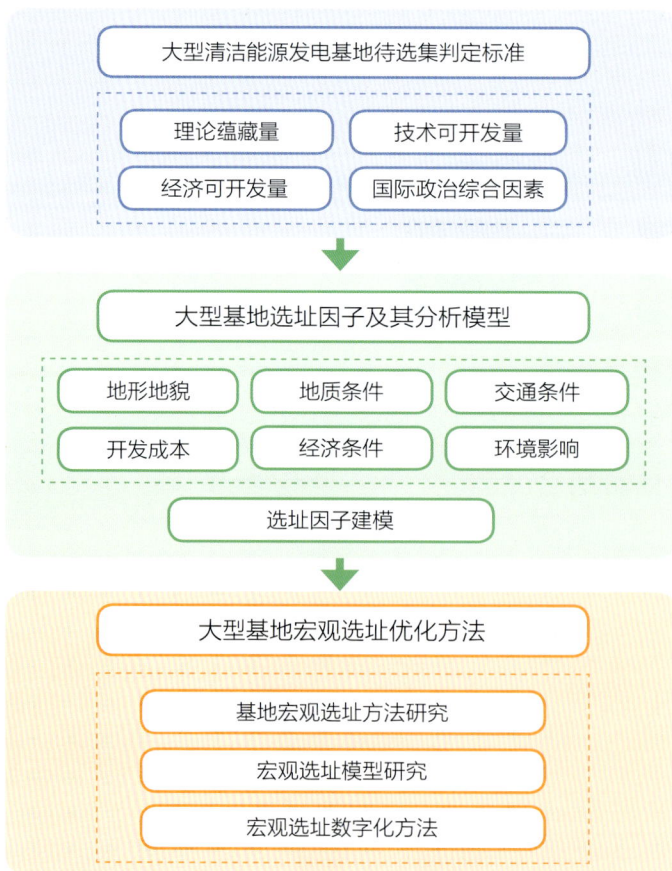

图 1-2　数字化宏观选址技术路线图

　　河流水电宏观选址研究是以河流水能资源蕴藏量为基础，分析影响水电开发的工程地质、环境保护和经济社会等限制性因素，明确开发条件，拟定重点河段的梯级开发方案，并完成水电开发相关技术经济参数测算。基于地理信息技术的水电站数字规划流程主要包括数据采集与预处理、数字化河网提取、限制性因素分析、数字化选址、水能参数计算、规划电站建模三维展示等内容，其选址流程如图 1-3 所示。

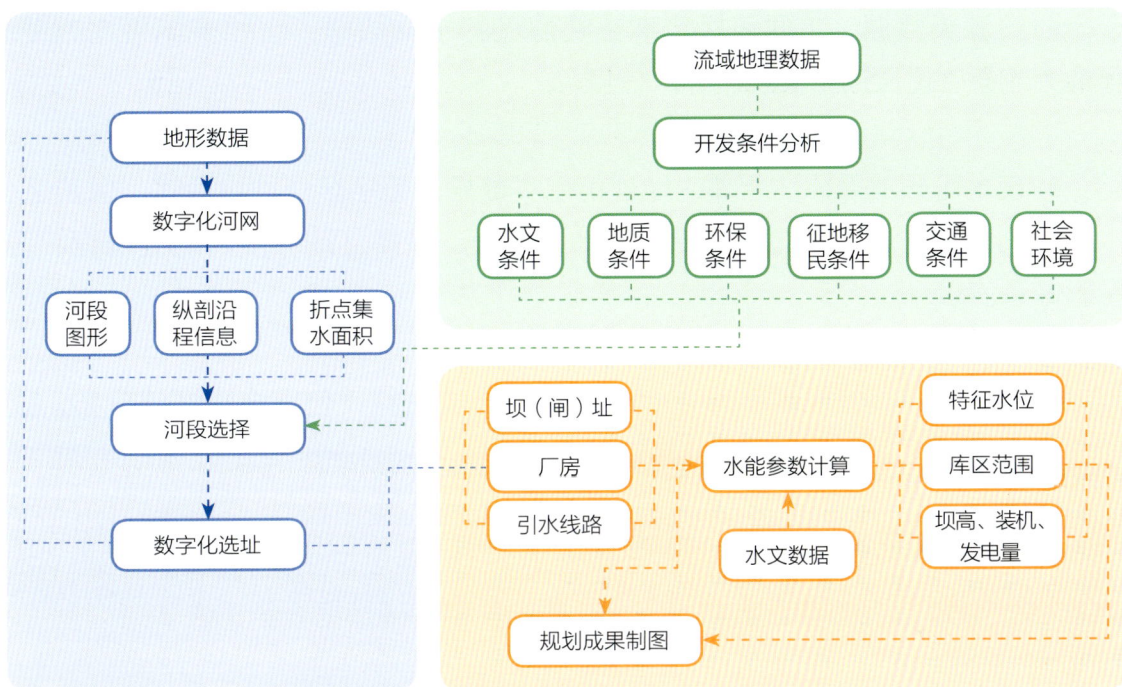

图 1-3　水电基地数字化宏观选址流程示意图

　　具体的，利用覆盖全球的流域地形数据和水文径流资料，分析河段径流特性和水能资源条件，结合高精度数字高程模型数据，识别并提取具有矢量河道图形及属性信息的河段数据，建立数字化河网；结合径流数据计算河段的理论蕴藏量，优先选取比降大、蕴藏量丰富的河段作为目标开发河段；结合站址周边的地理数据，从水文条件、地质条件、水库淹没及移民条件、保护区分布、对外交通等多方面分析电站开发的限制性因素；以流域地形高程数据为基础，结合径流、地质、国土、生态等数字信息，开展水电站数字化选址；利用三维地形、影像等参考数据，寻找适宜建坝的地点，绘制坝址、副坝、厂房、引水线路等规划信息，生成水电站库区范围，并计算获得集水面积、正常蓄水位、库容年发电量、装机容量等水能参数；绘制河流梯级开发方案纵剖面图以及技术经济指标表等开发成果。

1.1.3 基础数据与参数

1.1.3.1 基础数据

为实现数字化水能资源评估，报告建立了包含 3 类 16 项覆盖全球范围的资源评估基础数据库。

- 资源类数据，主要包括全球主要河流的水文数据，比如多年平均流量、年最大流量、逐日流量信息、降水信息等。

- 技术可开发量评估所需的地理信息类数据，包括全球地物覆盖、保护区、水库和湖泊、构造板块边界和断层、地质岩层、地震活动频度、地理高程、卫星影像等信息。

- 评估经济可开发量所需人类活动和经济性资料，包括全球城镇分布、人口分布、电源和电网分布、交通基础设施等数据。

其中，全球水文数据为全球径流数据中心的涵盖全球主要河流的 9484 个水文站点、30 年以上的逐日水文数据，其他的关键基础数据介绍见表 1-1。

表 1-1 全球水资源和地理信息基础数据

序号	数据名称	空间分辨率	数据类型
1	全球水文数据	—	其他数据
2	全球地面覆盖物分类信息	30m×30m	栅格数据
3	全球主要保护区分布	—	矢量数据
4	全球主要水库分布	—	矢量数据
5	全球湖泊和湿地分布	1km×1km	栅格数据
6	全球主要断层分布	—	矢量数据
7	全球板块边界分布 空间范围：南纬 66°—北纬 87°	—	矢量数据
8	全球历史地震频度分布	5km×5km	栅格数据
9	全球主要岩层分布	—	矢量数据
10	全球地形卫星图片	0.5m×0.5m	栅格数据
11	全球地理高程数据 空间范围：南纬 83°—北纬 83° 间陆地	30m×30m	栅格数据

序号	数据名称	空间分辨率	数据类型
12	全球海洋边界数据	—	矢量数据
13	全球人口分布	900m×900m	栅格数据
14	全球交通基础设施分布	—	矢量数据
15	全球电网地理接线图	—	矢量数据
16	全球电厂信息及地理分布	—	矢量数据

注：1. 全球水文数据来源于全球径流数据中心（GRDC）。
　　2. 全球地面覆盖物分类信息来源于中国国家基础地理信息中心。
　　3. 全球主要保护区分布数据来源于国际自然保护联盟（IUCN）和联合国环境规划署世界保护监测中心（UNEP-WCMC），在联合国分类的基础上，结合中国国家标准（GB/T 14529-1993）进行了重新分类。
　　4. 全球主要水库分布数据来源于德国波恩全球水系统项目。
　　5. 全球湖泊和湿地分布数据来源于世界自然基金会、环境系统研究中心和德国卡塞尔大学。
　　6. 全球主要断层分布数据来源于美国环境系统研究所。
　　7. 全球板块边界分布数据来源于美国环境系统研究所。
　　8. 全球历史地震频度分布数据来源于世界资源研究所（WRI）。
　　9. 全球主要岩层分布数据来源于欧盟委员会、德国联邦教育与研究部（BMBF）、德意志科学基金会（DFG）等机构。
　　10. 全球地形卫星图片数据来源于谷歌公司。
　　11. 全球地理高程数据来源于美国国家航空航天局（NASA）和日本经济贸易工业部（METI）。
　　12. 全球海洋边界数据来源于比利时弗兰德斯海洋研究所（VLIZ）。
　　13. 全球人口分布数据来源于哥伦比亚大学国际地球科学信息网络中心。
　　14. 全球交通基础设施分布数据来源于北美制图信息学会（NACIS）。
　　15. 全球电网地理接线图数据来源于全球能源互联网发展合作组织（GEIDCO）。
　　16. 全球电厂信息及地理分布数据来源于谷歌、斯德哥尔摩 KTH 皇家理工学院和世界资源研究所（WRI）。

1.1.3.2　计算参数

报告重点关注并评估全球范围内适宜开发水电站的河段，一般选取流量大、落差集中且形成水库后对保护区、森林、耕地和城市等区域无影响或影响小的河段。

1. 技术指标测算参数

报告采用水能资源理论蕴藏量进行河流（河段）开发价值评价，根据理论蕴藏量的大小划分为水能资源丰富、水能资源较丰富、具有水能开发价值、水能开发价值一般四个级别。

开展水电基地宏观选址与梯级开发方案研究时，应优先选取水能资源富集河段，并合理规避野生生物、自然遗迹等不宜开发的保护区占地，避免或减少对森林、耕地、湿地沼泽、城镇等地面覆盖物所在区域的淹没。报告采用的主要水能资源评估技术指标和参数见表1-2。

表1-2 全球水能资源评估模型采用的主要技术指标和参数

类型	限制因素	阈值
河流（河段）理论蕴藏量评价	水能资源丰富	> 30TWh
	水能资源较丰富	10～30TWh
	具有水能开发价值	5～10TWh
	水能开发价值一般	<5TWh
保护区限制	自然生态系统	尽量避免
	野生生物类	不宜开发
	自然遗迹类	不宜开发
	自然资源类	尽量避免
	其他保护区	尽量避免
地物覆盖限制	树林	避免或减少淹没
	耕地	避免或减少淹没
	湿地沼泽	避免或减少淹没
	大型城市	避免淹没
	小型城市	避免或减少淹没

2. 经济性测算参数

清洁能源基地的投资水平是反映项目投资规模的直接量化指标，亦是进一步分析基地开发经济价值的基础。报告综合多元线性回归预测法、基于深度自学习神经元网络算法的关联度分析预测法，建立了水电开发投资水平预测模型；采用平准化度电成本法，建立了水电开发成本计算模型。

亚洲水电开发经济性研究将参考亚洲发展水平以及 2035 年亚洲水电开发的技术类、非技术类投资成本的预测结果。结合电站所在国的经济发展水平以及融资利率、税率等金融参数，根据项目特点与实际条件，开展水电站国民经济评价，测算水电站度电成本。报告采用的亚洲水电开发经济性计算财务参数推荐取值以及主要水电开发国家税率信息参考取值，详情见表 1-3 和表 1-4。

表 1-3　亚洲水电开发电经济性计算的财务参数推荐取值

序号	指标	参数
1	贷款年限	20 年
2	贷款比例	80%
3	贷款利率	3%-6%
4	贴现率	2%
5	建设年限	3-10 年
6	运行年限	30 年
7	残值比例	0%
8	运维占比	2.5%
9	厂用电率	2%
10	弃水率	2%

表 1-4　亚洲水电开发重点国家税率信息参考取值

%

国家	增值税率	所得税率
尼泊尔	13	20
不丹	—	30
缅甸	5	25
老挝	10	10
印度尼西亚	10	25
吉尔吉斯斯坦	12	10

注：部分数据来源于中华人民共和国商务部投资促进事务局。

1.2 资源评估

1.2.1 水系分布

亚洲水系流域众多，拥有勒拿河、湄公河、恒河等多条世界著名河流，主要集中在北部、东南部和南部。根据分析，亚洲流域面积超过 8 万 km² 的一级河流共有 42 条，流域面积共约 2480 万 km²，占亚洲总面积约 56%。全洲主要河流水系分布情况如图 1-4 所示。

1.2.2 水文数据

水文数据用于描述河流、湖泊等水体的特征，包含降水、蒸发、下渗、水位、流量、泥沙、水质等内容，是涉水工程在规划、设计和施工阶段重要的基础资料，一般通过建立永久或临时的水文站点观测获取。本次研究的亚洲大陆，基于全球径流数据中心的基础数据，共包含了 2000 余座水文站的观测资料，除覆盖流域面积超过 8 万 km² 的 42 条一级流域外，还覆盖了太平洋沿岸、岛屿、中东地区的一些流域。亚洲大陆主要水文站分布如图 1-5 所示。

在亚洲多条河流上选取全球径流数据中心提供的水文站实测年均径流数据与全球复合径流场数据集的模拟径流数据进行对比，见表 1-5。模拟数据和降水有较强的相关性，降水数据误差会影响模拟数据的精度；且模拟数据难以准确反映人类活动对径流造成的影响，比如蒸发、灌溉、供水、跨流域引水等，都是造成误差的主要来源。研究将对误差较大区域内 GRDC 水文观测站数据进行还原处理，将观测径流数据最大限度还原为河道天然状况下的径流数据，并采用还原后的观测站流量资料对径流场数据计进行修正。

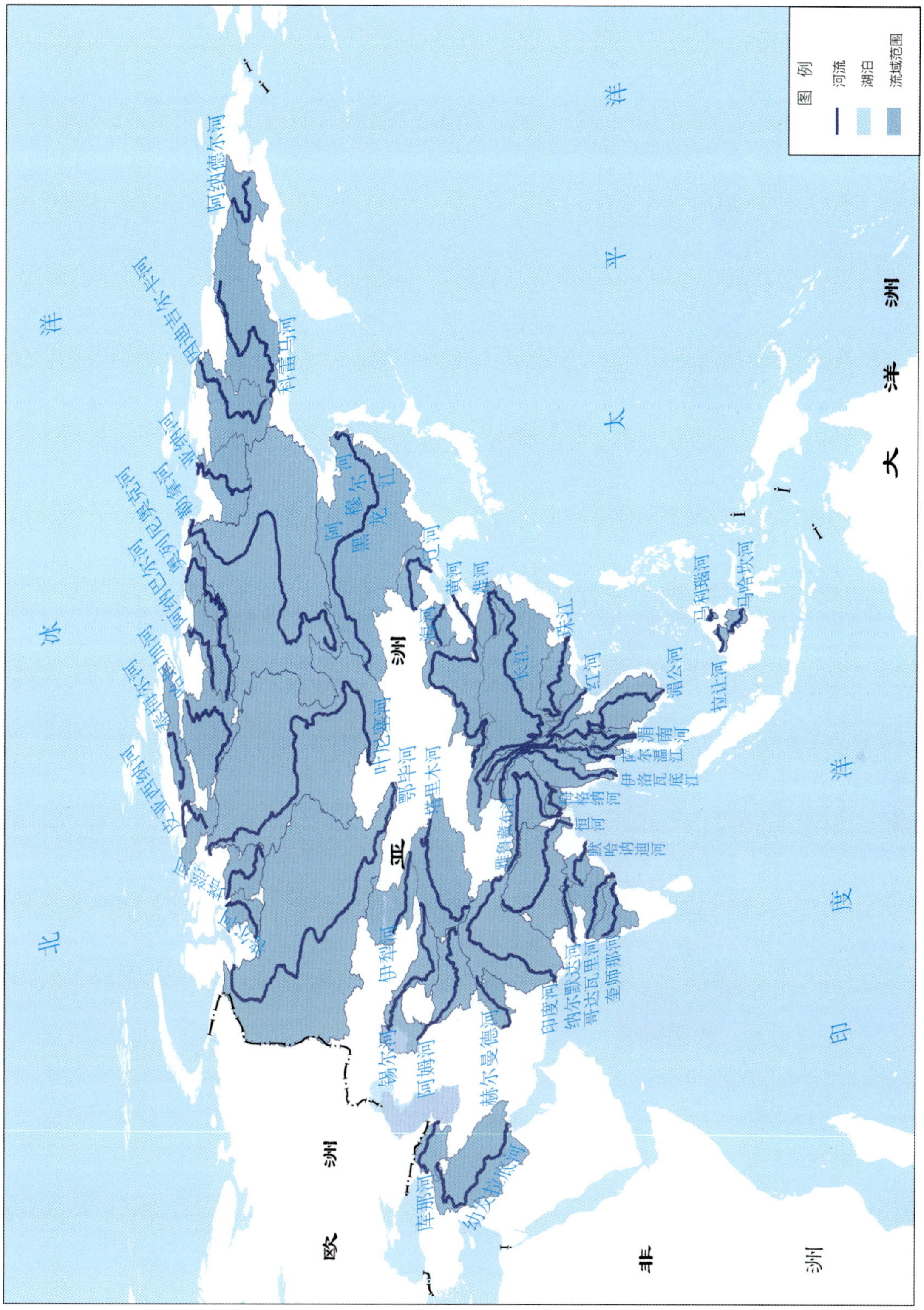

图1-4　亚洲主要河流分布情况示意图

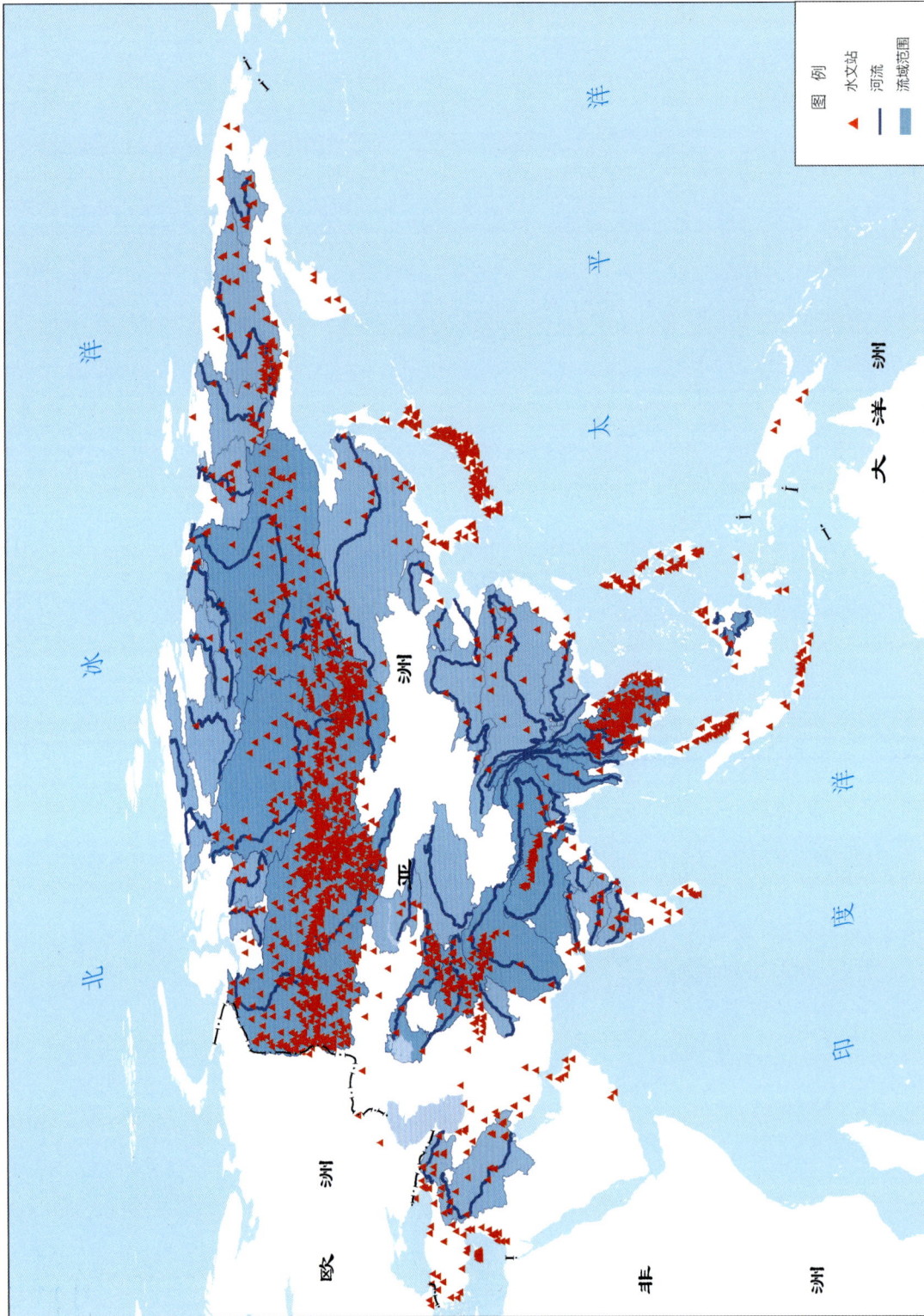

图1-5 亚洲主要水文站分布示意图

专栏 1-1　　　　基于水文数据的河流特性分析

1. 全球复合径流场数据集

本次研究利用全球径流数据中心（Global Runoff Data Centre，GRDC）的全球复合径流场数据集（Composite Runoff Fields），获取除南极洲以外所有大陆的径流场数据❶。该数据集是基于全球径流数据中心收集的水文观测站资料和新罕布什尔大学发布的全球河网模拟数据（STN-30P），通过气候驱动的水量平衡模型（Climate-driven Water Balance Model, WBM）反向演算生成的 30 份（赤道处约 50km）空间分辨率的数据集，每一个格点可提供逐月与年径流量。这种复合径流场保留了流量测量的准确性，并模拟径流的时空分布，实现了对大范围内河流径流的统一、高分辨率的最佳模拟计算，适用于全球水能资源分析与建模。下图所示即为 GRDC 全球年均径流深❷分布图。

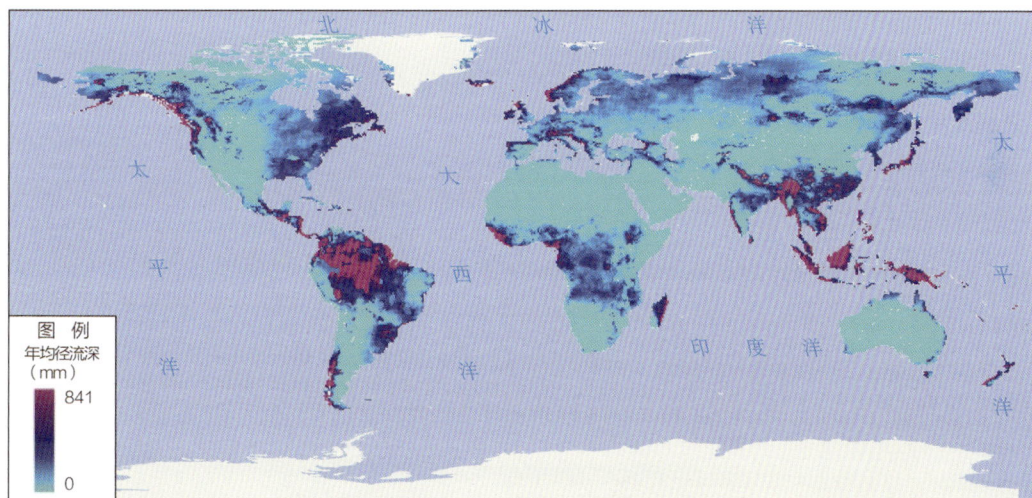

专栏 1-1 图 1　全球年均径流深分布图

---

❶ 全球复合径流场数据集（Composite Runoff Fields）是由全球径流数据中心（Global Runoff Data Center, GRDC）和新罕布什尔大学（University of New Hampshire, UNH）于 2002 年联合发布。

❷ 径流深是指计算时段内某一过水断面上的径流总量平铺在断面以上流域面积上所得到的水层深度，年均径流深即为径流深的多年平均值。

2. 通过水文数据分析河流水文特性

通过多年、逐月的径流数据，可以分析一条河流的基本水文特性。例如多年平均流量、径流量、枯水期与丰水期的起止月、最大流量、最小流量出现的月份等信息，用于河流水能资源开发技术指标的计算。下图展示了湄公河的 Luang Prabang 水文站多年径流观测数据，可以看出该河段流量在年内和多年的变化情况。

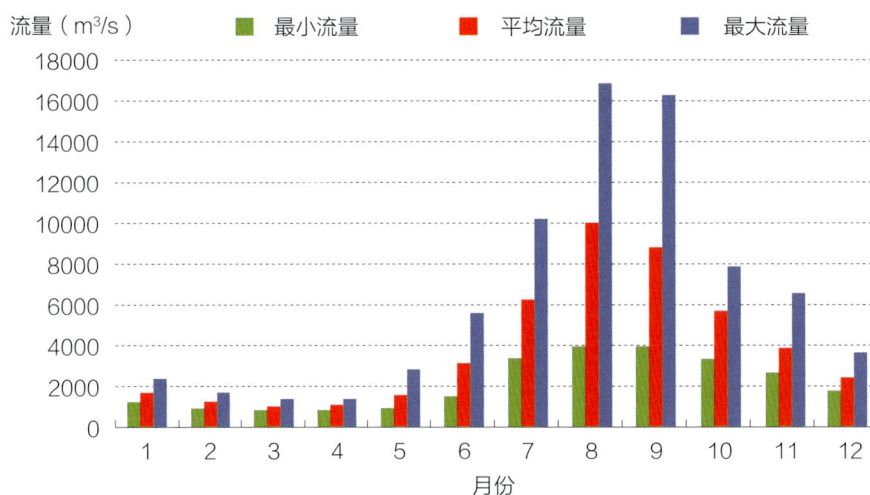

（a）湄公河 Luang Prabang 水文站多年径流观测数据

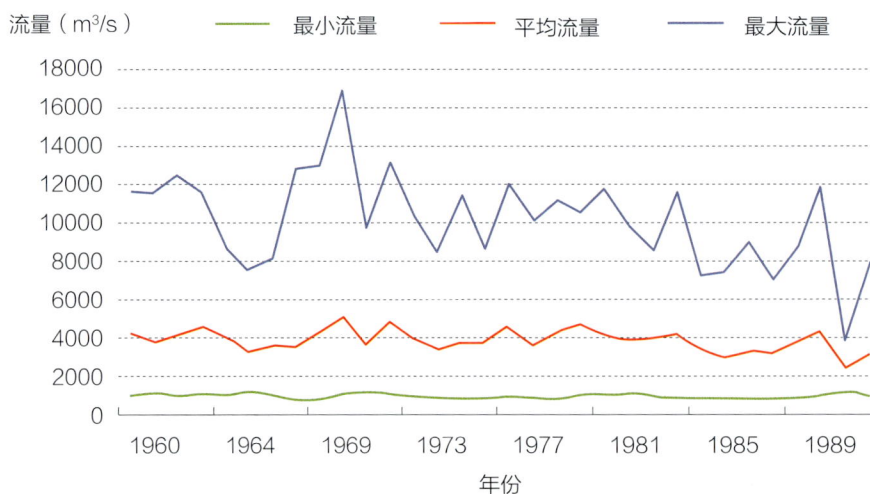

（b）湄公河 Luang Prabang 水文站逐月径流观测数据

专栏 1-1 图 2　湄公河的 Luang Prabang 水文站流量数据图

表 1-5　亚洲河流径流数据对比表

序号	河流名称	年均径流量观测值（m³/s）	年均径流量模拟值（m³/s）	误差（%）
1	阿姆河	104.36	102.38	1.90
2	布拉马普特拉河	23833.23	22417.39	5.94
3	恒河	12105.94	12086.88	0.16
4	印度河	1747.85	1551.38	11.24
5	伊洛瓦底江	8651.00	9543.97	-10.32
6	叶尼塞河	11396.9	11932.49	-4.70
7	勒拿河	6801.47	5985.36	12.00
8	锡尔河	445.07	375.08	15.73

1.2.3　地面覆盖物分布

地表覆盖决定了地表的辐射平衡、水流和其他物质搬运、地表透水性能等，其空间分布与变化是全球变化研究、地球系统模式研究、地理国（世）情监测和可持续发展规划等的重要基础性数据。在中国政府的支持下，国家基础地理信息中心联合 18 家单位，研制出世界上首套 30m 分辨率的全球地表覆盖数据产品，包含耕地、森林、草地、城市、冰川等 10 个主要覆盖物分类[1]。2014 年 9 月，中国政府将这一产品赠送给联合国，供国际社会免费使用，以支持全球开展应对气候变化和可持续发展研究。

大型水电基地的开发建设应避免淹没大面积耕地以及人口密集的城市或村庄，保护生态环境。因此，耕地和城市分布是影响水电资源开发的主要地表覆盖物限制性因素，其分布的情况如图 1-6 所示。

亚洲耕地覆盖率较高，耕地主要分布于东亚、南亚和东南亚地区，城市主要分布于东亚沿海地区。城市分布一定程度上反映了人口的聚集情况，在广域空间内城市与耕地的分布往往具有较好的趋同性。

---

[1] 陈军，廖安平，陈晋，等. 全球 30m 地表覆盖遥感数据产品 -GlobeLand30[J]. 地理信息世界，2017，24(1):1-8.

图1-6 亚洲耕地和城市分布情况示意图

1.2.4 地质条件

地质断层分布和历史地震频率数据是大型水电基地的开发与选址研究的重要参考因素，一般情况，构造板块边界、地质断层以及历史地震发生频率较高的区域不宜建设大型的水电项目。亚洲地质断层分布和历史地震情况示意图如图 1-7 所示。吉尔吉斯斯坦、塔吉克斯坦等中亚地区，巴基斯坦、印度东北部等南亚地区以及日本等东亚地区历史地震高发，蒙古、俄罗斯西伯利亚、哈萨克斯坦、中国西部、越南等部分地区地质构造较不稳定，这些区域的水电基地选址开发需要考虑地址对地震的影响。

岩层类型及分布情况对于大型水电基地的开发与选址研究同样重要。一般情况，选取地质条件稳定，坝址与厂房附近无大型滑坡等地质灾害；大坝的建基面选取稳定、承载力强的基岩，如变质岩、火山岩。亚洲岩层分布情况示意图如图 1-8 所示。亚洲北部以基性深成岩和硅质碎屑沉积岩为主，亚洲西部以混合沉积岩为主，亚洲南部以松散沉积岩为主，亚洲东部主要以酸性深成岩为主。

专栏 1-2　　　　　　　　**岩层性质与水电开发**

岩石（Rock）是固体地壳的主要组成物质，岩石的坚硬程度和强度取决于成因类型、矿物成分和结构构造，其中稳定性好、强度高的岩体常作为建筑物地基、地下洞室围岩等的介质。

1. 岩浆岩

岩浆岩又称火成岩，是由地壳内的岩浆上升或喷发冷凝固化而成的岩石。深成岩形成于地表以下 3km，强度高、岩性均一、大岩体较完整、透水性小，常是较好的高坝坝基。火山岩由火山喷出地表形成，岩性较复杂，强度差别大，作为高坝地基需要进行详细的勘察研究。

2. 沉积岩

沉积岩是地壳演变过程中，在地表或接近地表的常温、常压条件下，各类先成母岩的风化产物经搬运、沉积和成岩作用形成的岩石。按其成分和搬运、沉积方式不同，分为碎屑岩、化学岩和生物岩。

（1）碎屑岩。按碎屑物粒径不同，可细分为砾岩、砂岩、泥岩等，其强度取决于成分、固结程度等，硅质、钙质胶结的岩石强度一般较高；泥质胶结的岩石强度较低。泥岩、页岩等一般不含水且隔水，可利用作为大坝的防渗依托。

（2）化学岩。经化学作用溶解物质的溶液经搬运、富集后沉积形成，硅质碎屑沉积岩、碳酸盐沉积岩和蒸发岩属于常见的化学岩。多具有可溶性，会造成水库、坝基渗漏，削弱地基强度甚至破坏地基，不宜建设水电工程。

（3）生物岩。生物作业形成或由生物残骸组成的岩石，在沉积岩占比很少，一般强度低，不宜建设水电工程。

3. 变质岩

变质岩是原始岩层经过物理化学改变生成的新岩石。变质岩一般由岩浆岩和沉积岩经变质作用形成，强度较高，是较好的地基岩体。

图1-7 亚洲主要断层分布和历史地震情况示意图

图例

岩浆岩 - 酸性深成岩
岩浆岩 - 基性深成岩
岩浆岩 - 中深成岩
岩浆岩 - 酸性火山岩
沉积岩 - 火焰碎屑岩
沉积岩 - 松散沉积岩
沉积岩 - 硅质碎屑沉积岩
沉积岩 - 碳酸盐沉积岩
沉积岩 - 蒸发岩
沉积岩 - 混合沉积岩
变质岩
冰和冰川

图1-8　亚洲主要岩层分布情况示意图

1.2.5 水能资源总述

亚洲水能资源理论蕴藏量在 50GWh 及以上的河流共计 21756 条，水能资源理论蕴藏量共计 21782TWh/a，占全球的 47.2%。亚洲水能的待开发潜力主要集中在恒河、布拉马普特拉河、伊洛瓦底江、萨尔温江、勒拿河、马哈坎河等流域。报告对亚洲勒拿河、叶尼塞河、鄂毕河、布拉马普特拉河、恒河、印度河、阿姆河、锡尔河、湄公河、伊洛瓦底江、萨尔温江、马哈坎河、拉让江、马利瑙河等 14 个流域进行了水能资源的数字化评估测算，其分布如图 1-9 所示，流域面积 1438 万 km²，占亚洲一级河流的 58%，覆盖了主要待开发的水能资源。报告引用公开资料，统计了中国国内主要水系的理论蕴藏量❶。长江、黄河、淮河等中国的国内河流水能资源开发比例较高，上游地区的水能资源也已纳入中国水电开发建设规划，因此不作为报告研究重点。经过数字平台测算，亚洲主要流域的理论蕴藏量总和约 16801TWh/a，具体结果见表 1-6。

表 1-6　亚洲主要流域水能资源理论蕴藏量

序号	流域名称	流域面积（万 km²）	理论蕴藏量（TWh/a）
1	勒拿河	246	792.60
2	叶尼塞河	250	783.47
3	鄂毕河	302	954.59
4	印度河	172	1235.38
5	雅鲁藏布江 - 布拉马普特拉河	68	3245.55
6	恒河	123	1460.40
7	锡尔河	56	146.25
8	阿姆河	34	1771.94
9	澜沧江 - 湄公河	92	788.83
10	伊洛瓦底江	48	1135.48
11	怒江 - 萨尔温江	33	700.90
12	马哈坎河	8	48.51
13	拉让江	4.6	40.95

---

❶ 资料来源：我国水能资源第三次普查及其成果 [A]；中国水电 100 年（1910-2010）[C],2010.

续表

序号	流域名称	流域面积（万 km²）	理论蕴藏量（TWh/a）
14	马利瑙河	1.6	22.55
15	长江	180	2433.60
16	黄河	75.2	379.41
17	珠江	45.2	282.39
18	海河	26.3	24.79
19	淮河	27	9.80
20	中国东北诸河 [1]	—	145.48
21	中国东南沿海诸河 [2]	—	177.61
22	中国北方内陆及新疆诸河 [3]	—	363.36
合计		—	16943.84

注：1 包括黑龙江、辽河、鸭绿江等 10 个流域。
　　2 包括钱塘江、闽江、韩江等 42 个流域。
　　3 包括伊犁河、叶尔羌河、格尔木河等 28 个流域。

　　按照流域涉及国家开展的国别统计评估，水能理论蕴藏量主要分布在中国、印度、缅甸、阿富汗、尼泊尔、塔吉克斯坦等 21 个国家，其中中国水能资源理论蕴藏量最高，为 7268.92TWh/a。具体结果见表 1-7。

表 1-7　亚洲按国别统计的主要流域水能资源理论蕴藏量

TWh/a

序号	国家名称	理论蕴藏量	流域
1	中国	7268.92	雅鲁藏布江、澜沧江、怒江、长江、黄河、珠江、海河、淮河、中国东北诸河、中国东南沿海诸河、中国北方内陆及新疆诸河等
2	印度	1800.98	印度河、布拉马普特拉河、恒河、伊洛瓦底江
3	缅甸	1063	湄公河、伊洛瓦底江、萨尔温江
4	阿富汗	963.56	阿姆河、印度河
5	尼泊尔	852.38	恒河
6	塔吉克斯坦	759.56	阿姆河、锡尔河
7	巴基斯坦	367.83	印度河
8	老挝	224.81	湄公河

序号	国家名称	理论蕴藏量	流域
9	不丹	210.5	布拉马普特拉河
10	哈萨克斯坦	156.90	鄂毕河、锡尔河
11	吉尔吉斯斯坦	129.49	阿姆河、锡尔河
12	柬埔寨	105.37	湄公河
13	泰国	82.39	湄公河、萨尔温江
14	印度尼西亚	72.06	马哈坎河、马利瑙河
15	土库曼斯坦	55.8	阿姆河
16	乌兹别克斯坦	54.3	阿姆河、锡尔河
17	越南	48.3	湄公河
18	马来西亚	40.95	拉让江
19	蒙古	8.03	叶尼塞河、鄂毕河
20	孟加拉国	4.29	布拉马普特拉河
21	俄罗斯[1]	2365.13	勒拿河、叶尼塞河、鄂毕河

注：1　统计的流域均在其领土的亚洲部分。

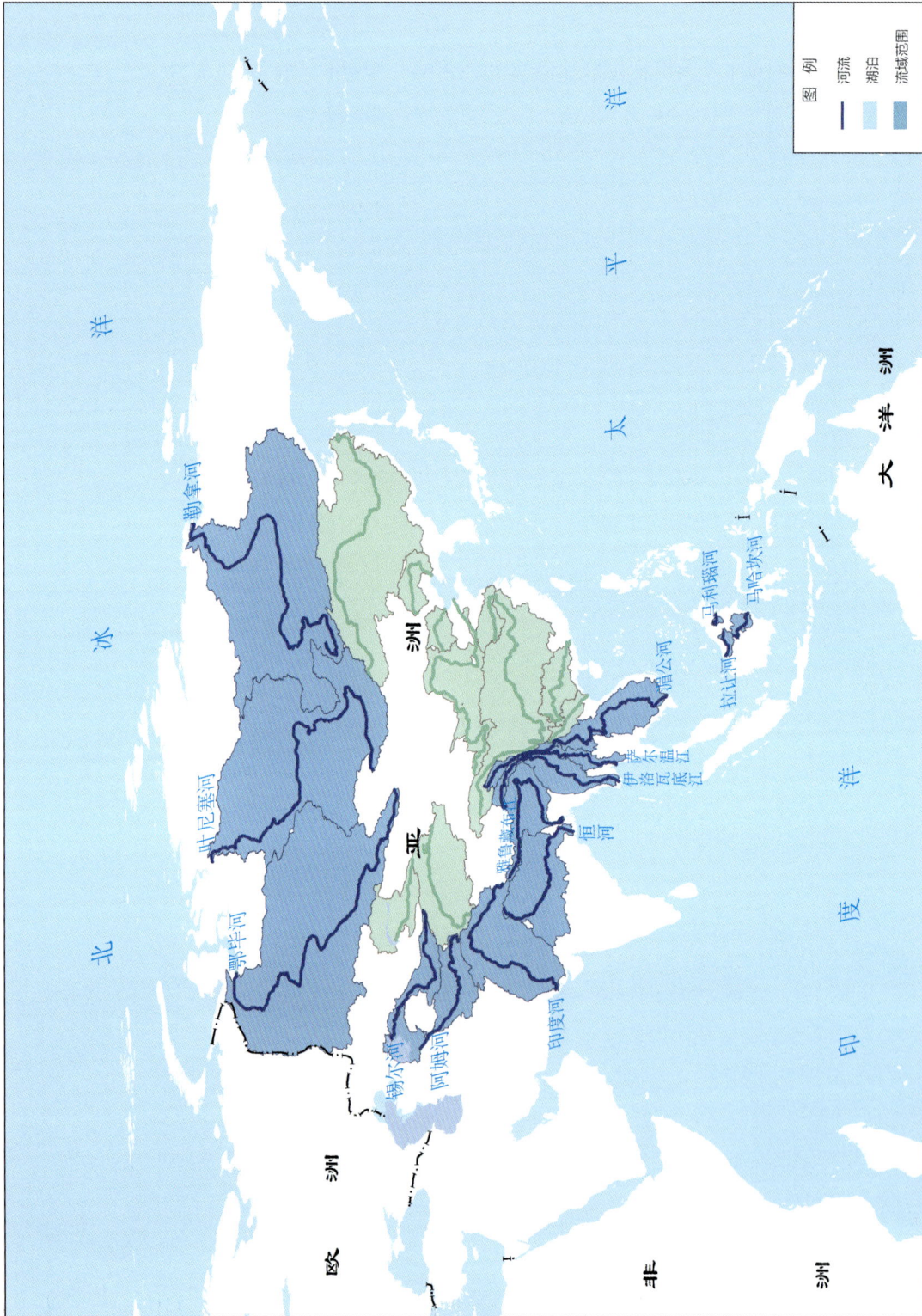

图1-9 亚洲主要流域分布情况示意图

1.2.6　评估结果

在开展亚洲 14 个流域数字化水能资源评估的基础上，报告选取湄公河作为案例，详述了流域干、支流评估的过程和结果；同时，考虑到系统性和完整性，报告给出了其他 13 个流域的主要评估结果。

1.2.6.1　湄公河流域

湄公河（Mekong）流域水能资源丰富。基于基础数据和算法模型，建立了湄公河数字化河网，河网总长度 92436km，覆盖面积 92 万 km^2，蕴藏总量 788.83TWh/a。分析流域内具有水能开发价值（理论蕴藏量达 5TWh/a 以上）的河流（河段）22 条，共计 4964km；其中具有丰富水能资源（理论蕴藏量达 30TWh/a 以上）的河流（河段）3 条。流域分布如图 1-10 所示。

湄公河干流与主要支流河流长度、集雨面积以及水能理论蕴藏量的计算结果见表 1-8。湄公河流域水能资源主要分布于其干流，理论蕴藏量为 453.73TWh/a，占比为 57.52%；其次为公河（TonleKong），理论蕴藏量为 87.38TWh/a，占比 11.08%。

从流域河段看，湄公河流域具有丰富水能资源的河段主要集中在干流上游及中下游。按照河流流向，第一段位于西藏昌都市（Changdu）至云南西双版纳（Xishuangbanna），河段长约 1611km，理论蕴藏量 228.41TWh/a；第二段位于泰国肯马拉（Khemmarat）至老挝辛桑潘（Singsamphan），为泰国和老挝界河，河段长约 147km，理论蕴藏量 31.33TWh/a；第三段位于老挝巴色（Pakxé）至柬埔寨上丁（Stung Treng），包含著名的孔瀑布（Khon phapheng falls），河段长约 222km，理论蕴藏量 46.77TWh/a。

湄公河流域主要国家水能理论蕴藏量分布见表 1-9，湄公河流域水能蕴藏量最丰富的国家是中国，理论蕴藏量为 324.39TWh/a，占比 41.12%；其次为老挝，理论蕴藏量为 224.80TWh/a，占比 28.50%。

图 1-10　湄公河主要河流理论蕴藏量分布示意图

表1-8　湄公河干流与主要支流理论蕴藏量

序号	河流名称	长度（km）	集雨面积（km²）	理论蕴藏量（TWh/a）
1	湄公河干流（Mekong）	5172	918136	453.73
2	昂曲（Angqu）	528	23447	12.40
3	色曲（Sequ）	359	10010	4.24
4	子曲（Ziqu）	321	18078	3.98
5	热曲（Requ）	97	3404	1.03
6	麦曲（Maiqu）	161	8753	3.76
7	漾濞江（Yangbi）	346	14900	24.26
8	南莱河（Nanlai）	291	17711	8.49
9	角河（Kok）	300	9041	1.87
10	英河（Ing）	218	11171	0.68
11	南乌江（Nam Ou）	488	30033	11.13
12	南森河（Nam Xeng）	197	7473	1.96
13	南康河（Nam Khan）	257	8467	3.78
14	南俄河（Nam Ngum）	313	17350	19.90
15	南屯河（Nam Theun）	226	12644	15.36
16	蒙河（Mun）	719	129328	8.42
17	色邦非河（SeBangPhay）	354	15233	13.00
18	色邦亨河（SeBangHiang）	133	21688	3.44
19	色敦河（Xedon）	219	7914	4.73
20	公河（TonleKong）	538	83913	87.38
21	洞里萨河（Tonle Sap）	474	90517	6.11
22	同奈河（Donnai）	570	28868	17.16
23	其他	—	—	82.02
湄公河总计		—	—	788.83

表 1-9　按国别统计的湄公河流域河流长度与理论蕴藏量情况

序号	国家名称	河流名称	河流长度（km）	理论蕴藏量（TWh/a）
1	中国	湄公河干流（Mekong）	2357	225.02
		昂曲（Angqu）	232	12.40
		色曲（Sequ）	196	4.24
		子曲（Ziqu）	333	3.98
		热曲（Requ）	97	1.03
		麦曲（Maiqu）	92	3.76
		漾濞江（Yangbi）	186	24.26
		南莱河（Nanlai）	0	2.19
		其他		47.51
2	老挝	湄公河干流（Mekong）	2123	102.32
		南乌江（Nam Ou）	488	10.61
		南森河（Nam Xeng）	197	1.96
		南康河（Nam Khan）	257	3.78
		南俄河（Nam Ngum）	313	19.90
		南屯河（Nam Theun）	226	15.36
		色邦非河（SeBangPhay）	354	13.00
		色邦亨河（SeBangHiang）	133	3.44
		色敦河（Xedon）	219	4.73
		公河（TonleKong）	393	34.70
		其他		15.00
3	缅甸	湄公河干流（Mekong）	256	17.42
		南莱河（Nanlai）	291	6.30
		角河（Kok）	164	1.07
		其他		11.46
4	泰国	湄公河干流（Mekong）	1027	39.49
		英河（Ing）	218	0.68
		角河（Kok）	137	0.80
		蒙河（Mun）	719	8.42
		洞里萨河（Tonle Sap）	60	0.32
		其他		0.00
5	柬埔寨	湄公河干流（Mekong）	551	63.75
		公河（TonleKong）	145	27.77
		洞里萨河（Tonle Sap）	415	5.78
		其他		8.06

序号	国家名称	河流名称	河流长度（km）	理论蕴藏量（TWh/a）
6	越南	湄公河干流（Mekong）	157	5.72
		南乌江（Nam Ou）	0	0.51
		公河（TonleKong）	0	24.91
		同奈河（Donnai）	570	17.16
		其他		0.00

1.2.6.2   勒拿河流域

勒拿河（Lena）流域水能资源丰富。基于基础数据和算法模型，建立了勒拿河数字化河网，河网总长度 184233km，覆盖面积 246 万 km^2，蕴藏总量 792.60TWh/a。分析流域内具有水能开发价值（理论蕴藏量达 5TWh/a 以上）的河流（河段）29 条，共计 9030km。

勒拿河干流与主要支流河流长度、集雨面积以及水能理论蕴藏量的计算结果见表 1-10。勒拿河流域水能资源主要分布于阿尔丹河（Aldan），理论蕴藏量为 365.31TWh/a，占比 46.09%；其次为其干流，理论蕴藏量为 136.05TWh/a，占比 17.16%。勒拿河是俄罗斯境内的河流。

表 1-10   勒拿河干流与主要支流理论蕴藏量

序号	河流名称	长度（km）	集雨面积（km^2）	理论蕴藏量（TWh/a）
1	勒拿河干流	4380	2464430	136.05
2	基廉加河（Kirenga）	643	46736	17.78
3	维季姆河（Vitim）	1839	234313	110.13
4	大帕托姆河（Bolshoy Patom）	474	26862	6.75
5	奥廖克马河（Olyokma）	1320	209414	98.61
6	阿尔丹河（Aldan）	2282	731768	365.31
7	钮亚河（Nyuya）	658	38060	2.06
8	维柳伊河（Vilyuy）	2408	457501	26.60
9	其他	—	—	29.31
	勒拿河总计	—	—	792.60

1.2.6.3 叶尼塞河流域

叶尼塞河（Yenisey）流域水能资源丰富。基于基础数据和算法模型，建立了叶尼塞河数字化河网，河网总长度 11315km，覆盖面积 250 万 km²，蕴藏总量 783.47TWh/a。分析流域内具有水能开发价值（理论蕴藏量达 5TWh/a以上）的河流（河段）24 条，共计 6876km。

叶尼塞河干流与主要支流河流长度、集雨面积以及水能理论蕴藏量的计算结果见表 1-11。叶尼塞河流域水能资源主要分布于安加拉河（Angara），理论蕴藏量为 264.72TWh/a，占比 33.79%；其次为叶尼塞河干流，理论蕴藏量为 162.49TWh/a，占比 20.74%。叶尼塞河流域的主要国家有俄罗斯和蒙古，超过 95% 的水能蕴藏量分布在俄罗斯。

表 1-11　叶尼塞河干流与主要支流理论蕴藏量

序号	河流名称	长度（km）	集雨面积（km²）	理论蕴藏量（TWh/a）
1	叶尼塞河干流（Yenisey）	3593	2500142	162.49
2	小叶尼塞河（Little Yenisey）	607	59813	22.74
3	赫姆奇克河（Khemchik）	321	27196	27.23
4	阿巴坎河（Abakan River）	513	32627	49.72
5	图巴河（Tuba River）	466	37386	17.76
6	玛纳河（Mana River）	434	9391	0.74
7	坎河（Kan River）	523	36939	6.33
8	安加拉河（Angara）	1789	1049174	264.72
9	大坑河（Big Pit River）	361	21701	8.19
10	石泉通古斯卡河（Podkamennaya）	1627	241928	41.68
11	巴赫塔河（Bakhta）	508	35243	13.33
12	耶洛吉河（Yeloguy）	384	25571	1.94
13	下通古斯卡河（Nizhnyaya Tunguska）	2660	475236	102.71
14	图鲁汉河（Turukhan River）	203	17704	0.78
15	库列伊卡河（Kureika）	917	45653	10.29
16	其他	—	—	52.82
叶尼塞河总计		—	—	783.47

1.2.6.4 鄂毕河流域

鄂毕河（Ob River）流域水能资源丰富。基于基础数据和算法模型，建立了鄂毕河数字化河网，河网总长度 184640km，覆盖面积 302 万 km²，蕴藏总量 954.59TWh/a。分析流域内具有水能开发价值（理论蕴藏量达 5TWh/a 以上）的河流（河段）39 条，共计 7038km。

鄂毕河干流与主要支流河流长度、集雨面积以及水能理论蕴藏量的计算结果见表 1-12。鄂毕河流域水能资源主要分布于额尔齐斯河（Irtysh），理论蕴藏量为 280.29TWh/a，占比 29.36%；其次为鄂毕河干流，理论蕴藏量为 189.78TWh/a，占比 19.88%。鄂毕河流域的主要国家有俄罗斯、哈萨克斯坦、中国、蒙古，超过 80% 的水能蕴藏量分布在俄罗斯。

表 1-12 鄂毕河干流与主要支流理论蕴藏量

序号	河流名称	长度（km）	集雨面积（km²）	理论蕴藏量（TWh/a）
1	鄂毕河干流（Ob River）	3656	3021431	189.78
2	北索西瓦河（North Soxiwa）	401	90724	19.54
3	额尔齐斯河（Irtysh）	254	1695386	280.29
4	丘雷姆河（Churem）	687	135790	28.67
5	特米河（Tami）	379	61570	92.25
6	比亚河（Biya）	250	37384	99.95
7	卡通河（Cartoon）	187	60750	128.55
8	其他	—	—	115.56
	鄂毕河总计	—	—	954.59

1.2.6.5 印度河流域

印度河（Indus）流域水能资源丰富。基于基础数据和算法模型，建立了印度河数字化河网，河网总长度 118756km，覆盖面积 138 万 km²，蕴藏总量 988.30TWh/a。分析流域内具有水能开发价值（理论蕴藏量达 5TWh/a 以上）的河流（河段）26 条，共计 7723km。

　　印度河干流与主要支流河流长度、集雨面积以及水能理论蕴藏量的计算结果见表 1-13。印度河流域水能资源主要分布于其支流萨特莱杰河（Sutlej），理论蕴藏量为 366.21TWh/a，占比 37.05%；其次为杰纳布河（Chenab），理论蕴藏量为 244.12TWh/a，占比 24.70%。印度河流域的主要国家有印度、巴基斯坦、中国、阿富汗，水能蕴藏量最丰富的国家是印度，其次为巴基斯坦。

表 1-13　印度河干流与主要支流理论蕴藏量

序号	河流名称	长度（km）	集雨面积（km²）	理论蕴藏量（TWh/a）
1	印度河（Indus）	3325	1378648	225.75
2	什约克河（Shyok）	680	77997	9.61
3	吉尔吉特河（Gilgit）	276	33707	4.84
4	喀布尔河（Kabul）	760	58465	58.46
5	古勒姆河（Gurram）	370	29730	2.68
6	古马勒河（Gumal）	387	39461	3.36
7	杰纳布河（Chenab）	1114	171639	244.12
8	萨特莱杰河（Sutlej）	1676	130316	366.21
9	巴冷河（Barau）	1052	123525	0.95
10	其他	—	—	72.32
	印度河总计	—	—	988.30

1.2.6.6　布拉马普特拉河流域

　　布拉马普特拉河（Brahmaputra）流域水能资源丰富。基于基础数据和算法模型，建立了布拉马普特拉河数字化河网，河网总长度 139152km，覆盖面积 68 万 km²，蕴藏总量 3245.55TWh/a。分析流域内具有水能开发价值（理论蕴藏量达 5TWh/a 以上）的河流（河段）60 条，共计 6133km。

　　布拉马普特拉河干流与主要支流河流长度、集雨面积以及水能理论蕴藏量的计算结果见表 1-14。布拉马普特拉河流域水能资源主要分布于其干流，理论蕴藏量为 1150.18TWh/a，占比 35.44%；其次为鲁希特河（Lohit），理论蕴藏量为 886.25TWh/a，占比 27.31%。布拉马普特拉河流域的主要国家有中国、印度、孟加拉国、不丹水能蕴藏量最丰富的国家是中国，其次为印度。

表 1-14　布拉马普特拉河干流与主要支流理论蕴藏量

序号	河流名称	长度（km）	集雨面积（km²）	理论蕴藏量（TWh/a）
1	布拉马普特拉河干流（Brahmaputra）	3290	675874	1150.18
2	多雄藏布河（Dogxung Zangbo）	401	26921	22.02
3	年楚河（Nianchu）	254	18601	4.83
4	拉萨河（Lhasa）	687	44213	9.18
5	尼洋河（Niyang）	379	23919	30.18
6	帕隆藏布河（Parlung Zangbo）	250	38836	142.92
7	香曲（Xiangqu）	187	9887	0.76
8	门曲（Menqu）	313	14961	5.98
9	夏布曲（Xiabuqu）	121	7115	1.41
10	鲁希特河（Lohit）	296	59543	886.25
11	苏班西里河（Subansiri）	542	34255	231.64
12	玛纳斯河（Manas）	377	41286	252.30
13	提斯塔河（Tista）	438	21173	22.60
14	科皮利河（Kopili）	283	23307	27.63
15	布里迪兴河（Burhi Dihing）	335	19117	31.44
16	卡门河（Carmen）	289	13605	85.35
17	普纳昌河（Punatsang）	420	30326	53.01
18	丹西里河（Dhansiri）	297	13519	20.24
19	其他	—	—	267.63
布拉马普特拉河总计		—	—	3245.55

1.2.6.7　恒河流域

恒河（Ganges River）流域水能资源丰富。基于基础数据和算法模型，建立了恒河数字化河网，河网总长度 189091km，覆盖面积 123 万 km²，蕴藏总量 1460.40TWh/a。分析流域内具有水能开发价值（理论蕴藏量达 5TWh/a 以上）的河流（河段）23 条，共计 7795km。

恒河干流与主要支流河流长度、集雨面积以及水能理论蕴藏量的计算结果见表 1-15。恒河流域水能资源主要分布于格尔纳利河（Karnali），理论蕴藏量为 723.06TWh/a，占比 52.97%；其次为科西河（Kosi），理论蕴藏量为 291.08TWh/a，占比 21.32%。恒河流域的主要国家有尼泊尔、印度、中国，水能蕴藏量最丰富的国家是尼泊尔，其次为印度。

表 1-15　恒河干流与主要支流理论蕴藏量

序号	河流名称	长度（km）	集雨面积（km²）	理论蕴藏量（TWh/a）
1	恒河干流	2902	1226073	110.79
2	亚穆纳河（Yamuna）	1727	416394	114.89
3	塔穆萨河（Tamsa）	341	21603	1.91
4	宋河（Son）	1010	89265	30.44
5	达摩达尔河（Damodar）	412	30345	1.40
6	拉姆根加河（Ramganga）	584	29999	10.10
7	格尔纳利河（Karnali）	1515	235086	723.06
8	科西河（Kosi）	935	105279	291.08
9	富拉哈河（Fulahar）	405	27881	6.14
10	哥莫蒂河（Gomti）	748	39204	0.63
11	帕吉勒提河（Bhagirathi）	290	150098	74.65
12	其他	—	—	95.31
恒河总计		—	—	1460.40

1.2.6.8　锡尔河流域

锡尔河（Syr）流域水能资源蕴藏量丰富。基于基础数据和算法模型，建立了锡尔河数字化河网，河网总长度 81921km，覆盖面积 56 万 km²，蕴藏总量 146.25TWh/a。分析流域内具有水能开发价值（理论蕴藏量达 5TWh/a 以上）的河流（河段）4 条，共计 768km。

锡尔河干流与主要支流河流长度、集雨面积以及水能理论蕴藏量的计算结果见表 1-16。锡尔河流域水能资源主要分布于其干流源流纳伦河（Naryn），理论蕴藏量为 59.94TWh/a，占比 40.99%；其次为其右岸支流奇尔奇克河（Chirchiq），理论蕴藏量为 25.75TWh/a，占比 17.61%。锡尔河流域主要国家有吉尔吉斯斯坦、塔吉克斯坦、乌兹别克斯坦、哈萨克斯坦，水能蕴藏量最丰富的国家是吉尔吉斯斯坦，其次为乌兹别克斯坦。

表 1-16　锡尔河干流与主要支流理论蕴藏量

序号	河流名称	长度（km）	集雨面积（km²）	理论蕴藏量（TWh/a）
1	锡尔河干流（Syr）	2212	228373	19.01
2	纳伦河（Naryn）	904	103898	59.94
3	卡拉达里亚河（Karadarya）	426	49515	13.38
4	伊斯法拉姆齐河（Isfayramsay）	238	21696	8.74
5	卡卡考河（Kacacau）	181	12256	2.07
6	鲁索河（Rulso）	120	3852	1.19
7	阿克苏河（Aksu）	276	2352	0.47
8	艾达库尔湖河（Aydar Lake）	371	55235	1.51
9	奇尔奇克河（Chirchiq）	319	24205	25.75
10	克列斯河（Keles）	276	7485	1.23
11	阿雷西河（Arys）	371	25712	1.43
12	阿汉加兰河（Ohangaron）	319	11981	3.38
13	其他	—	—	8.15
锡尔河总计		—	—	146.25

1.2.6.9　阿姆河流域

阿姆河（Amu）流域水能资源丰富。基于基础数据和算法模型，建立了阿姆河数字化河网，河网总长度 103634km，覆盖面积 34 万 km²，蕴藏总量 1771.94TWh/a。分析流域内具有水能开发价值（理论蕴藏量达 5TWh/a 以上）的河流（河段）7 条，共计 2620km。

阿姆河干流与主要支流河流长度、集雨面积以及水能理论蕴藏量的计算结果见表 1-17。阿姆河流域水能资源主要分布于其干流，理论蕴藏量为 904.76TWh/a，占比 51.06%；其次为瓦赫什河（Vakhsh），理论蕴藏量为 471.56TWh/a，占比 26.61%。阿姆河流域主要国家有阿富汗、吉尔吉斯斯坦、塔吉克斯坦、土库曼斯坦、乌兹别克斯坦，超过 90% 的水能蕴藏量分布在阿富汗和塔吉克斯坦。

表 1-17　阿姆河干流与主要支流理论蕴藏量

序号	河流名称	长度（km）	集雨面积（km²）	理论蕴藏量（TWh/a）
1	阿姆河干流（包含喷赤河）（Amu）	3394	346597	904.76
2	瓦赫什河（Vakhsh）	800	63153	471.56
3	昆都士（Kondoz）	597	57265	314.93
4	巴尔坦格河（Bartang）	717	52424	39.22
5	谢拉巴德河（Sherabad）	240	21353	21.89
6	苏尔汉河（Surkhan）	306	18482	17.59
7	泽拉夫尚河（Zeravshan）	546	27673	1.99
阿姆河总计		—	—	1771.94

1.2.6.10　伊洛瓦底江流域

伊洛瓦底江（Irrawaddy）流域水能资源丰富。基于基础数据和算法模型，建立了伊洛瓦底江数字化河网，河网总长度 100266 千米，覆盖面积 48 万 km²，蕴藏总量 1135.48TWh/a。分析流域内具有水能开发价值（理论蕴藏量达 5TWh/a 以上）的河流（河段）16 条，共计 3747km。

伊洛瓦底江干流与主要支流河流长度、集雨面积以及水能理论蕴藏量的计算结果见表 1-18。伊洛瓦底江流域水能资源主要分布于其干流，理论蕴藏量为 296.75TWh/a，占比为 26.13%；其次为钦敦江（Chindwin），理论蕴藏量为 221.57TWh/a，占比 19.51%。伊洛瓦底江流域的主要国家有缅甸、中国和印度，水能蕴藏量最丰富的国家是缅甸，其次为中国。

表 1-18　伊洛瓦底江干流与主要支流理论蕴藏量

序号	河流名称	长度（km）	集雨面积（km²）	理论蕴藏量（TWh/a）
1	伊洛瓦底江干流（Irrawaddy）	2250	476148	296.75
2	南塔曼河（Nam Tamai River）	171	5611	79.36
3	迈立开江（Mali）	421	29212	184.47
4	大盈江（Taping）	293	10008	45.76
5	瑞丽江（Shweli）	707	28381	61.13
6	米坦格河（Myitnge）	533	54645	50.08

序号	河流名称	长度（km）	集雨面积（km²）	理论蕴藏量（TWh/a）
7	穆河（Mu River）	397	26277	5.31
8	钦敦江（Chindwin）	1149	149977	221.57
9	尧河（Yaw River）	267	10859	6.73
10	其他	—	—	184.32
	伊洛瓦底江总计	—	—	1135.48

1.2.6.11　萨尔温江流域

萨尔温江（Salween）流域水能资源丰富。基于基础数据和算法模型，建立了萨尔温江数字化河网，河网总长度 73357km，覆盖面积 33 万 km²，蕴藏总量 700.90TWh/a。分析流域内具有水能开发价值（理论蕴藏量达 5TWh/a 以上）的河流（河段）21 条，共计 3531km。

萨尔温汀干流与主要支流河流长度、集雨面积以及水能理论蕴藏量的计算结果见表 1-19。萨尔温江流域水能资源主要分布于其干流，理论蕴藏量为 436.38TWh/a，占比 62.26%；其次为鲍恩河（Nam Pawn），理论蕴藏量为 19.26TWh/a，占比 2.75%。萨尔温江流域的主要国家有中国、缅甸、泰国，水能蕴藏量最丰富的国家是中国，其次为缅甸。

表 1-19　萨尔温江干流与主要支流理论蕴藏量

序号	河流名称	长度（km）	集雨面积（km²）	理论蕴藏量（TWh/a）
1	萨尔温江干流（Salween）	3500	334753	436.38
2	下秋曲河（Xia Qiuqu）	256	11819	1.41
3	索曲河（Suoqu）	321	19493	5.79
4	杰曲河（Jiequ）	179	7634	4.86
5	多曲河（Duoqu）	196	6638	4.14
6	德曲河（Dequ）	129	5133	6.73
7	冷曲河（Lengqu）	150	4150	9.93
8	玉曲河（Yuqu）	466	12492	15.72

序号	河流名称	长度（km）	集雨面积（km²）	理论蕴藏量（TWh/a）
9	勐波罗河（Mengboluo）	184	8011	6.81
10	南汀河（Nanting）	270	10879	13.96
11	塔潘育克河（Ta Pangyok）	179	4711	2.49
12	万星河（Wanxing）	285	12122	5.91
13	南庞河（Nam Pang）	359	14034	9.77
14	南通河（Nam Taung）	473	17725	16.97
15	比卢河（Balu Chuang）	247	8848	16.34
16	拜河（Pai）	218	8031	5.67
17	鲍恩河（Nam Pawn）	418	13142	19.26
18	元河（Yuam）	199	6770	4.59
19	莫艾河（Moei）	291	9558	6.28
20	阿特兰河（Ataran）	260	6760	3.13
21	吉英河（Urubu）	258	6001	3.87
22	其他	—	—	100.89
萨尔温江总计		—	—	700.90

1.2.6.12 马哈坎河流域

马哈坎河（Mahakam）流域水能资源丰富。基于基础数据和算法模型，建立了马哈坎河数字化河网，河网总长度 1806km，覆盖面积近 8 万 km²，蕴藏总量 49.51TWh/a。分析流域内具有一定水能开发价值（理论蕴藏量达 3TWh/a 以上）的河流（河段）2 条，共计 17km。

马哈坎河干流与主要支流河流长度、集雨面积以及水能理论蕴藏量的计算结果见表 1-20。马哈坎河流域水能资源主要分布于其干流，理论蕴藏量为 29.79TWh/a，占比 60.17%；其次为伯拉扬河（Belayan），理论蕴藏量为 11.37TWh/a，占比 22.97%；克当兰托河（Kedang Rantau）理论蕴藏量为 3.98TWh/a，占比 8.04%。马哈坎河是印度尼西亚境内河流。

表 1-20 马哈坎河干流与主要支流理论蕴藏量

序号	河流名称	长度(km)	集雨面积（km²）	理论蕴藏量（TWh/a）
1	马哈坎河干流（Mahakam）	755	76620	29.79
2	伯拉扬河（Belayan）	322	12778	11.37
3	克当兰托河（Kedang Rantau）	295	18883	3.98
4	邦根（Bongan）	103	4217	2.45
5	克当帕胡河（Kedang Pahu）	106	6934	0.42
6	拉塔河（Ratah）	110	3281	0.08
7	其他	—	—	1.42
	马哈坎河总计	—	—	49.51

1.2.6.13 马利瑙河流域

马利瑙河（Malinau）流域水能资源蕴藏量较丰富。基于基础数据和算法模型，建立了马利瑙河数字化河网，河网总长度670km，覆盖面积约1.6万km²，蕴藏总量22.55TWh/a。分析流域内具有一定水能开发价值（理论蕴藏量达3TWh/a以上）的河流（河段）1条，共计8km。

马利瑙河干流与主要支流河流长度、集雨面积以及水能理论蕴藏量的计算结果见表1-21。马利瑙河流域水能资源主要分布于其干流，理论蕴藏量为18.34TWh/a，占比81.33%；其次为支流行河（Hong），理论蕴藏量为2.80TWh/a，占比12.42%。马利瑙河是印度尼西亚境内河流。

表 1-21 马利瑙河干流与主要支流理论蕴藏量

序号	河流名称	长度（km）	集雨面积（km²）	理论蕴藏量（TWh/a）
1	玛利瑙干流（Malinau）	324	16112	18.34
2	行河（Hong）	146	3952	2.80
3	涂布河（Tubu）	84	2509	0.93
4	塞门达鲁河（Semendarut）	35	407	0.34
5	班加伦河（Bengalun）	33	675	0.03
6	其他	—	—	0.11
	马利瑙河总计	—	—	22.55

1.2.6.14　拉让江流域

拉让江（Rajang）流域水能资源较丰富。基于基础数据和算法模型，建立了拉让江数字化河网，河网总长度 1505km，覆盖面积约 4.6 万 km²，蕴藏总量 40.95TWh/a。分析流域内具有一定水能开发价值（理论蕴藏量达 3TWh/a 以上）的河流（河段）3 条，共计 49km。

拉让江干流与主要支流河流长度、集雨面积以及水能理论蕴藏量的计算结果见表 1-22。拉让江流域水能资源主要分布于其干流，理论蕴藏量为 37.45TWh/a，占比 91.45%；其次为丹侬河（Danum），理论蕴藏量为 1.73TWh/a，占比 4.22%。拉让江是马来西亚境内的河流。

表 1-22　拉让江干流与主要支流理论蕴藏量

序号	河流名称	长度（km）	集雨面积（km²）	理论蕴藏量（TWh/a）
1	拉让江干流（Rajang）	705	45579	37.45
2	丹侬河（Danum）	108	3226	1.73
3	巴鲁依河（Balui）	22	407	0.61
4	布努特河（Bunut）	125	2815	0.58
5	巴塘巴勒河（Batang Baleh）	227	12436	0.20
6	巴哈河（Bahau）	71	1703	0.19
7	卡蒂巴斯河（Katibas）	130	3265	0.17
8	卡诺威特河（Kanowit）	117	3000	0.02
拉让江总计		—	—	40.95

1.3 基地开发

1.3.1 开发现状

近十年来亚洲水电装机增长较快，2018 年总装机规模达到 543.8GW，亚洲历年水电总装机容量如图 1-11（a）所示[1]。其中，中国、印度、越南、巴基斯坦的水电装机容量较大，分别为 322.0、49.916、20.4、9.9GW。日本水电装机 49.6GW，其中 27.5GW 为抽水蓄能电站，具体情况见表 1-23[2]。

表 1-23　2018 年亚洲主要国家水电开发情况

国家	水电装机容量（MW）	水电发电量（GWh）
中国	322049（含抽蓄 28824MW）	1232900
印度	49916（含抽蓄 4785MW）	139547
日本	49580（含抽蓄 27471MW）	102965
越南	20430	82897
巴基斯坦	9888	29114

图 1-11（b）给出了亚洲主要国家历年水电装机容量，由图可知，从 2010 年到 2018 年，中国和越南水电装机容量增长较快，2015 年，中国溪洛渡水电站（Xiluodu）全面竣工，装机容量 13860MW。2015 年越南新建了莱州水电站（Lai Chau），装机容量 1200MW。

根据 IRENA 统计，从 2010 年至 2018 年，中国的水电加权平均的初投资水平基本保持不变，在 1000 美元 / kW 左右。其他亚洲国家水电加权平均的初投资水平有所上涨，从 1400 美元 / kW 升至 1600 美元 / kW。中国水电加权平均的度电成本在 4.3 美分 / kWh 左右，其他亚洲国家的水电加权平均度电成本在 5.5~5.6 美分 / kWh[3]，是部分亚洲国家重要的电力供应方式。

---

[1] 资料来源：International Renewable Energy Agency. Renewable capacity statistics 2019[R]. Abu Dhabi: IRENA, 2019.

[2] 资料来源：彭博社. 全球装机和发电量统计 [EB/OL],2020-02-24.

[3] 资料来源：International Renewable Energy Agency. Renewable Power Cost in 2018[R]. Abu Dhabi: IRENA, 2019.

（a）亚洲历年水电总装机容量

（b）亚洲主要国家历年水电装机容量

图 1-11　亚洲水电装机容量

1.3.2　基地布局

综合考虑资源特性和开发条件，亚洲未来主要开发恒河、布拉马普特拉河、马哈坎河、拉让江、马利瑙河、伊洛瓦底江、萨尔温江、湄公河、锡尔河、勒拿河 10 个流域。基于数字化平台对各流域开展了基地开发方案研究，提出了水能资源富集的待开发河段的梯级布置方案，完成了主要大型水电项目的选址研究。未来中国主要开发雅鲁藏布江、怒江、澜沧江、金沙江、大渡河、雅砻江等西南地区流域的水能资源。根据远景规划，中国西南各大流域水电基地总装机规模有望超过 200GW。

经测算分析，亚洲除中国外的 10 个水电基地共涉及 88 个待开发梯级，总装机规模 92.01GW，年发电量 431.85TWh，相关水能资源及基地梯级开发技术指标见表 1-24。根据远景规划，10 个大型水电基地未来开发的总规模有望超过 130GW。亚洲水电基地布局示意图如图 1-12 所示。

表 1-24　亚洲十大流域及大型水电基地技术开发指标

序号	河流名称	理论蕴藏量（TWh/a）	待开发梯级方案		
			电站数目（座）	装机容量（MW）	年发电量（GWh）
1	恒河支流科西河	133.73	6	14205	62225
2	布拉马普特拉河支流普纳昌河	46.66	5	9275	40860
3	马哈坎河干流	29.79	8	2909	12983

序号	河流名称	理论蕴藏量（TWh/a）	待开发梯级方案		
			电站数目（座）	装机容量（MW）	年发电量（GWh）
4	拉让江干流	37.45	4	1355	5770
5	马利瑙河干流	18.34	9	2831	13197
6	伊洛瓦底江干流	296.75	6	18700	99349
7	萨尔温江干流	436.38	6	16310	90285
8	湄公河干流	453.73	8	12582	54490
9	锡尔河支流纳伦河	35.77	21	4036	13333
10	勒拿河支流阿尔丹河	109.59	15	9808	39357
总计		1598.19	88	92011	431849

图 1-12 亚洲大型水电基地总体布局示意图

上述 10 个流域集中了亚洲分布集中、开发条件相对较好的水电资源。报告采用数字化平台完成了上述 10 个基地所有待开发梯级布置方案的研究，并选取了 4 个技术经济指标相对较好的水电项目给出了具体开发方案的研究成果，为有关项目开发提供参考。

1.3.3 科西河干流基地

科西（Koshi）河主要位于尼泊尔东部，是尼泊尔最大的河流也是恒河的重要支流。科西河发源于中国西藏喜马拉雅山区，上游分三支——包括正源北支阿龙河（Arun），西支孙科西河（Sun Koshi）和东支塔木尔河（Tamur），三者在尼泊尔滕古达（Dhankuta）附近汇成科西河，最后在印度比哈尔邦（Bihar）注入恒河。根据数字平台测算，科西河流域集雨面积 105279km^2，全长约 935km，落差 5365m，河道平均比降约 0.574%。科西河水源主要由降水和高山融雪补给，径流年内分配不均，6~10 月降雨集中，为丰水期，流量占全年的 83%~84%。

1.3.3.1 重点河段分析

科西河干流以中国境内的朋曲（PumQu）为源头，河源至定日县（Dingri）河段长约 280km，落差约 821m，河道平均比降约 0.293%。该河段河谷为宽谷，阶地发育。该地区为高原山地气候，气候干燥，降水量少，主要为农牧区。

定日县至中尼边境的陈塘镇（Chentang）河段，南来的湿润气流沿河谷北上，陈塘镇附近降水丰沛，随海拔的升高降水递减。气候较为温暖，以农业为主，农作物可一年两熟。该河段长约 177km，落差约 1938m，河道平均比降约 1.095%。

陈塘镇至尼泊尔滕古达河段水流湍急，峡谷多呈"V"字形，水能资源集中。该河段长约 189km，落差约 2268m，河道平均比降约 1.200%。

尼泊尔滕古达以下河段河道逐渐展宽，流速趋缓，下游河段多有洪涝灾害发生。滕古达至拉杰比拉杰（Rajbiraj）河段长约 90km，落差 62m，河道平均比降约 0.069%。

下游印度境内的科西河流域为平原地区，地势平坦，是恒河平原的重要组成部分。

表1-25　科西河干流分河段水能理论蕴藏量

TWh/a

序号	河段	理论蕴藏量
1	上游定日县以上河段	2.62
2	上游定日县至陈塘镇河段	46.59
3	中游陈塘镇至滕古达河段	69.42
4	下游滕古达至拉杰比拉杰河段	6.42
5	其余河段	8.68
合计		133.73

科西河水能丰富河段为中游和上游流域，各河段理论蕴藏量见表1-25。其中陈塘镇至滕古达河段理论蕴藏量达69.42TWh/a，占科西河干流总蕴藏量的51.9%。本报告重点研究此河段的水能资源开发。

1.3.3.2　梯级布置方案

河段两岸地形以山地丘陵为主，河谷宽窄相间，根据地形条件，可在陈塘镇下游约10km处布置一座引水式电站切普瓦（Chepuwa），正常蓄水位2045m，利用落差322m，引水线路长约3.3km。在切普瓦厂房以下约8km处可布置一座引水式电站切普瓦锡布龙1（Sibrung 1），电站正常蓄水位1719m，与切普瓦电站首尾相接，共利用落差532m，引水线路长度约5.0km。锡布龙1电站下游有锡布龙镇分布，考虑尽量避让城镇，可在锡布龙1厂房下游约10km处布置锡布龙2（Sibrung 2）梯级，电站正常蓄水位1185m，水位与基瓦尼尾水相接，共利用落差133m。在瓦伦镇（Waren）上游和下游可分别布置德拉里（Deurali）梯级和瓦伦梯级。德拉里采用混合式开发，电站正常蓄水位1050m，与锡布龙2电站首尾相接，共利用落差418m，引水线路长度约1.2km。瓦伦采用引水式开发，电站正常蓄水位630m，与德拉里厂址尾水相接，共利用落差286m，引水线路长度约10.86km。在阿龙河、孙科西河和塔木尔河交汇处下游约3km处可设置滕古达（Dhankuta）梯级，电站正常蓄水位320m，利用落差150m。德拉里和滕古达可依地形设置大型调节性水库。科西河中上游大型调节性水库的设置可大大减轻中下游河段的防洪压力。

综上分析，科西河干流河段采用 6 级开发，共计利用落差 1841m，总装机容量 14205MW，年发电量 62225GWh。6 个梯级的位置如图 1-13 所示，河段梯级纵剖面如图 1-14 所示，6 个梯级的主要技术指标测算结果详见表 1-26。

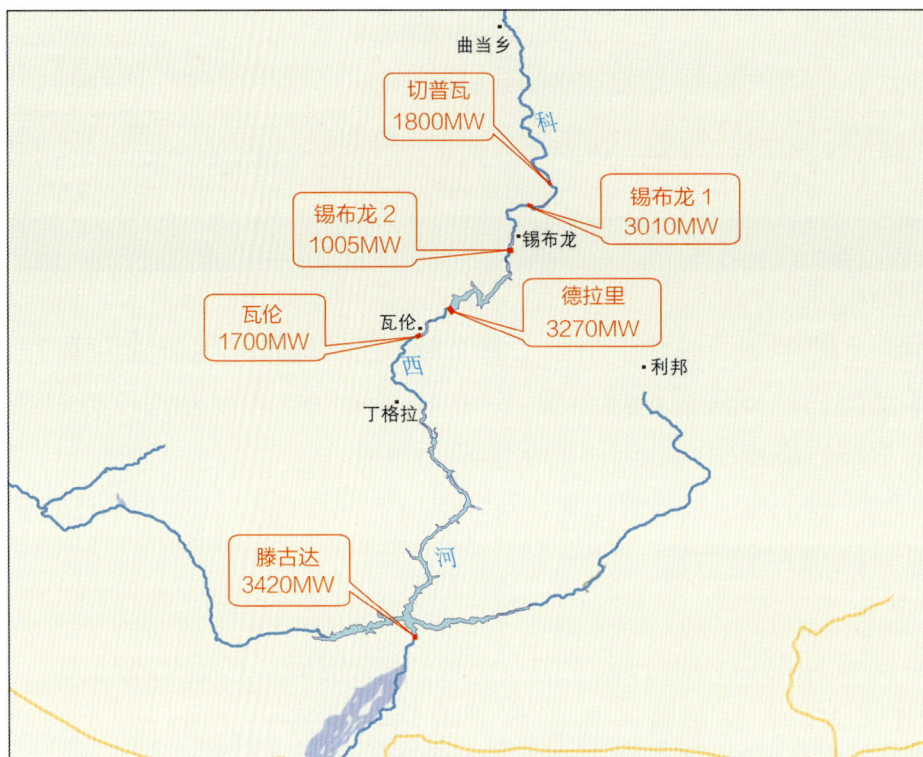

图 1-13　科西河干流河段梯级位置示意图

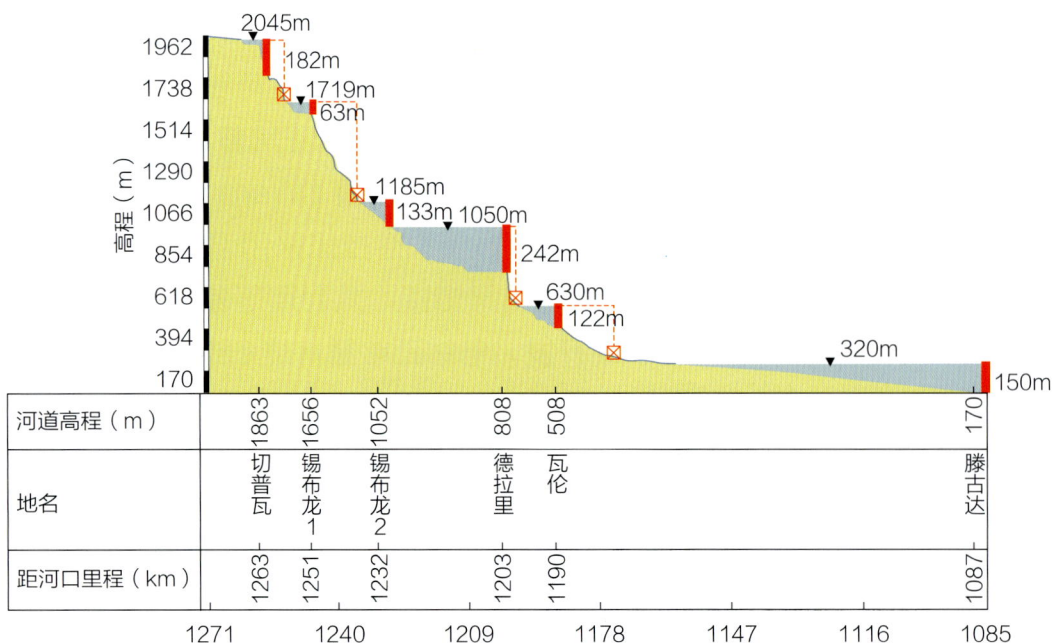

图 1-14　科西河干流河段梯级纵剖面图

表 1-26　科西河干流研究河段梯级开发方案主要技术指标

项目		科西河干流研究河段					
		Chepuwa	Sibrung 1	Sibrung 2	Deurali	Waren	Dhankuta
		切普瓦	锡布龙 1	锡布龙 2	德拉里	瓦伦	滕古达
坝址控制流域面积（km²）		36864	37361	38242	39104	39488	74343
坝址多年平均流量（m³/s）		549.90	557.31	570.45	583.32	589.04	1541.58
开发方式		引水式	引水式	坝式	混合式	引水式	坝式
初估坝长（km）		0.38	0.23	0.52	1.06	0.46	0.55
正常蓄水位（m）		2045	1719	1185	1050	630	320
死水位（m）		2040	1714	1180	980	625	285
坝址水面高程（m）		1863	1656	1052	808	508	170
坝壅水高（m）		182	64	133	242	122	150
厂址水面高程（m）		1723	1187	1052	632	344	170
利用落差（m）		322	532	133	418	286	150
正常蓄水位以下库容（万 m³）		8134	7040	11483	312312	13353	1033521
调节库容（万 m³）		617	719	996	150232	1036	437908
调节能力		无调节	无调节	无调节	年调节	无调节	年调节
发电引用流量（m³/s）		752.40	760.25	948.25	1139.17	802.32	3120.10
引水线路（km）		3.31	4.97	—	1.23	10.86	—
装机容量（MW）		1800	3010	1005	3270	1700	3420
年发电量（GWh）	单独	8082	13533	4522	13063	7648	13659
	联合	8082	13533	4522	13063	8540	14484
枯期平均出力（MW）	单独	389.4	602.1	225.3	714.8	340.6	712.0
	联合	389.4	602.1	225.3	714.8	494.5	1230.8
装机利用小时数	单独	4490	4496	4500	3995	4499	3994
	联合	4490	4496	4500	3995	5023	4235

6 个梯级电站中，德拉里和滕古达 2 个梯级装机规模较大，技术指标较好，具备集中开发利用的资源条件。报告采用数字平台重点研究并提出了 2 个电站的初步开发方案。

1.3.3.3 德拉里开发方案

基于数字化水电宏观选址方法，全面收集电站近区的建站制约性因素基础数据，经过对比分析，提出了德拉里水电站的初步开发方案。

1. 建设条件

德拉里水电站位于尼泊尔东部的科西河上，坝址距首都加德满都约 190km。水库区地形平缓，无大型崩塌、滑坡等不良地质体分布，地面覆盖物以树林和耕地为主，具备建库条件，库区内无村庄等人工建筑物，库区主要地面覆盖物分布如图 1-15 所示。库区面积约 27km^2，涉及淹没的耕地、树林等地面覆盖物面积约 20km^2。水库区域西侧有自然生态系统类保护区，开发时需参考当地政策，如图 1-16 所示。

厂址下游约 8km 有瓦伦镇分布，库区范围内人口密度约为 20 人 / km^2，估算淹没影响人口约 400 人。

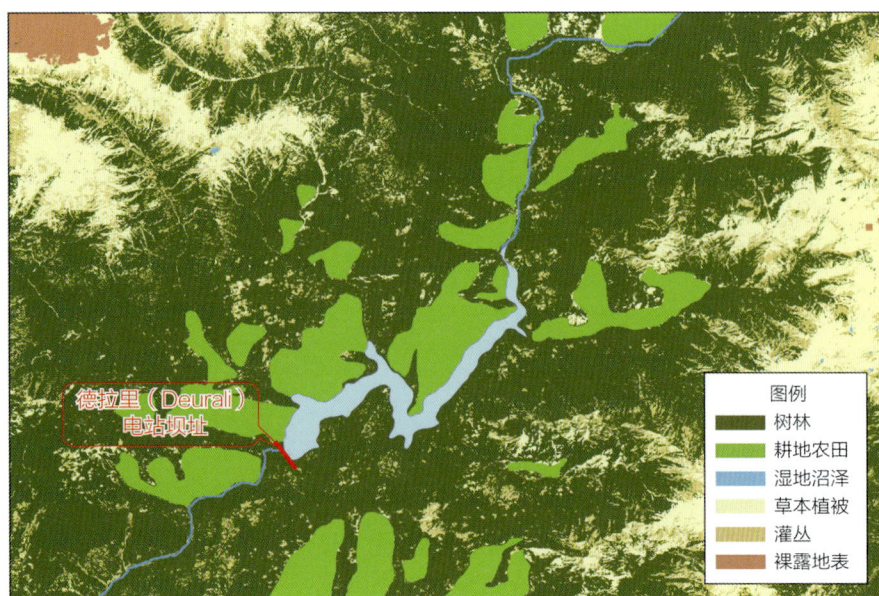

图 1-15　德拉里水电站库区主要地面覆盖物分布情况示意图

图 1-16　德拉里水电站周边主要保护区分布示意图

德拉里水电站坝址及库区主要岩层分布如图 1-17 所示，周边范围内变质岩主要发育，区域构造稳定性好。坝址及库区地质条件较好，推测基础整体承载力及变形满足要求，具备修建混凝土坝的条件。初拟采用混合式开发，坝集中一部分落差后，通过引水道集中坝后河段另一部分落差，共计利用落差 418m。

图 1-17　德拉里水电站周边主要岩层分布示意图

2. 工程设想与投资估算

德拉里水电站利用德拉里附近的山间盆地作为库区，设置大型调节性水库，同时该处下游河道较陡，利用引水线路进一步汇集一百余米的落差。水电站正常蓄水位为 1050m，坝顶高程为 1052m，拦河大坝坝轴线总长 1060m，坝址水面高程 808m，总库容 31.32 亿 m^3；厂址水面高程 632m，引水线路长约 1230m，厂房布置于坝址下游左岸地形相对较缓的区域。

德拉里水电站发电水头 365m，发电引用流量 1139m^3/s。采用 6 台机组，单机容量 545MW，单机引用流量 190m^3/s，初步拟定电站总装机容量 3270MW。工程三维效果图如图 1-18 所示。

经测算，德拉里水电站年发电量 13.06TWh，估算总投资约 49 亿美元，其中机电设备投资约 17 亿美元。参照亚洲水电工程建设工期、财务参数（具体可参见报告 1.1.3 节有关内容），结合项目技术指标，测算其综合度电成本 3.35 美分 / kWh，项目的经济性较好。

图 1-18　德拉里水电站工程三维效果示意图

1.3.3.4 滕古达开发方案

基于数字化水电宏观选址方法，全面收集电站近区的建站制约性因素基础数据，经过对比分析，提出了滕古达水电站的初步开发方案。

1. 建设条件

滕古达水电站位于尼泊尔东部的科西河上，坝址距首都加德满都约 200km。水库区地形平缓，无大型崩塌、滑坡等不良地质体分布，地面覆盖物以树林和草本植被为主，具备建库条件，库区内无村庄等人工建筑物，库区主要地面覆盖物分布如图 1-19 所示。库区面积约 118km^2，涉及淹没的树林、草本植被等地面覆盖物约 80km^2。水库区域无自然保护区，距离最近的自然生态系统类保护区约 12km，如图 1-20 所示。

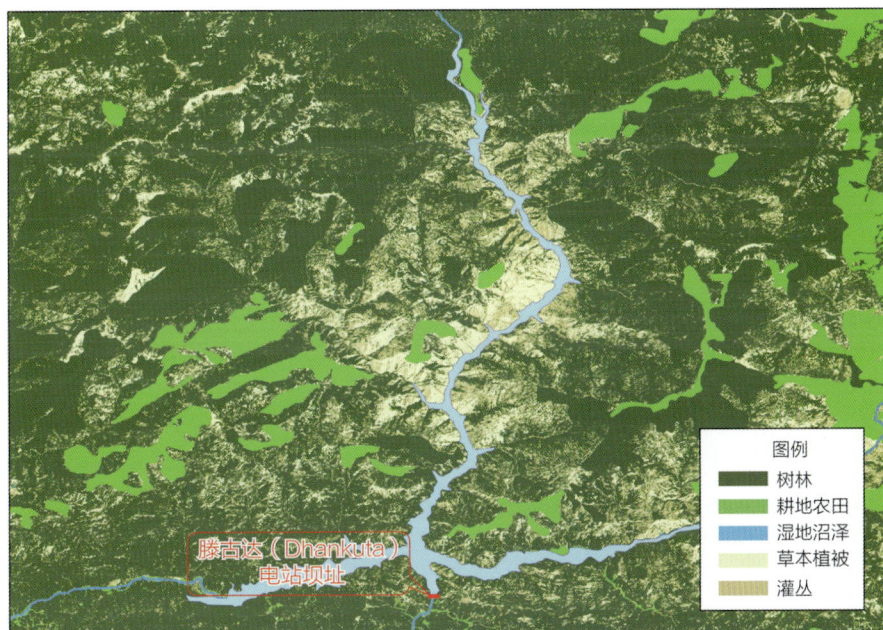

图 1-19 滕古达水电站库区主要地面覆盖物分布情况示意图

滕古达县分布在厂址以东约 17km，库区范围内人口密度约为 100 人 /km^2，估算淹没影响人口约 8000 人，影响人口相对较多，项目开发需要结合当地政策提前考虑移民安置方案及其投资。

图 1-20　滕古达水电站周边主要保护区分布示意图

　　滕古达水电站坝址及库区主要岩层分布如图 1-21 所示，周边范围内变质岩、混合沉积岩、酸性深成岩主要发育，区域构造稳定性好。从历史统计来看，坝址无大的历史地震记录。坝址及库区地质条件较好，坝址部位两岸基岩出露，推测基础整体承载力及变形满足要求，具备修建混凝土坝的条件。初拟采用混凝土重力坝，坝后式厂房布置，建基于基岩。

图 1-21　滕古达水电站周边主要岩层分布示意图

2. 工程设想与投资估算

滕古达坝址设在阿龙河、孙科西河和塔木尔河交汇处下游约 3km 处，利用三江交汇处的谷地作为库区，设置大型调节性水库。水电站正常蓄水位为 320m，坝顶高程为 322m，拦河大坝坝轴线总长 550m，坝址水面高程 170m，总库容 103.35 亿 m^3。水电站枢纽主要建筑物由混凝土重力坝和坝后式厂房组成，采用坝身泄洪，为便于下泄洪水归槽，溢流坝段布置于主河道，厂房布置于地形相对较缓的右岸。

滕古达水电站发电水头 132.5m，发电引用流量 3120m^3/s。采用 6 台机组，单机容量 570MW，单机引用流量 520m^3/s，初步拟定电站总装机 3420MW。工程三维效果图如图 1-22 所示。

经测算，滕古达水电站年发电量 14.48TWh，估算总投资约 72 亿美元，其中机电设备投资约 18 亿美元，移民安置成本约 1.6 亿美元。参照亚洲水电工程建设工期、财务参数（具体可参见报告 1.1.3 节有关内容），结合项目技术指标，测算其综合度电成本 4.13 美分 / kWh，项目经济性较好。

图 1-22　滕古达水电站工程三维效果示意图

1.3.4　普纳昌河干流基地

普纳昌（Punatsang）河又名散科什河（Sankosh），位于不丹西部，是不丹第二大河以及布拉马普特拉河的重要支流。普纳昌河发源于不丹加萨（Gasa）城堡附近的雪山和鲁纳纳（Lunana）地区，向东南方向流注，至普那卡（Punakha）附近折而往南，注入布拉马普特拉河。根据数字平台测算，普纳昌河流域集雨面积 30326km²，全长约 420km，落差 4517m，河道平均比降约 1.075%。

1.3.4.1　重点河段分析

普纳昌河干流源于加萨，加萨至普那卡河段长约 66km，落差约 1413m，河道平均比降约 2.141%。该地区属不丹北部的高原地带，多高山峡谷。

普纳昌至拉杰鲁克（Rajrukh）河段，河床在普那卡以南变宽，最宽处达约 300m，而在旺杜波德朗（Wangdue Phodrang）以南，河道受陡峭峡谷的影响，突然变窄。普纳卡附近的河谷地区气候温和，物产丰富，普纳卡是不丹古都，至今仍是不丹王室和宗教首领的冬季避寒之地。该河段长约 159km，落差约 1139m，河道平均比降约 0.716%。

下游印度境内的普纳昌河流域为平原地区，地势较平坦，主要是农业区。

各河段理论蕴藏量见表 1-27。普纳昌河水能丰富河段为中游普纳昌至拉杰鲁克河段，理论蕴藏量达 31.62TWh/a，占普纳昌河干流总蕴藏量的 67.8%。本报告重点研究此河段的水能资源开发。

表 1-27　普纳昌河干流分河段水能理论蕴藏量

TWh/a

序号	河段	理论蕴藏量
1	上游加萨至普纳卡河段	4.98
2	中游普纳卡至拉杰鲁克河段	31.62
3	下游拉杰鲁克至高里普尔河段	8.96
4	其余河段	1.1
合计		46.66

1.3.4.2 梯级布置方案

河段两岸地形以山地丘陵为主,河谷宽窄相间,根据地形条件,可在皮亚里冈镇(Pyarigang)上游约 15km 处布置皮亚里冈 1 级(Pyarigang 1)梯级,正常蓄水位 1600m,利用落差 469m。在皮亚里冈 1 级厂址下游约 10km 处布置一座引水式电站皮亚里冈 2 级(Pyarigang 2),与皮亚里冈 1 级厂址尾水相接,正常蓄水位 1130m,利用落差 355m,引水线路长约 2.2km。在哈拉查镇(Haracha)附近布置一座引水式电站哈拉查,与皮亚里冈 2 级厂址首尾相接,正常蓄水位 775m,利用落差 238m,引水线路长约 2.6km。在奇朗宗(Chirang)下游约 10km 处可布置奇朗梯级,正常蓄水位 535m,与哈拉查厂址尾水相接,利用落差 201m。在奇朗梯级下游约 20km 处布置拉杰鲁克(Rajrukh)梯级,正常蓄水位 330m,与奇朗尾水相接,利用落差 187m。

综上分析,普纳昌河干流河段采用 5 级开发,共计利用落差 1450m,总装机容量 9275MW,年发电量 40860GWh。5 个梯级的位置如图 1-23 所示,河段梯级纵剖面如图 1-24 所示,5 个梯级的主要技术指标测算结果详见表 1-28。

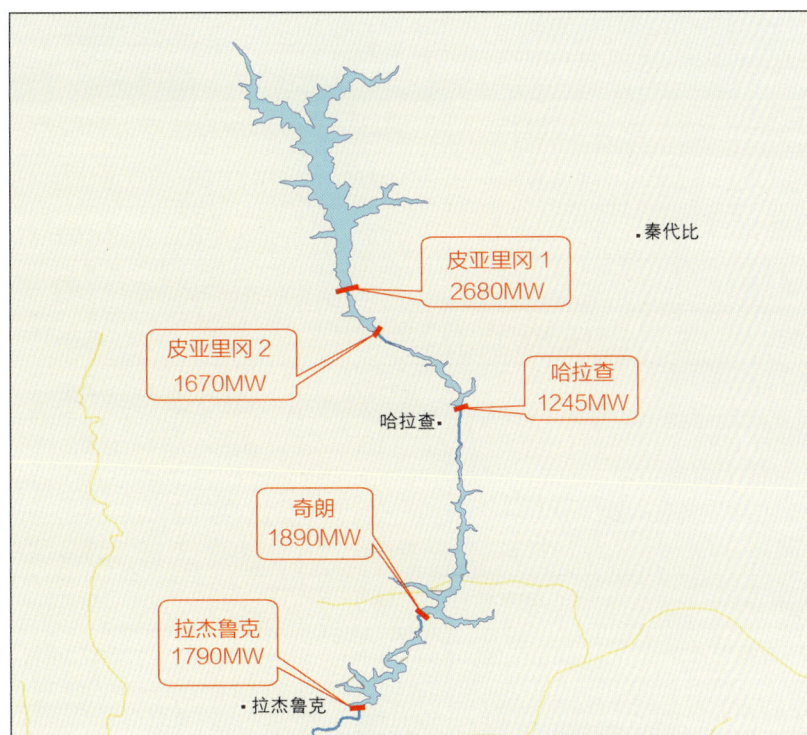

图 1-23　普纳昌河干流河段梯级位置示意图

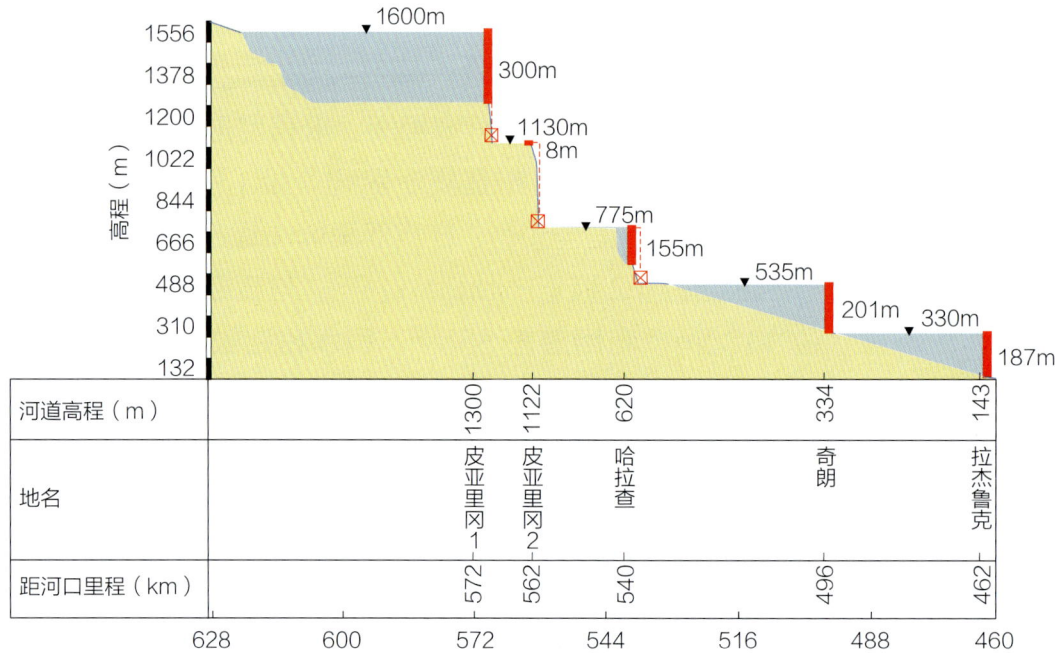

图1-24　普纳昌河干流河段梯级纵剖面图

表1-28　普纳昌河干流研究河段梯级开发方案主要技术指标

项目	普纳昌河干流研究河段				
	Pyarigang 1	Pyarigang 2	Haracha	Chirang	Rajrukh
	皮亚里冈1	皮亚里冈2	哈拉查	奇朗	拉杰鲁克
坝址控制流域面积（km²）	7415	7922	8905	11622	12257
坝址多年平均流量（m³/s）	392.97	419.89	471.95	615.96	649.61
开发方式	混合式	引水式	引水式	坝式	坝式
初估坝长（km）	1.44	0.23	0.58	1.09	0.73
正常蓄水位（m）	1600	1130	775	535	330
死水位（m）	1580	1128	770	480	270
坝址水面高程（m）	1300	1122	620	334	143
坝壅水高（m）	300	8	155	201	187
厂址水面高程（m）	1131	775	537	334	143
利用落差（m）	469	355	238	201	187
正常蓄水位以下库容（万m³）	3597993	3734	52644	547049	276618
调节库容（万m³）	393836	1253	7167	239049	166649
调节能力	年调节	日调节	日调节	年调节	年调节

项目		普纳昌河干流研究河段				
		Pyarigang 1	Pyarigang 2	Haracha	Chirang	Rajrukh
		皮亚里冈1	皮亚里冈2	哈拉查	奇朗	拉杰鲁克
发电引用流量（m³/s）		781.95	630.78	707.48	1312.65	1364.68
引水线路（km）		1.17	2.21	2.63	—	—
装机容量（MW）		2680	1670	1245	1890	1790
年发电量（GWh）	单独	10695	7503	5600	7557	7141
	联合	10695	8617	6407	7734	7407
枯期平均出力（MW）	单独	1186.5	272.0	203.0	400.4	300.0
	联合	1186.5	838.5	579.8	787.3	848.0
装机利用小时数	单独	3991	4493	4498	3999	3989
	联合	3991	5160	5146	4092	4138

1.3.4.3　皮亚里冈1级电站开发方案

基于数字化水电宏观选址方法，全面收集电站近区的建站制约性因素基础数据，经过对比分析，提出了皮亚里冈1级水电站的初步开发方案。

1. 建设条件

皮亚里冈1级水电站位于不丹西部的普纳昌河上，坝址距首都廷布约30km。水库区地形平缓，无大型崩塌、滑坡等不良地质体分布，地面覆盖物以树林和草本植被为主，具备建库条件，库区内无村庄等人工建筑物，库区主要地面覆盖物分布如图1-25所示。库区面积约211km²，涉及淹没的草本植被、树林等地物覆盖物面积约178km²。水库区域北侧有自然生态系统类保护区，开发时需参考当地政策，如图1-26所示。

厂址东南约15km有皮亚里冈镇分布，厂址以北约5km有布纳喀镇（Bunaka）分布，库区范围内人口密度约为60人/km²，估算淹没影响人口约1万人，影响人口相对较多，项目开发需要结合当地政策提前考虑移民安置方案及其投资。

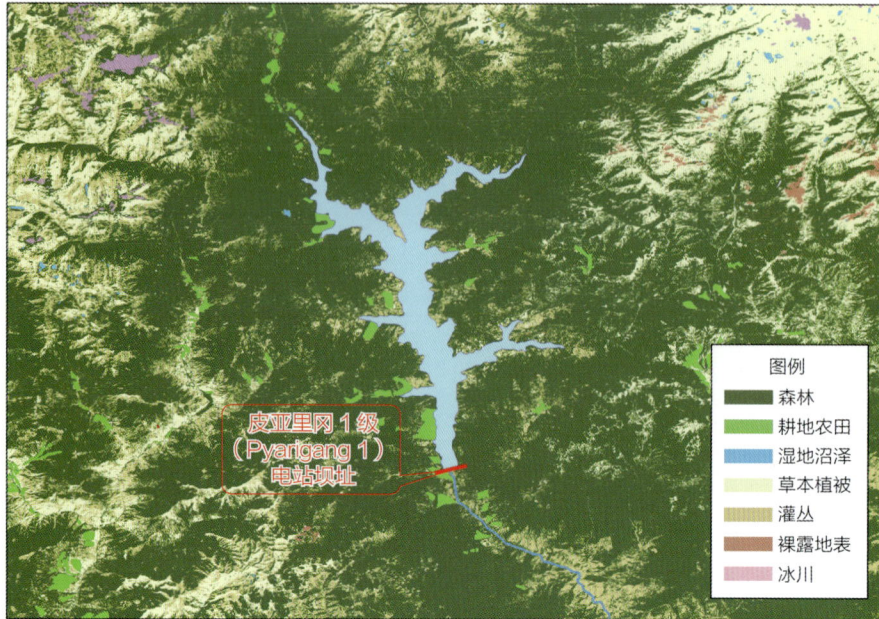

图 1-25　皮亚里冈 1 级水电站库区主要地面覆盖物分布情况示意图

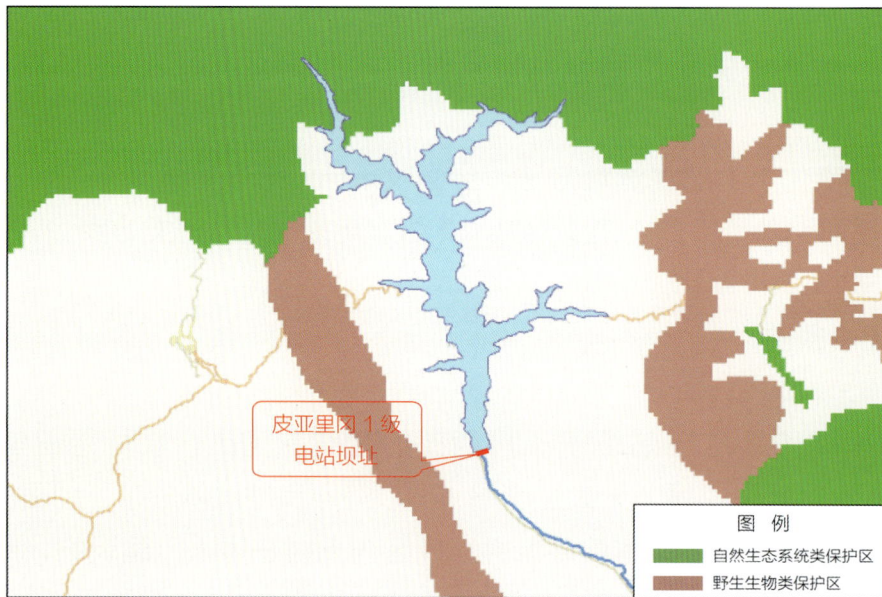

图 1-26　皮亚里冈 1 级水电站周边主要保护区分布示意图

　　皮亚里冈 1 级水电站坝址及库区主要岩层分布如图 1-27 所示，周边范围内变质岩主要发育，区域构造稳定性好。坝址及库区地质条件较好，推测基础整体承载力及变形满足要求，具备修建混凝土坝的条件。初拟采用混合式开发，坝集中一部分落差后，通过引水道集中坝后河段另一部分落差，共计利用落差469m。

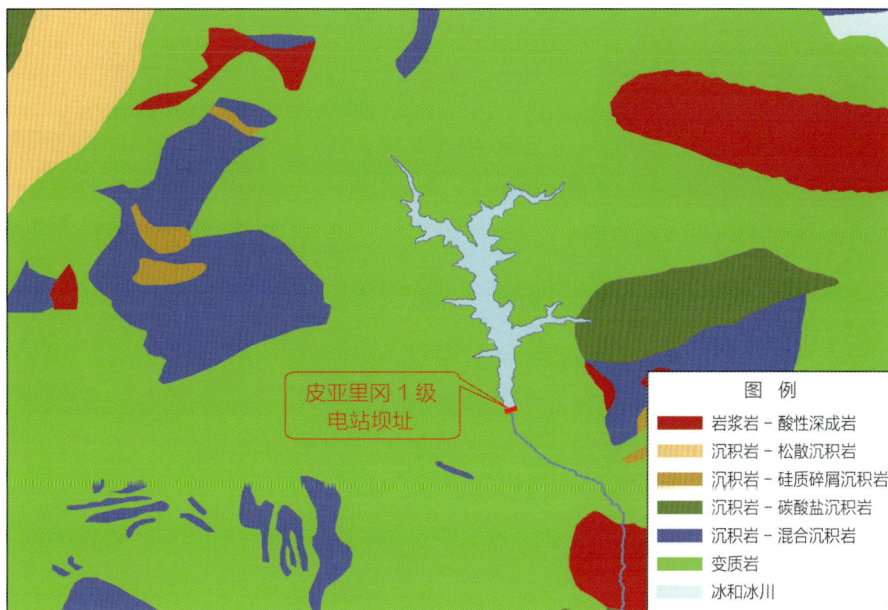

图1-27　皮亚里冈1级水电站周边主要岩层分布示意图

2. 工程设想与投资估算

皮亚里冈1级水电站利用布纳喀镇下游相对较宽的河谷地带作为库区，设置大型调节性水库，同时该处下游河道较陡，利用引水线路进一步汇集了169m的落差。水电站正常蓄水位为1600m，坝顶高程为1602m，拦河大坝坝轴线总长1440m，坝址水面高程1300m，总库容359.80亿m³；厂址水面高程1131m，引水线路长约1170m，厂房布置于坝址下游右岸地形相对较缓的区域。

皮亚里冈1级水电站发电水头442m，发电引用流量782m³/s。采用5台机组，单机容量536MW，单机引用流量156m³/s，初步拟定电站总装机2680MW。工程三维效果图如图1-28所示。

经测算，皮亚里冈1级水电站年发电量10.70TWh，估算总投资约42亿美元，其中机电设备投资约14亿美元，移民安置成本2亿美元。参照亚洲水电工程建设工期、财务参数（具体可参见报告1.1.3节有关内容），结合项目技术指标，测算其综合度电成本3.16美分/kWh，项目经济性较好。

图 1-28　皮亚里冈 1 级水电站工程三维效果示意图

1.3.5　马哈坎河干流基地

马哈坎（Mahakam）河又称库泰（Kutai）河，是印度尼西亚东加里曼丹省的最大河流。马哈坎河发源于印度尼西亚与马来西亚交界处的伊兰（Iran）山脉，从源头向东南流，流经加里曼丹岛东部内陆盆地，在三马林达（Samarinda）市后形成多股汊河，于广阔的三角洲注入望加锡（Makassar）海峡。根据数字平台测算，马哈坎河流域集雨面积 76620km²，全长约 755km，落差约 1000m，河道平均比降约 0.132%。

1.3.5.1　重点河段分析

马哈坎河干流源于加里曼丹岛上的伊兰山脉，上游麻拉本莱拉基道（Muarabemlelakidau）至上游左右两支交汇处的隆博（Longboh）河段长约 119km，落差约 453m，河道平均比降约 0.381%。该河段河谷狭长，两岸高山林立，河水流速较快。

隆博至干流与拉塔河（Ratah）交汇处的马梅哈特博（Mamehaktebo）河段长约 176km，落差约 205m，河道平均比降约 0.116%。该河段河谷逐渐变宽，部分河段可通航。

中游马梅哈特博至本尤特（Bunyut）河段，河流流入加里曼丹岛东部内陆盆地，沿河有零星的耕地、城镇分布。该河段长约 224km，落差约 17m，河道平均比降约 0.008%。

下游本尤特至三马林达河段，流经地区多湖泊并形成大片沼泽。该河段长约266km，落差约7m，河道平均比降约0.003%。

各河段理论蕴藏量见表1-29。马哈坎水能丰富河段为上游麻拉本莱拉基道至隆博河段及隆博至马梅哈特博河段，理论蕴藏量共计17.48TWh/a，占普纳昌河干流总蕴藏量的58.7%。马哈坎河中下游河段地势平坦，水能开发条件较差。故本报告重点研究上游河段的水能资源开发。

表1-29　马哈坎河干流分河段水能理论蕴藏量

TWh/a

序号	河段	理论蕴藏量
1	上游麻拉本莱拉基道至隆博河段	7.55
2	上游隆博至马梅哈特博河段	9.93
3	中游马梅哈特博至本尤特河段	5.27
4	下游本尤特至三马林达河段	6.99
5	其余河段	0.05
合计		29.79

1.3.5.2　梯级布置方案

河段两岸地形主要为山地丘陵，河谷宽窄相间。根据地形条件，可在库布梅萨伊镇（Kubumesar）西北约5km处布置库布梅萨伊梯级，利用该处的山间盆地布置调节性水库。该梯级正常蓄水位610m，利用落差76m。在库布梅萨伊坝址下游约9km处，可布置一座引水式电站拉桑1级（Lasan 1），与库布梅萨伊梯级首尾相接，正常蓄水位530m，利用落差130m，引水线路长约0.5km。在拉桑1级电站下游可分别布置两座首尾相接的梯级拉桑2（Lasan 2）和拉桑3（Lasan 3）。正常蓄水位分别为399m和320m，共利用落差147m。在隆博镇上游约15km处，可布置一座引水式电站隆博1级（Longboh 1），与拉桑3级电站尾水相接，正常蓄水位245m，利用落差60m，引水线路长约0.2km。在隆博镇附近可布置隆博2梯级（Longboh 2），与隆博1级厂址尾水相接，正常蓄水位180m，利用落差53m。在隆博镇下游约35km处的乌焦比朗镇（Ujohbilang）附近可布置乌焦比朗梯级，与隆博2梯级尾水相接，正常蓄水位125m，利用落差68m。在马哈坎河干流与拉塔河交汇处下游约3km处可布置马梅哈特博梯级（Mamehaktebo），正常蓄水位45m，利用落差23m。

　　综上分析，马哈坎河干流河段采用 8 级开发，共计利用落差 557m，总装机容量 2909MW，年发电量 12983GWh。8 个梯级的位置如图 1-29 所示，河段梯级纵剖面如图 1-30 所示，8 个梯级的主要技术指标测算结果详见表 1-30。

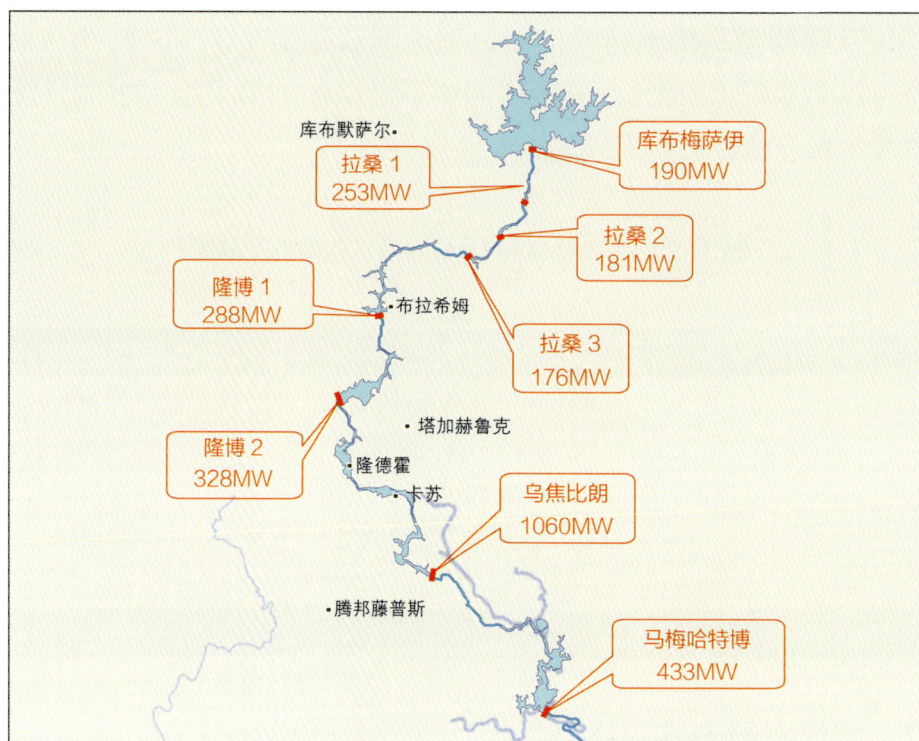

图 1-29　马哈坎河干流河段梯级位置示意图

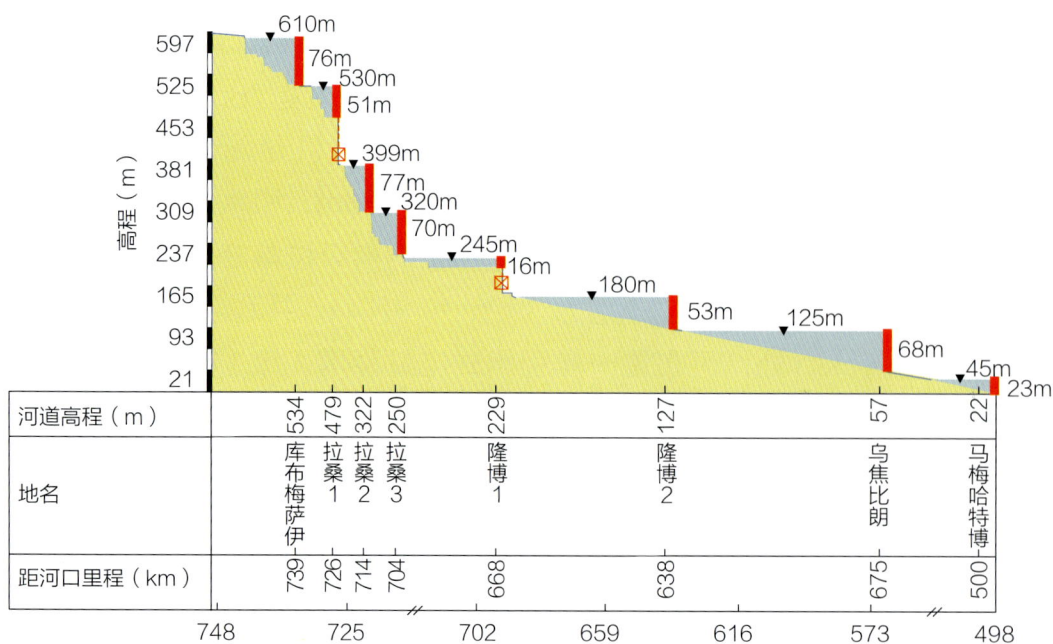

图 1-30　马哈坎河干流梯级纵剖面图

表1-30　马哈坎河干流研究河段梯级开发方案主要技术指标

项目		马哈坎河干流研究河段							
		Kubumesar	Lasan 1	Lasan 2	Lasan 3	Longboh 1	Longboh 2	Ujohbilang	Mamehaktebo
		库布梅萨伊	拉桑1	拉桑2	拉桑3	隆博1	隆博2	乌焦比朗	马梅哈特博
坝址控制流域面积（km²）		2291	2352	2417	2601	5784	6598	16229	21823
坝址多年平均流量（m³/s）		148.49	152.43	156.65	168.60	374.89	427.62	1051.85	1414.43
开发方式		坝式	引水式	坝式	坝式	引水式	坝式	坝式	坝式
初估坝长（km）		0.36	0.242	0.34	0.42	0.15	0.37	0.48	0.61
正常蓄水位（m）		610	530	399	320	245	180	125	45
死水位（m）		605	525	394	315	243	175	120	43
坝址水面高程（m）		534	479	322	250	229	127	57	22
坝壅水高（m）		76	51	78	70	16	53	68	23
厂址水面高程（m）		534	400	322	250	185	127	57	22
利用落差（m）		76	130	77	70	60	53	68	23
正常蓄水位以下库容（万m³）		1133849	5983	11200	11725	21879	109755	60817	60874
调节库容（万m³）		130535	811	1127	1542	3118	15494	7872	10067
调节能力		年调节	日调节	日调节	日调节	日调节	日调节	日调节	日调节
发电引用流量（m³/s）		324.1	265.8	304.5	328.3	653.7	830.7	2040.3	2741.6
引水线路（km）		—	0.48	—	—	0.25	—	—	—
装机容量（MW）		190	253	181	176	288	328	1060	433
年发电量（GWh）	单独	759	1139	812	789	1296	1473	4767	1949
	联合	759	1139	812	789	1296	1473	4767	1949
枯期平均出力（MW）	单独	123.6	95.0	70.3	68.2	108.2	127.5	412.6	168.7
	联合	123.6	189.5	129.2	121.4	151.9	166.6	464.1	184.3
装机利用小时数	单独	3995	4501	4487	4480	4501	4490	4497	4500
	联合	3995	4501	4487	4480	4501	4490	4497	4500

1.3.5.3 乌焦比朗开发方案

基于数字化水电宏观选址方法，全面收集电站近区的建站制约性因素基础数据，经过对比分析，提出了乌焦比朗水电站的初步开发方案。

1. 建设条件

乌焦比朗水电站位于印度尼西亚东加里曼丹省的马哈坎河上，坝址距东加里曼丹省首府三马林达市约 250km。水库区地形平缓，无大型崩塌、滑坡等不良地质体分布，地面覆盖物以树林为主，具备建库条件，库区内无村庄等人工建筑物，库区主要地面覆盖物分布如图 1-31 所示。库区面积约 59km²，涉及淹没的树林面积约 47km²。水库区域无自然保护区，距离最近的自然资源类保护区约 10km，如图 1-32 所示。

图 1-31 乌焦比朗水电站库区主要地面覆盖物分布情况示意图

厂址以东约 2km 有乌焦比朗镇分布，库区范围内人口密度约为 4.6 人 / km²，估算淹没影响人口约 200 人。

图 1-32　乌焦比朗水电站周边主要保护区分布示意图

乌焦比朗水电站坝址及库区主要岩层分布如图 1-33 所示，周边范围内硅碎屑沉积岩和混合沉积岩主要发育，区域构造稳定性好，坝址距离最近断裂带 95km。从历史统计来看，坝址无大的历史地震记录。

图 1-33　乌焦比朗水电站周边主要岩层分布示意图

电站初拟的重力坝建基于基岩上，推测基础整体承载力及变形满足要求，局部软弱岩体经过适当的基础处理后可作为大坝的建基面。初拟采用坝后式厂房建基于基岩。

2. 工程设想与投资估算

根据乌焦比朗水电站坝址区的水文、地形、地质条件，初步拟定采用坝式开发方案。电站正常蓄水位 125m，挡水建筑物采用混凝土坝，坝顶高程 127m，坝轴线总长 480m，总库容约 6.08 亿 m^3。水电站枢纽主要建筑物由混凝土坝和坝后式厂房组成。采用坝身泄洪，溢流坝段布置于主河道，厂房布置于地形相对平坦的右岸。乌焦比朗水电站工程三维效果示意图如图 1-34 所示。

乌焦比朗水电站发电水头 66m，发电引用流量 2040m^3/s。采用 4 台机组，单机容量 265MW，单机引用流量 510m^3/s，初步拟定电站总装机 1060MW。

经测算，乌焦比朗水电站联合运行条件下多年平均年发电量 4.8TWh，估算总投资约 26 亿美元，其中机电设备投资约 7 亿美元。参照亚洲水电工程建设工期、财务参数（具体可参见报告 1.1.3 节有关内容），结合项目技术指标，测算其综合度电成本 4.74 美分 / kWh，项目经济性好。

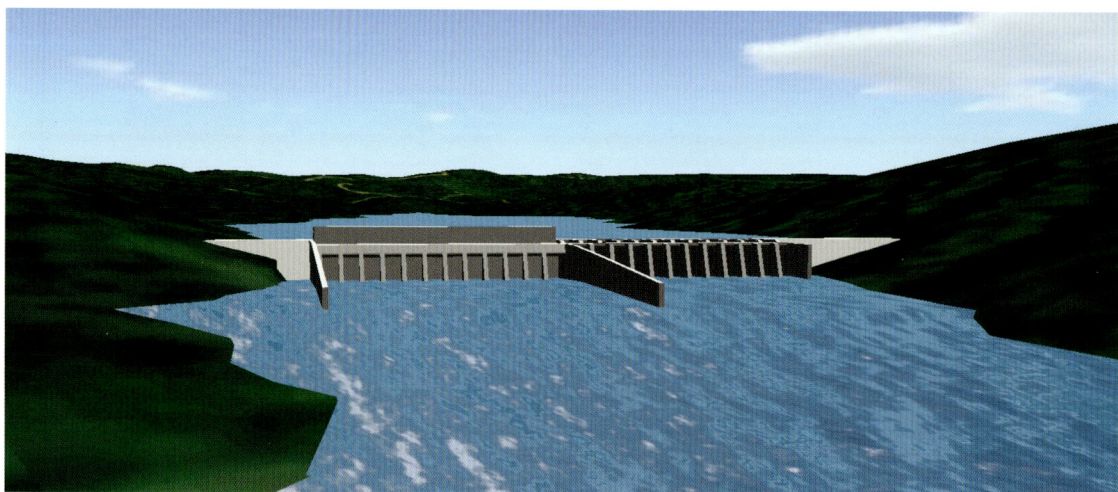

图 1-34　乌焦比朗水电站工程三维效果示意图

1.3.6 拉让江干流基地

拉让江（Rajang）是马来西亚沙捞越州的第一大河，也是马来西亚最长的河流。拉让江发源于印尼与马来西亚交界处的伊兰山脉，从源头曲折西流，流经加里曼丹岛中部山地以及西部冲积平原，上中游多险滩、瀑布与峡谷，下游流贯广阔的海滨平原，河曲发达，河道深阔，在泗务（Sibu）市后形成多股岔河，于广阔的三角洲注入南中国海。根据数字平台测算，拉让江流域集雨面积 $45579km^2$，全长约 705km，落差约 1000m，河道平均比降约 0.142%。

1.3.6.1 重点河段分析

拉让江干流水能资源主要集中于上游与中游河段，下游河段地势平坦，开发条件一般。目前拉让江上游已建水电站 2 座，总装机 3344MW。干流待开发水力资源主要集中于上中游巴昆（Bakun）至下游卡提巴斯河（Katibas）与干流交汇处附近。该河段长 250km，落差约 47m，河段平均比降 0.019%。

1.3.6.2 梯级布置方案

该河段两岸地物主要为树林，无较大居民区及田地分布，根据河道两岸地形，自上至下可布置 4 座梯级电站，利用落差 58m，总装机容量 1355MW，年发电量约 5770GWh。

4 个梯级的主要技术指标测算结果详见表 1-31。

表 1-31　拉让江干流研究河段梯级开发方案主要技术指标

项目	拉让江干流研究河段			
	Belaga	Dampa	Pelagus	Song
	美拉牙	丹帕	柏拉固	松
坝址控制流域面积（km^2）	14816	15562	18091	36358
坝址多年平均流量（m^3/s）	1283.72	1472.98	1533.54	2305.63
开发方式	坝式	坝式	坝式	坝式
初估坝长（km）	0.32	0.14	0.47	0.72

续表

项目		拉让江干流研究河段			
		Belaga	Dampa	Pelagus	Song
		美拉牙	丹帕	柏拉固	松
正常蓄水位（m）		70	58	53	28
死水位（m）		65	57	48	23
坝址水面高程（m）		58	52	28	11
坝壅水高（m）		12	6	25	17
厂址水面高程（m）		58	52	28	11
利用落差（m）		12	5	25	17
正常蓄水位以下库容（万 m^3）		3885	3200	6996	35830
调节库容（万 m^3）		2182	618	4245	16753
调节能力		日调节	无调节	日调节	日调节
发电引用流量（m^3/s）		2371.73	3786.49	2617.95	5346.70
引水线路（km）		0	0	0	0
装机容量（MW）		160	130	465	600
年发电量（GWh）	单独	475	2219	2310	13659
	联合	483	2242	2310	14484
枯期平均出力（MW）	单独	22.5	121.3	188.3	712.0
	联合	27.4	146.4	188.3	1230.8
装机利用小时数	单独	3657	4772	3850	3994
	联合	3714	4822	3850	4235

1.3.7　马利瑙河干流基地

马利瑙（Malinau）河是印度尼西亚北加里曼丹省的重要河流。马利瑙河发源于印尼与马来西亚交界处的伊兰山脉，在隆马利瑙（Longmalinau）市以下河面展宽，流速趋缓，向东流注入苏拉威西海（Laut Sulawesi），马利瑙河中下游是北加里曼丹重要的通航河道之一。根据数字平台测算，马利瑙河流域集雨面积 $16112km^2$，全长约 324km，落差约 1022m，河道平均比降约0.315%。

1.3.7.1　重点河段分析

马利瑙河干流水能资源主要集中于上游河段，中下游河段地势平坦，开发条件较差。目前马利瑙河尚无已建和在建水电站。干流待开发水能资源主要集中于上游河源至隆马利瑙市附近。该河段长 210km，落差约 1010m，河段平均比降 0.481%。

1.3.7.2　梯级布置方案

该河段两岸地物主要为树林，无较大居民区及田地分布，根据河道两岸地形，自上至下可布置 9 座梯级电站，利用落差 901m，总装机容量 2831MW，年发电量约 13197GWh。

9 个梯级的主要技术指标测算结果详见表 1-32。

表 1-32　马利瑙河干流研究河段梯级开发方案主要技术指标

项目	马利瑙河干流研究河段								
	Longbirah 1 隆比拉 1	Longbirah 2 隆比拉 2	Benuang 1 伯努昂 1	Benuang 2 伯努昂 2	Semanu 1 塞马努 1	Semanu 2 塞马努 2	Tangung 1 唐翁 1	Tangung 2 唐翁 2	Sentaban 森塔班
坝址控制流域面积（km²）	1034	1279	1527	3043	3263	3414	5570	723879	723879
坝址多年平均流量（m³/s）	73.45	90.62	108.00	206.29	221.18	231.47	371.28	14542.01	14542.01
开发方式	引水式	引水式	引水式	引水式	引水式	引水式	坝式	坝式	坝式
初估坝长（km）	0.73	0.06	0.07	0.26	0.28	0.10	0.24	0.36	0.31
正常蓄水位（m）	950	840	790	640	415	305	190	125	55
死水位（m）	945	838	788	635	410	303	185	120	53
坝址水面高程（m）	887	833	771	588	364	269	128	58	18
坝锥水高（m）	63	7	19	52	51	36	62	67	37
厂址水面高程（m）	844	790	645	422	309	195	128	58	18
利用落差（m）	106	50	145	218	106	110	62	67	37
正常蓄水位以下库容（万 m³）	317710	1237	211	8781	3529	933	15754	22681	13946
调节库容（万 m³）	46753	650	122	1991	657	170	3343	3650	1963
调节能力	年调节	日调节	日调节	日调节	日调节	日调节	日调节	日调节	日调节
发电引用流量（m³/s）	134.5	165.2	178.3	337.8	333.1	379.4	655.6	1033.3	1097.5
引水线路（km）	3.67	18.4	7.62	6.95	6.23	16.42	—	—	—
装机容量（MW）	113	65	205	584	280	331	341	583	329
年发电量（GWh）	487	283	980	2814	1467	1593	1523	2599	1451
装机利用小时数	4305	4325	4775	4815	5235	4810	4465	4455	4410

1.3.8　伊洛瓦底江干流基地

伊洛瓦底江（Irrawaddy）是中南半岛的大河，也是缅甸的第一大河。源头分两支，正源东源恩梅开江（Nmai Hka）发源于中国境内兰格拉（Languela）冰川，西源迈立开江（Mali Hka）发源于缅甸北部山区，两江于缅甸密支那（Myitkyina）以北约 50km 处汇合称伊洛瓦底江。伊洛瓦底江由北向南贯穿缅甸全境，在缅昂（Myanaung）以南形成多支岔流注入安达曼（Andaman）海。根据数字平台测算，伊洛瓦底江流域集雨面积 476520km²，全长约 2250km，落差 4110m，河道平均比降约 0.183%。

1.3.8.1　重点河段分析

伊洛瓦底江干流水能资源主要集中于上游密支那以上河段，中下游河段主要为平原地区，是缅甸重要的农业区，开发条件一般。干流待开发水力资源主要集中于上游耶南（Renam）至密桑（Myit-san）河段，该河段长约 376km，落差 794m，河段平均比降约 0.211%。

1.3.8.2　梯级布置方案

该河段两岸地物主要为树林，无较大居民区及田地分布。根据河道两岸地形，自上至下可布置 6 座梯级电站，共计利用落差 909m，总装机容量 18.7GW，年发电量 99349GWh。6 个梯级的主要技术指标测算结果详见表 1-33。

表 1-33　伊洛瓦底江干流研究河段梯级开发方案主要技术指标

项目		伊洛瓦底江干流研究河段					
		Renam	Kawnglanghpu	Hpisa	Uto	Chebwe	Myitsone
		耶南	广朗普	匹撒	乌托	其培	密松
坝址控制流域面积（km²）		12506	19620	20801	22014	25836	60064
坝址多年平均流量（m³/s）		995.25	1218.26	1534.99	1618.61	2440.90	4890.66
开发方式		坝式	坝式	坝式	坝式	坝式	坝式
初估坝长（km）		0.4	1.33	0.59	0.68	1.43	4.79
正常蓄水位（m）		1100	985	675	525	376	247
死水位（m）		1082	980	665	517	370	234
坝址水面高程（m）		986	719	534	376	248	136
坝壅水高（m）		114	266	141	149	132	109
厂址水面高程（m）		986	719	534	376	248	136
利用落差（m）		114	266	141	149	128	111
正常蓄水位以下库容（万 m³）		369200	1167483	73466	83840	133254	1561108
调节库容（万 m³）		97441	39797	10072	10232	13687	467140
调节能力		年调节	日调节	日调节	日调节	日调节	年调节
发电引用流量（m³/s）		1650.99	1374.87	2138.68	2088.56	3298.57	7080.68
引水线路（km）		—	—	—	—	—	—
装机容量（MW）		1400	3000	2400	2500	3400	6000
年发电量（GWh）	单独	6785	16658	12190	13132	17531	31201
	联合	6785	17262	12501	13463	17816	31522
枯期平均出力（MW）	单独	393.5	1085.8	703.6	791.4	1031.1	1955.8
	联合	393.5	1210.3	767.6	859.7	1089.9	2019.8
装机利用小时数	单独	4846	5553	5079	5253	5156	5200
	联合	4846	5754	5209	5385	5240	5254

1.3.9　萨尔温江干流基地

萨尔温江（Salween），中国称怒江（Nu Chiang），是中南半岛的大河和缅甸境内最长的河流。萨尔温江发源于西藏安多县境内青藏高原中部的唐古拉山脉，经云南流入缅甸境内。其干流纵穿缅甸东部，下游部分河段为缅甸和泰国的界河，在毛淡棉（Moulmein）分西、南两支注入安达曼海的莫塔马湾（Moktama Kwe）。根据数字平台测算，萨尔温江流域集雨面积 334753km²，全长约 3500km，落差 5136m，河道平均比降约 0.147%。

1.3.9.1　重点河段分析

缅甸境内的萨尔温江深切掸邦高原（Shan Plateau）及南北向纵列山谷，谷深流急，是典型山地河流，几乎全河段水能资源丰富。中游莫代（Motai）至孟东（Mong Ton）河段长约 696km，落差 308m，河段平均比降约 0.044%。下游达帕伦（Ta Hpa-leng）至格马蒙（Kamamaung）河段长约 538km，落差 228m，河段平均比降约 0.042%。格马蒙以下至毛淡棉河段人口密集，农业发达，是缅甸重要产稻区，不适宜水能资源的开发。

1.3.9.2　梯级布置方案

中游莫代至孟东河段两岸地物主要为树林和草木植被，无较大居民区，库区选址尽量避让了人工建筑物，根据河道两岸地形，自上至下可布置 3 座梯级电站，共计利用落差 293m，总装机容量 9700MW，年发电量 52042GWh。下游达帕伦至格马蒙河段两岸地物主要为树林，无较大居民区，库区选址尽量避让了耕地和人工建筑物，根据河道两岸地形，自上至下可布置 3 座梯级电站，共计利用落差 142m，总装机容量 6610MW，年发电量 38243GWh。

综上，萨尔温江干流采用 6 级开发，总装机容量 16310MW，年发电量 90285GWh。6 个梯级的主要技术指标测算结果详见表 1-34。

表1-34　萨尔温江干流研究河段梯级开发方案主要技术指标

项目	萨尔温江干流研究河段					
	Kunlong 滚弄	Navopa 纳沃葩	Mong Ton 孟东	Ywathit 育瓦迪	Pasawng 帕篒	Hatgyi 哈吉
坝址控制流域面积（km²）	162969.3849	1837777.0674	227421.2547	290154.9747	292902.9615	310666.2119
坝址多年平均流量（m³/s）	2400.213102	2858.100952	2951.245622	4686.002841	4786.913099	5277.908274
开发方式	坝式	坝式	坝式	坝式	坝式	坝式
初估坝长（km）	0.379051	0.228822481	0.780502234	0.779977099	0.228988045	0.300808986
正常蓄水位（m）	520	462	430	215	115	90
死水位（m）	515	459	422	210	111	85
坝址水面高程（m）	467	432	220	119	95	64
坝雍水高（m）	53	30	210	96	20	26
厂址水面高程（m）	467	432	220	119	95	64
利用落差（m）	53	30	210	96	20	26
正常蓄水位以下库容（万 m³）	14054.97	92182.422	6912922.036	3259613.489	32845.65	29613.9245

项目		Kunlong 滚弄	Navopa 纳沃帕	Mong Ton 孟东	Ywathit 育瓦迪	Pasawng 帕婆	Hatgyi 哈吉
		萨尔温江干流研究河段					
调节库容（万 m³）		3351.1252	14708.5044	703103.2054	343497.4132	7270.3616	9332.5897
调节能力		日调节	日调节	年调节	日调节	日调节	日调节
发电引用流量（m³/s）		3402.445508	5249.487355	4147.353469	5852.46901	5307.386112	7271.512114
引水线路（km）		—	—	—	—	—	—
装机容量（MW）		1400	1200	7100	4500	750	1360
年发电量（GWh）	单独	7096	5199	39747	24468	4328	7008
	联合	7096	5199	39747	26181	4642	7420
枯期平均出力（MW）	单独	398.3	263.5	2618.0	1453.2	272.8	398.1
	联合	398.3	263.5	2618.0	1718.5	321.6	462.7
装机利用小时数	单独	5069	4333	5598	5437	5770	5153
	联合	5069	4333	5598	5818	6190	5456

1.3.10　湄公河干流基地

湄公河（Mekong）是亚洲最重要的跨国水系，东南亚第一长河。湄公河发源于中国唐古拉山的东北坡，在中国境内叫澜沧江（Lancang），流入中南半岛后的河段称为湄公河，流经中国、老挝、缅甸、泰国、柬埔寨和越南，于越南胡志明市（Ho Chi Minh City）流入南海。根据数字平台测算，湄公河流域集雨面积 1380942km²，全长约 5172km，落差约 4880m，河道平均比降约 0.094%。

1.3.10.1　重点河段分析

湄公河干流水能资源主要集中于上游河段和中下游河段。目前湄公河干流已建水电站 2 座，共计装机 1545MW。干流待开发水力资源主要集中于上游中、缅、老边界至万象（Vientiane）河段，以及中下游敦韦（Donvay）至柬埔寨金边（Phnom Penh）河段。中、缅、老边界至万象河段长 1225km，落差约 359m，河段平均比降 0.029%，敦韦至金边河段长 744km，落差约 112m，河段平均比降 0.015%。

1.3.10.2　梯级布置方案

上游中、缅、老边界至万象河段两岸地物主要为树林和耕地，无较大居民区，库区选址尽量避让了耕地和人工建筑物，根据河道两岸地形，自上至下可布置 5 座梯级电站，共计利用落差 118m，总装机容量 6672MW，年发电量约 29480GWh。中下游敦韦至金边河段两岸地物主要为树林和耕地，库区选址尽量避让了耕地和人工建筑物，根据河道两岸地形，自上而下可布置 3 座梯级电站，共计利用落差 43m，总装机容量 5910MW，年发电量约 25010GWh。

综上，湄公河干流采用 8 级开发，总装机容量 12582MW，年发电量 54490GWh。8 个梯级的主要技术指标测算结果详见表 1-35。

表1-35 湄公河干流研究河段梯级开发方案主要技术指标

项目		湄公河干流研究河段							
		Pak Beng	Luang Prabang	Pak Lay	SanaKham	Pamong	Ban Koum	Stung Treng	Sambor
		北本	琅勃拉邦	芭莱	萨拉康	巴蒙	班库	上丁	松博
坝址控制流域面积（km²）		272455	275095	332292	337092	350121	486627	636642	723879
坝址多年平均流量（m³/s）		3935.07	3960.54	4707.91	4753.34	4875.09	8932.52	13174.03	14542.01
开发方式		坝式	坝式	坝式	坝式	坝式	坝式	坝式	坝式
初估坝长（km）		0.42	0.38	0.43	0.62	0.64	0.36	1.46	0.72
正常蓄水位（m）		340	310	240	220	200	115	55	38
死水位（m）		334	308	237	215	197	114	50	37
坝址水面高程（m）		316	279	222	201	174	96	44	25
坝壅水高（m）		24	31	18	19	26	19	11	13
厂址水面高程（m）		316	279	222	201	174	96	44	25
利用落差（m）		24	31	18	19	26	19	11	13
正常蓄水位以下库容（万m³）		26850	39206	27036	56459	49310	66672	30122	23692
调节库容（万m³）		17253	4502	6595	25927	14981	6335	21535	4438
调节能力		日调节	日调节	日调节	日调节	日调节	日调节	日调节	日调节
发电引用流量（m³/s）		5485.7	5849.1	10245.0	7761.3	10391.9	16017.2	15719.3	27198.4
引水线路（km）		—	—	—	—	—	—	—	—
装机容量（MW）		912	1410	1320	1000	2030	2330	980	2600
年发电量（GWh）	单独	4658	6996	5146	4657	8023	9771	4770	10469
	联合	4658	6996	5146	4657	8023	9771	4770	10469
枯期平均出力（MW）	单独	283.2	413.4	250.9	253.3	393.8	432.0	273.3	476.4
	联合	283.2	413.4	250.9	253.3	393.8	432.0	273.3	476.4
装机利用小时数	单独	5107	4962	3899	4657	3952	4194	4867	4026
	联合	5107	4962	3899	4657	3952	4194	4867	4026

1.3.11 纳伦河干流基地

纳伦（Naryn）河是锡尔河的最大支流，大部分位于吉尔吉斯斯坦境内。纳伦河发源于天山阿克什拉克山冰川，自东向西流经吉尔吉斯斯坦伊塞克湖州、纳伦州、贾拉拉巴德州，在费尔干纳盆地东部与卡拉河汇合后称锡尔河。根据数字平台测算，纳伦河流域集雨面积 103898km^2，全长约 904km，落差 2681m，河道平均比降约 0.297%。

1.3.11.1 重点河段分析

纳伦河干流流经地带多为山区，形成了众多峡谷，有利于水能资源的开发。纳伦河水电开发始于 20 世纪 50 年代，目前纳伦河下游段已建有托克托古尔电站、库尔普萨电站、塔什库梅尔电站，沙茂德赛电站、乌奇库尔岗电站等 5 座水电站，总装机容量 5130MW。干流待开发水力资源主要集中于中上游卡拉科尔卡（Karakolka）至卡扎尔曼（Kazaman）河段，该河段长约 528km，落差 1842m，河段平均比降约 0.349%。

1.3.11.2 梯级布置方案

纳伦河沿岸的部分地区是吉尔吉斯斯坦国内重要的农业区，库区选址尽量避让了耕地和人工建筑物，根据河道两岸地形，自上至下可布置21座梯级电站，共计利用落差 1640m，总装机容量 4036MW，年发电量约 13333GWh。梯级电站的位置如图 1-14 所示，河段梯级纵剖面如图 1-15 所示，21 个梯级的开发方案见表 1-36 和表 1-37。

表1-36　纳伦河干流研究河段梯级开发方案主要技术指标（1）

项目		纳伦河干流研究河段（1）									
		Basat 1	Basat 2	Basat 3	Basat 4	Basat 5	Basat 6	Akbulong	Naryn 1	Naryn 2	Naryn 3
		巴沙特 1	巴沙特 2	巴沙特 3	巴沙特 4	巴沙特 5	巴沙特 6	阿克布龙	纳伦 1	纳伦 2	纳伦 3
坝址控制流域面积（km^2）		4651	4755	4936	5015	5226	5417	8986	9593	9819	10113
坝址多年平均流量（m^3/s）		38.7	39.5	41.0	41.7	43.5	45	74.7	79.8	81.6	84.1
开发方式		坝式	坝式	坝式	坝式	坝式	引水式	引水式	引水式	引水式	引水式
正常蓄水位（m）		2940	2856	2768	2663	2594	2484	2315	2235	2180	2141
死水位（m）		2925	2851	2763	2658	2589	2479	2313	2233	2186	2139
坝址水面高程（m）		2856	2768	2663	2594	2484	2423	2275	2220	2174	2119
坝壅水高（m）		84	88	105	69	110	61	40	15	14	22
利用落差（m）		84	88	105	69	110	169	80	47	47	54
正常蓄水位以下库容（万m^3）		94069	18641	54050	26368	60771	55340	28762	7173	2099	4206
调节库容（万m^3）		34950	2592	5252	3228	6243	5227	1840	874	345	719
调节能力		年调节	日调节	日调节	日调节	日调节	日调节	日调节	日调节	日调节	日调节
发电引用流量（m^3/s）		96.0	71.3	70.9	74.1	78.8	65.5	130.7	136.0	137.2	135.7
引水线路（km）		—	—	—	—	—	4.4	3.1	5.4	5.5	7.3
装机容量（MW）		60	50	60	40	70	85	80	46	46.3	54
年发电量（GWh）	单独	211	204	250	1.64	2.85	3.48	3.02	1.75	1.78	2.11
	联合	211	236	295	1.91	3.29	4.47	3.49	2.04	2.08	2.48
枯期平均出力（MW）	单独	20.7	8.2	10.3	6.7	11.5	11.6	9.1	5.4	5.5	6.7
	联合	20.7	22.8	27.8	17.9	29.9	38.5	21.8	12.4	12.5	14.9
装机利用小时数	单独	3515	4080	4161	4109	4071	4093	3771	3812	3838	3906
	联合	3515	4720	4921	4783	4693	5261	4365	4442	4489	4596

表1-37 纳伦河干流研究河段梯级开发方案主要技术指标（2）

项目	纳伦河干流研究河段（2）										
	Uchkun 乌奇贡	Ak-Tal 阿克达林	Ugut 1 支拉纳雷克 1	Ugut 2 支拉纳雷克 2	Mid-Naryn 1 中纳伦 1	Mid-Naryn 2 中纳伦 2	Alabkin 阿拉布金	Karaburun 1 卡拉布伦 1	Karaburun 2 卡拉布伦 2	Kambarazin 1 卡姆巴拉金 1	Kambarazin 2 卡姆巴拉金 2
坝址控制流域面积（km²）	20415	20879	21486	23198	31675	31811	34557	34594	34678	46169	46446
坝址多年平均流量（m³/s）	136	138	141	150	192	192	206	206	206	305	307
开发方式	引水式	引水式	引水式	引水式	坝式	坝式	坝式	坝式	坝式	坝式	坝式
正常蓄水位（m）	1839	1755	1693	1618	1573	1469	1256	1228	1211	1190	990
死水位（m）	1837	1753	1691	1616	1560	1464	1254	1226	1209	1155	985
坝址水面高程（m）	1810	1740	1673	1595	1469	1381	1228	1211	1190	990	920
坝锥水高（m）	29	15	20	23	104	88	28	17	21	200	70
利用落差（m）	84	62	75	38	104	88	28	17	21	200	70
正常蓄水位以下库容（万m³）	12999	10033	15836	27101	360611	42681	32578	4222	15362	360000	38019
调节库容（万m³）	1855	1353	3569	5230	101295	4196	5077	469	1214	170000	4922
调节能力	日调节	日调节	日调节	日调节	年调节	日调节	日调节	日调节	日调节	年调节	日调节

续表

项目		纳伦河干流研究河段（2）										
		Uchkun 乌奇贡	Ak-Tal 阿克达林	Ugut 1 支拉纳雷克 1	Ugut 2 支拉纳雷克 2	Mid-Naryn 1 中纳伦 1	Mid-Naryn 2 中纳伦 2	Alabkin 阿拉布金	Karaburun 1 卡立布伦 1	Karaburun 2 卡拉布伦 2	Kambarazin 1 卡姆巴拉金 1	Kambarazin 2 卡姆巴拉金 2
发电引用流量（m³/s）		221.1	220.7	233.5	253.4	418.0	313.7	382.4	380.1	380.6	1245.3	656.6
引水线路（km）		14.9	10.3	16.2	10	—	—	—	—	—	—	—
装机容量（MW）		140	100	130	70	350	220	78	42	55	1900	360
年发电量（GWh）	单独	5.89	4.26	5.46	2.92	13.13	9.57	3.43	1.85	2.43	40.08	14.19
	联合	6.40	4.63	5.88	3.12	13.16	10.34	3.58	1.94	2.54	40.20	14.35
枯期平均出力（MW）	单独	25.3	18.6	23.6	12.8	120.3	46.2	18.8	10.2	13.4	370.2	74.7
	联合	38.4	28.0	35.2	18.5	135.1	105	35.9	19.5	25.5	481.3	173.1
装机利用小时数	单独	4208	4258	4199	4178	3750	4349	4395	4413	4413	2109	3941
	联合	4574	4635	4526	4451	3761	4699	4591	4619	4620	2116	3985

1.3.12　阿尔丹河干流基地

阿尔丹（Aldan）河位于俄罗斯西伯利亚东南部，是勒拿河流域面积最大、水能理论蕴藏量最丰富的支流。阿尔丹河发源于斯塔诺夫山脉（Stanovoy Range）北坡，向东北流动，至埃利季坎（Eldikan）转向西北，在巴塔迈（Batamay）处注入勒拿河。根据数字平台测算，阿尔丹河流域集雨面积 731768km^2，全长约 2282km，落差 1202m，河道平均比降约 0.053%。

1.3.12.1　重点河段分析

阿尔丹河水能资源丰富，目前尚无已建或在建电站。流域左岸主要是平原和丘陵地带，右岸则多山且支流较多。阿尔丹河上游恰格达（Chagda）以上河段流经阿尔丹—乌丘尔山（Aldan-Uchur）边缘，河水流速较快，河源至阿尔丹市河段长约 575m，落差 899m，河道平均比降约 0.156%；阿尔丹市至恰格达河段河流转而为东西向，长约 496m，落差 111m，河道平均比降约 0.022%。阿尔丹河中下游河段主要流经平原丘陵地带，河面展宽，中下游恰格达至埃贝凯尔（Ebekel）河段长约 1121km，落差 186m，河道平均比降约 0.017%。

1.3.12.2　梯级布置方案

阿尔丹河两岸地物主要为树林和草木植被，库区选址避让了城市和其他人工建筑物。根据河道两岸地形，阿尔丹市以上河段可布置 8 座梯级电站，阿尔丹市至恰格达可布置 3 座梯级电站，恰格达以下河段可布置 4 座梯级电站。综上，阿尔丹河干流采用 15 级开发，总装机容量 9808MW，年发电量 39357GWh，15 个梯级的开发方案见表 1-38 和表 1-39。

表 1-38   阿尔丹河干流研究河段梯级开发方案主要技术指标（1）

项目		阿尔丹河干流研究河段（1）							
		Yukte 1	Yukte 2	Yukte 3	Yukte 4	Yukte 5	Yukte 6	Suontit 1	Suontit 2
		尤克捷1	尤克捷2	尤克捷3	尤克捷4	尤克捷5	尤克捷6	苏翁季特1	苏翁季特2
坝址控制流域面积（km²）		1532	1796	2369	2841	3209	3611	10922	35865
坝址多年平均流量（m³/s）		17	20	27	32	36	41	123	378
开发方式		坝式	坝式	坝式	坝式	坝式	坝式	坝式	坝式
初估坝长（km）		0.88	0.75	1.28	0.77	0.67	0.55	1.62	1.12
正常蓄水位（m）		980	888	825	750	675	575	525	425
死水位（m）		978	883	820	740	660	560	521	405
坝址水面高程（m）		888	827	751	675	574	524	425	335
坝壅水高（m）		92	63	74	75	101	51	100	90
厂址水面高程（m）		888	827	751	675	574	524	425	335
利用落差（m）		92	61	74	75	101	51	100	90
正常蓄水位以下库容（万 m³）		370141	29460	169566	44534	81926	20939	965034	467890
调节库容（万 m³）		23989	5186	28904	12737	26375	12671	95603	260450
调节能力		日调节	日调节	日调节	年调节	年调节	年调节	日调节	年调节
发电引用流量（m³/s）		40	41	59	67	79	78	270	828
引水线路（km）		—	—	—	—	—	—	—	—
装机容量（MW）		30	20	35	40	63	30	220	580
年发电量（GWh）	单独	117	77	142	158	254	121	889	2313
	联合	117	77	142	158	254	121	889	2313
枯期平均出力（MW）	单独	11	3	11	7	14	5	54	163
	联合	11	3	11	7	14	5	54	163
装机利用小时数	单独	3900	3859	4066	3940	4025	4035	4040	3988
	联合	3900	3859	4066	3940	4025	4035	4040	3988

表1-39 阿尔丹河干流研究河段梯级开发方案主要技术指标（2）

项目		阿尔丹河干流研究河段（2）						
		Tommot	Ugino	Chagda	Urasa	Khandyga	Leppik	Ebekel
		托莫特	乌吉诺	恰格达	乌拉萨	汉德加	列皮克	埃贝凯尔
坝址控制流域面积（km²）		50585	104675	114624	496580	533530	688442	704288
坝址多年平均流量（m³/s）		533	1172	1283	4208	4521	5833	5967
初估坝长（km）		坝式	坝式	坝式	坝式	坝式	坝式	坝式
正常蓄水位（m）		1.04	1.45	1.22	1.91	5.61	4.63	4.01
死水位（m）		335	265	210	185	130	115	86
坝址水面高程（m）		325	240	208	177	127	113	84
坝壅水高（m）		265	210	182	135	118	86	76
厂址水面高程（m）		70	55	28	50	12	29	14
利用落差（m）		265	210	182	135	118	86	76
正常蓄水位以下库容（万m³）		70	55	28	50	12	29	10
调节库容（万m³）		1232416	538465	248922	8288911	72686	3044241	209122
调节能力		406343	406922	42566	3039830	29088	511903	73508
发电引用流量（m³/s）		年调节	年调节	日调节	年调节	日调节	日调节	日调节
引水线路（km）		1170	2354	1856	9403	6662	9036	9315
装机容量（MW）		—	—	—	—	—	—	—
装机容量		640	950	400	3650	500	2000	650
年发电量（GWh）	单独	2569	3836	1605	14628	2036	8014	2598
	联合	2569	3836	1605	14628	2036	8014	2598
枯期平均出力（MW）	单独	189	139	33	817	36	138	44
	联合	189	139	33	817	36	138	44
装机利用小时数	单独	4014	4038	4012	4008	4072	4007	3997
	联合	4014	4038	4012	4008	4072	4007	3997

2 风能资源评估与开发

　　亚洲风能资源丰富，开发潜力巨大。报告对亚洲 48 个国家和地区进行了评估，测算得出亚洲风能资源理论蕴藏总量可达 595.0PWh/a，适宜集中式开发的装机规模约 37316.9GW，主要集中在东亚的中国和蒙古，中亚的哈萨克斯坦，西亚的阿富汗、伊朗、沙特阿拉伯以及阿曼等国家，年发电量 93.9PWh，现有开发规模不足技术可开发量的百分之一。综合考虑资源特性和开发条件，采用数字化平台，开展了日本稚内、蒙古乔巴山等 39 个大型风电基地的选址方案研究，提出了主要技术和经济性指标，总装机规模 288.4GW。研究成果将助力亚洲风能资源的开发和利用、提振风电基础设施投资信心，推进亚洲能源清洁化发展进程。

2.1　方法与数据

　　风能是空气流动所产生的动能，是太阳能的一种转化形式。由于太阳辐射造成地球表面各部分受热不均匀，引起大气层中压力分布不平衡，在水平气压梯度作用下，空气沿水平方向运动形成风。风资源评估基础数据主要包括资源类数据、地理信息类数据以及人类活动和经济性资料等。

　　报告选用理论蕴藏量、技术可开发量和经济可开发量 3 个指标开展风能资源的评估测算。

2.1.1　资源评估方法

　　风能资源理论蕴藏量是指评估区域内一定高度上可利用风的总动能，单位为 kWh。数字化评估风能资源理论蕴藏量，可将评估转化为计算每个格点面积与该格点对应风功率密度乘积的累加。

风电技术可开发量是指在评估年份技术水平下可以进行开发的装机容量总和，单位为千瓦。评估分析主要包括可用面积计算、装机面积计算、装机密度计算3个关键环节，分析流程如图2-1所示。

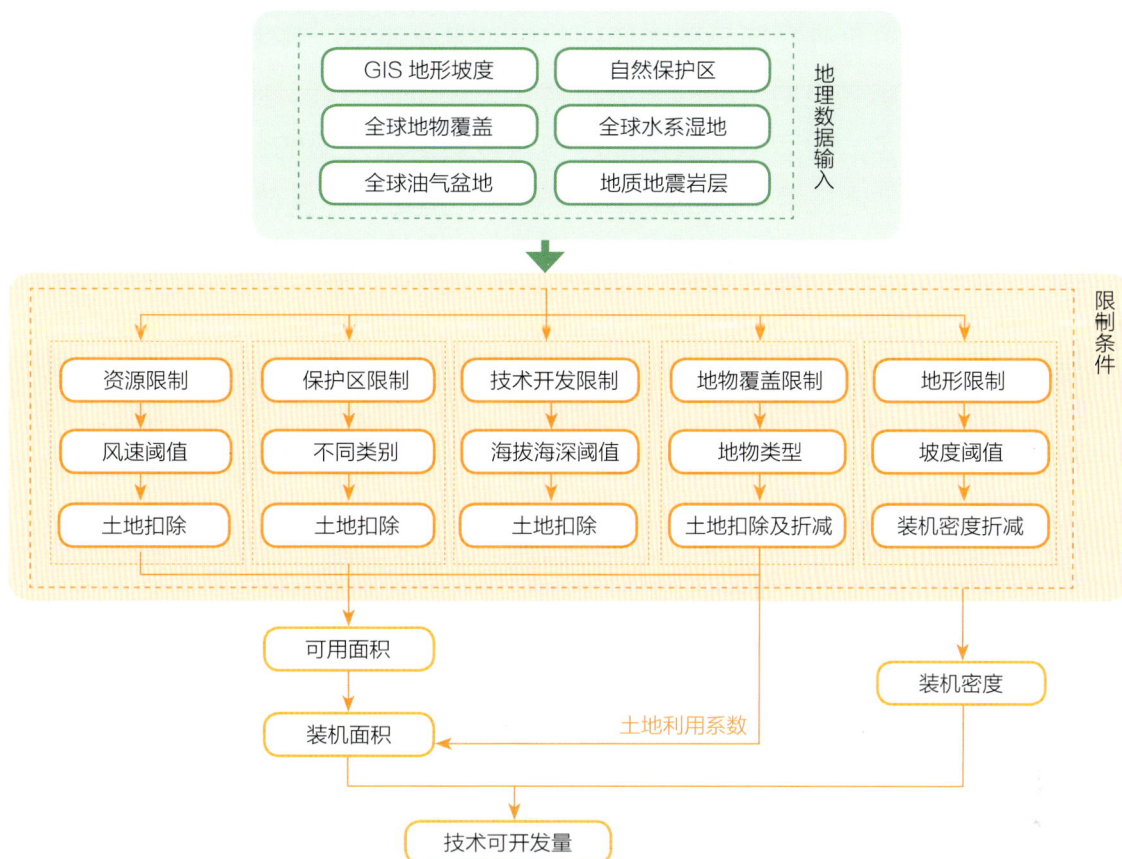

图 2-1　风电技术可开发量评估流程

技术可开发量评估的关键在于剔除因地形、海拔、土地利用及风速资源等限制而产生的不可利用面积。一方面，扣除选定区域内不宜开发的土地，得到风电开发可利用面积，结合不同地物类型设定土地利用系数，进而得到有效装机面积；另一方面，在典型风资源条件下，测算平坦地表单位面积的装机容量，结合目前不同地形坡度下风电工程实际情况，确定相应的装机密度影响因子，计算每个格点的有效装机面积与单位面积装机容量、装机密度影响因子的乘积并累加得到区域的风电技术可开发量。

根据风能资源禀赋，通常采用年均风速作为技术指标、结合当前技术条件下的风机发电出力特性进行机组选型，采用逐小时风速数据开展计算与统计，按照选定的风机功率曲线，考虑风机效率、切入、切出风速影响等，计算得到年发电量。

风能资源经济可开发量是指在评估年份技术水平下，开发风电的度电成本低于受电地区可承受电力价格的总装机容量，单位为千瓦。报告采用平准化度电成本法，建立了一种适用于清洁能源资源经济可开发量的计算模型，通过选定待评估地区、确定技术参数、确定成本参数、确定财务参数、确定政策参数、计算度电成本、经济性判断和结果计算等 8 个主要流程实现风能资源经济可开发量评估，其基本框架如图 2-2 所示。具体来说，将每个地理格点视为一个计算单元，计算每个格点的度电成本并与给出的综合参考电价进行对比，将具有经济性的格点容量按照地域面积进行累加，即可得到该区域的风电经济可开发量。

风能资源开发经济性分析中，基地的建设投资除设备成本、建设成本（不含场外道路）、运维成本等外，还需要重点计算并网成本和场外交通成本。

并网成本是指将开发的清洁能源发电资源接入电网所需新增建设电网设施的费用。一般清洁能源基地工程多建设在远离城镇等人口密集的地区，需要修建更长的并网工程，增加了开发投资成本。并网主要受格点风电接网与消纳方式影响，需要开展针对性测算。对于本地消纳的风电，其并网成本是风电厂到最近电网接入点的输电成本，与接入电压等级和距离有关，多采用交流输电方式，输电成本包括受端变电站和输电线路。对于需要远距离外送消纳的风电，其并网成本是风电厂到本地电力汇集站以及远距离外送工程的输电成本之和。外送工程多采用直流输电方式，输电距离不同，输电成本也不同，成本包括送受端换流站和直流线路成本。清洁能源并网成本测算构成如图 2-3 所示。不同规模、不同距离的电源并网需要采用不同输电方式和电压等级，相应的成本水平差异较大。报告基于中国工程经验，提出了不同输电方式、电压等级的不同并网成本因子，结合待评估格点的最短并网距离，量化测算了并网条件对不同区域清洁能源资源开发成本的影响。

```
                    ┌─────────────────┐
                    │ 1. 选定评估区域  │
                    └─────────────────┘
                             ↓
单位格点测算      ┌─────────────────┐
                  │ 2. 确定技术参数  │
                  └─────────────────┘
       ┌───────────────┬─────────────┬──────────────┐
  ┌─────────┐     ┌──────────┐   ┌────────────┐
  │ 装机容量 │     │ 年发电量 │   │ 利用小时数 │
  └─────────┘     └──────────┘   └────────────┘
                             ↓
                    ┌─────────────────┐
                    │ 3. 确定成本参数  │
                    └─────────────────┘
   ┌──────────┬──────────────┬──────────────┬──────────┐
┌────────┐ ┌────────┐ ┌────────┐ ┌────────┐
│设备成本│ │建设成本│ │并网成本│ │运维成本│
└────────┘ └────────┘ └────────┘ └────────┘
│风机、塔筒、│风机基础、变│输电方式选型、│运维年限、年│
│箱式变压器、│电站、建筑、│输电距离、单│运维费用占比、│
│升压站设备、│施工辅助、交│位输电成本等│人工费用等│
│集电线路等│通、环评水保│           │         │
│           │劳安等      │           │         │
                             ↓
                    ┌─────────────────┐
                    │ 4. 确定财务参数  │
                    └─────────────────┘
   资本金比例   贷款利息   贷款年限
   内部收益率   项目残值   折旧等
                             ↓
参数修正          ┌─────────────────┐
                  │ 5. 确定政策参数  │
                  └─────────────────┘
   增值税  所得税  附加税  政府补贴
   低息贷款 无息贷款 贷款贴息 政府担保等
                             ↓
计算模型          ┌─────────────────┐
                  │ 6. 计算 LCOE     │
                  └─────────────────┘
                             ↓
                    ┌─────────────────┐
                    │ 7. 经济性判断    │
                    └─────────────────┘
                      ┌──────────────┐
                      │ 预设参考电价 │
                      └──────────────┘
   当地平均上网电价  主要发电品种平均电价  外受电平均电价
   扣除不经济格点           统计经济格点装机及电量
                             ↓
                    ┌─────────────────┐
                    │ 8. 输出结果      │
                    └─────────────────┘
```

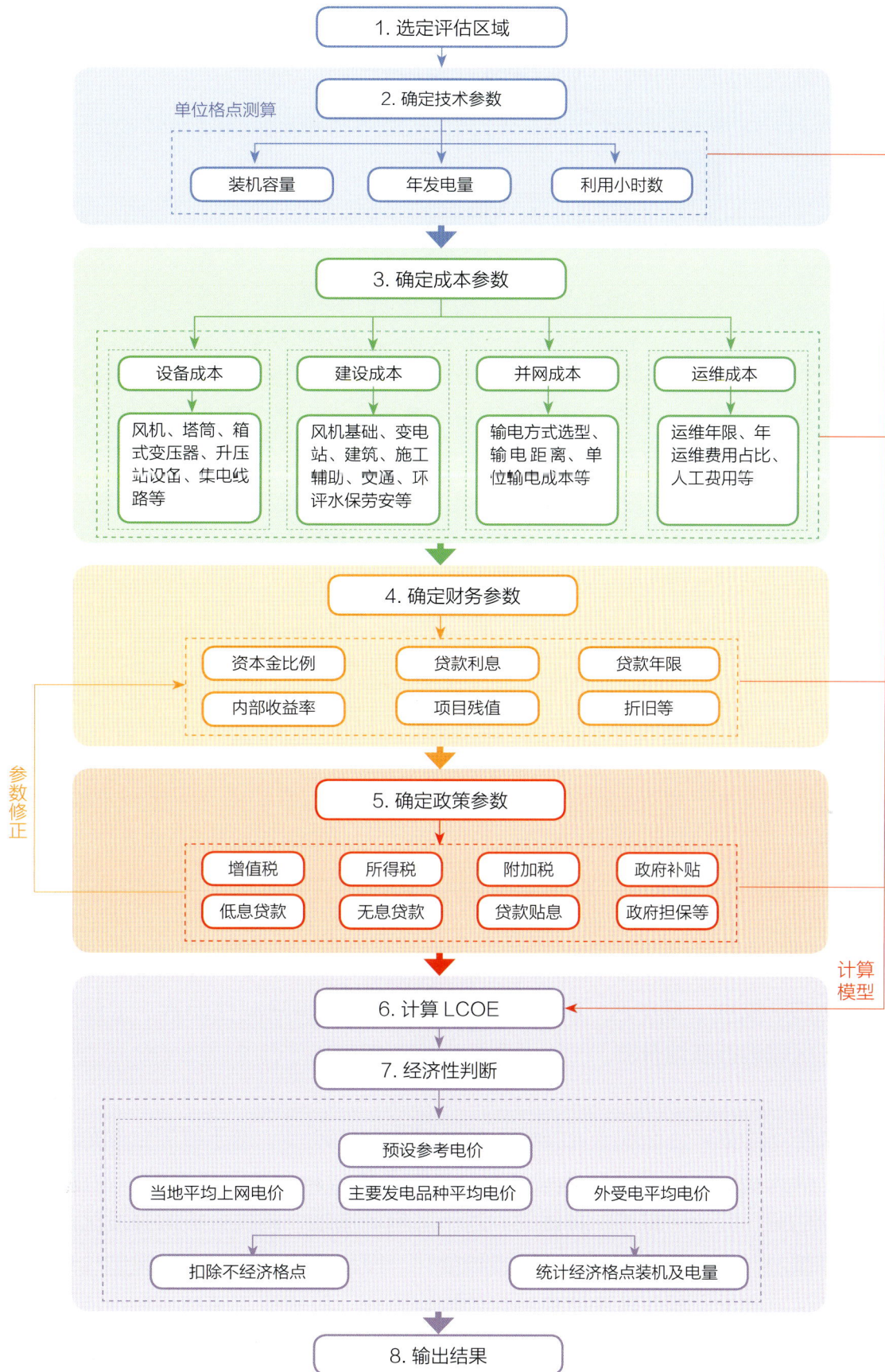

图 2-2 基于平准化度电成本的经济可开发量评估流程

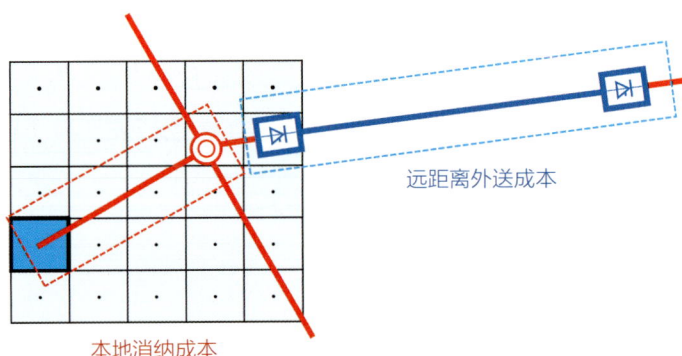

图 2-3　风电开发并网成本构成示意图

场外交通成本是指为开发清洁能源发电资源而新增建设从现有交通设施路网（包括公路、铁路等）到资源地的交通设施费用。本报告主要考虑公路交通设施。一般大型清洁能源发电基地与现有公路之间有一定距离，需要修建必要的场外引接公路才能满足工程建设需要，这部分增加的建设成本应计入资源的开发总成本。报告采用了交通成本因子法，基于覆盖全球的公路路网数据，计算待开发格点到最近外部运输道路的长度，即最短公路运距，综合山地、平原等不同地形条件下场外运输道路的平均单位里程成本，可以量化测算场外交通对开发成本的影响。

2.1.2　宏观选址方法

风电场选址研究应贯彻资源保护、统一规划、综合利用、科学开发的原则。开展风电场规划选址时，需充分了解区域内风能资源状况，掌握风速、风向、风能密度等风能资源的时间与空间分布，初步确定适宜建站的资源富集地区。然后再详细考虑限制性因素，陆上风电场选址应规避森林、耕地、城市等不适宜集中式风电开发的地面覆盖物、保护区、地震高发区等，海上风电场选址应规避港口、航线、保护区、深海等，选取没有或较少限制性因素、工程建设条件好的区域进行基地开发。

风电场的数字化宏观选址流程示意图如图 2-4 所示，基于覆盖全球范围基础数据，其关键流程包括资源储量计算、开发条件分析、数字化选址、设备排布、发电量估算、投资估算等。具体的，对于风电场选址，首先分析拟开发区域的风能资源情况，在了解平均风速、风速年变化、风功率密度、风向和风能玫瑰图等资源特性基础上，基于地理信息技术的规划方法，以风能资源数据和地理数据为基础，综合考虑土地利用性质、保护区、工程地质等限制性因素，利用空间分析工具，筛选适宜的开发用地。随后根据平原、山地不同的用地类型进行技术可开发量评估，并开展风机自动排布，根据风机排布结果，计算电场装机容量、发电量、年利用小时数、出力特性等技术参数。结合初选场址的并网条件、外部交通条件开展经济性测算分析，获得经济可开发量评估、匡算投资以及平均度电成本。

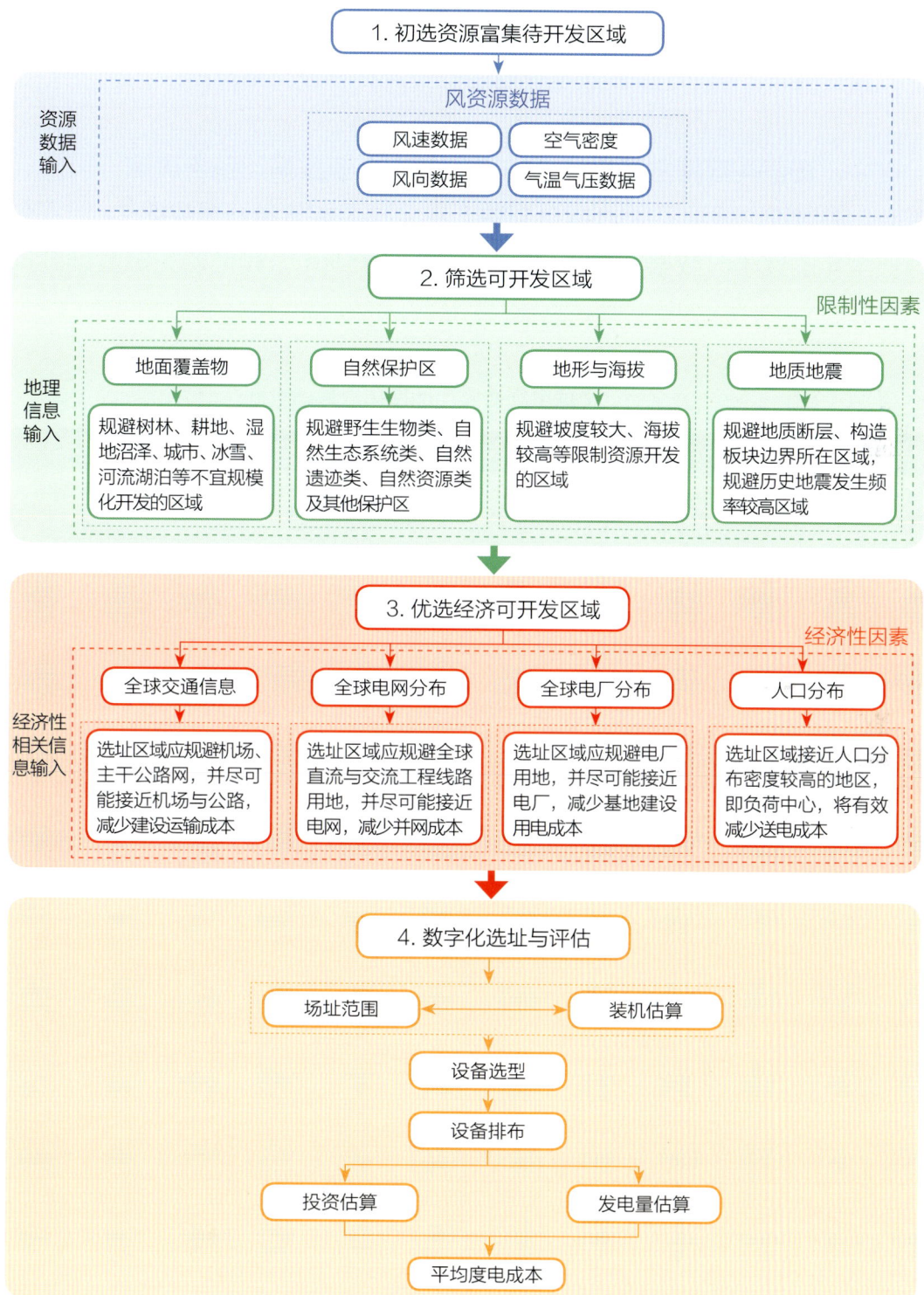

图 2-4　风电场宏观选址流程示意图

2.1.3 基础数据与参数

2.1.3.1 基础数据

为实现数字化风能资源评估，报告建立了资源类、地理信息类、人类活动和经济性资料等 3 类 16 项覆盖全球范围的资源评估基础数据库。

其中，资源类数据主要包括全球中尺度风资源数据，包含风速、风向、空气密度、温度等，采用了 Vortex 计算生产的全球风能气象资源数据[1]，时间分辨率为典型年的逐小时数据，空间分辨率为 9km×9km，其他的关键基础数据介绍见表 2-1。

表 2-1 全球风能资源和地理信息基础数据

序号	数据名称	空间分辨率	数据类型
1	全球中尺度风资源数据	9km×9km	栅格数据
2	全球地面覆盖物分类信息	30m×30m	栅格数据
3	全球主要保护区分布	—	矢量数据
4	全球主要水库分布	—	矢量数据
5	全球湖泊和湿地分布	1km×1km	栅格数据
6	全球主要断层分布	—	矢量数据
7	全球板块边界分布 空间范围：南纬 66°—北纬 87°	—	矢量数据
8	全球历史地震频度分布	5km×5km	栅格数据
9	全球主要岩层分布	—	矢量数据
10	全球地形卫星图片	0.5m×0.5m	栅格数据
11	全球地理高程数据 空间范围：南纬 83°—北纬 83° 间陆地	30m×30m	栅格数据
12	全球海洋边界数据	—	矢量数据
13	全球人口分布	900m×900m	栅格数据
14	全球交通基础设施分布	—	矢量数据
15	全球电网地理接线图	—	矢量数据
16	全球电厂信息及地理分布	—	矢量数据

注：2~16 项数据同表 1-1。

---

[1] 资料来源：Vortex ERA5 downscaling:validation results, 2017 November.
Vortex System Technical Description, 2017 January.

2.1.3.2 计算参数

报告重点关注并评估亚洲范围内适宜集中式开发的风能资源，将低风速区域、保护区、森林、耕地、城市和深海、远海等区域作为不适宜集中式开发的区域排除在外；同时，报告也结合部分亚洲国家的实际情况，评估了合理利用森林、耕地等区域进行分散式风电开发的资源潜力。

> **专栏 2-1**　　　　　**风电的集中式和分散式开发**
>
> 　　在风资源条件好、人口密度低、地面粗糙度小的地区，大面积连片开发风电资源，集中接入电网，工程的建设、运维集约化、效率高，可以显著减低工程投资，获得大规模清洁电力，有利于加快能源清洁转型。作为大型电力基础设施，集中开发的大型风电场建设要求高，对土地资源利用有较严格的要求，不能占用各类自然保护区、文物和风景名胜区、林地和耕地等，一般选址在草原和荒漠，或风资源条件优越的山地，开发场景如下图所示。中国从 2005 年开始，采用大规模集中开发方式在北部、西北部风资源富集地区加速风电开发，并快速建立和完善了风电设计、制造、建设和运维产业链，风电成本快速下降。
>
>
>
> 专栏 2-1 图 1　集中式风电开发场景

　　分散式风电，一般位于用电负荷附近，利用工业园区的开阔地带，或者利用耕地、山地、林地等特殊微地形条件产生的散落分布的低风速资源。分散式风电不以大规模、远距离输送电力为目的，产生的清洁电力就近接入当地电网消纳，开发场景如下图所示。准确、高效的资源评估是分散式风电开发的基本要求，照搬集中式风电场的评估办法成本高昂，建立测风塔耗时长。经过多年的实践，中国分散式风电开发已经基本形成了一套集成了中尺度数值模拟、小尺度数值模式计算、邻近区域测风塔数据或激光测风雷达数据校核的系统性方法。2015年开始，中国采取了"集中"和"分散"并举的策略❶，因地制宜开发中东部地区的低风速风电资源，预计到2020年规模将超过20GW。

专栏 2-1 图 2　分散式风电开发场景

---

❶ 资料来源：2016年11月国家发展改革委、国家能源局下发的《电力发展"十三五"规划》。

1. 技术指标测算参数

结合工程建设实践，一般认为年均风速低于 5m/s 的地区，资源开发效率较低、经济性较差，不宜进行集中式风电开发。海拔超过 4000m 的高原，一方面空气稀薄风功率密度下降，同时多有冰川分布，建设难度大，严重影响自然环境；海深超过 150m 的海域，需要采用漂浮式风电基础，离岸超过 200 海里的远海区域，开发的风电电力需要长距离海底电力电缆输电，在目前技术水平下开发难度大、经济性差，不推荐进行集中式开发。野生生物、自然环境、风景名胜等各类保护区，森林、耕地、湿地沼泽、城市、冰雪等地面覆盖物类型的区域不宜集中式开发。对于适宜集中式开发的灌丛、草本植被以及裸露地表等 3 种区域类型，结合风力发电技术特点以及当前设备水平，分别设置了土地利用系数。不同地形坡度将显著影响单位土地面积上的装机能力，报告对 0~30 度不同坡度条件，设定了坡度利用系数。具体技术指标和参数见表 2-2，按此推荐参数计算得到的结果是评估范围内适宜集中开发的风电技术可装机规模，报告后文也简称为"技术可开发量"。

结合待评估地区具体情况，调整相关参数亦可得到当前技术水平下分散式可开发风电装机规模。对于耕地，考虑合理利用田间地头位置安装风机，分散式开发的土地利用参数设定为 25%；对于树林，考虑可在树林边缘区域或者利用山地的地形条件合理布置风机，分散式开发的土地利用参数设定为 10%。

2.1　方法与数据

表 2-2　全球风能资源评估模型采用的主要技术指标和参数

类型	限制因素	阈值	集中式开发参数（%）	分散开发参数（%）
资源限制	风速	> 5m/s（集中式） > 4.5m/s（分散式）	—	—
技术开发限制	陆地海拔	< 4000m	—	—
	近海海深	< 150m	—	—
保护区限制	自然生态系统	不宜开发	0	0
	野生生物类	不宜开发	0	0
	自然遗迹类	不宜开发	0	0
	自然资源类	不宜开发	0	0
	其他保护区	不宜开发	0	0
地面覆盖物限制	森林	不宜开发	0	10
	耕地	不宜集中式开发	0	25

类型	限制因素	阈值	集中式开发参数（%）	分散式开发参数（%）
地面覆盖物限制	湿地沼泽	不宜开发	0	0
	城市	不宜开发	0	0
	冰雪	不宜开发	0	0
	灌丛	适宜开发	80	0
	草本植被	适宜开发	80	0
	裸露地表	适宜开发	100	0
地形坡度限制	0°~1.7°	适宜开发	100	100
	1.8°~3.4°	适宜开发	50	50
	3.5°~16.7°	适宜开发	30	30
	16.8°~30°	适宜开发	15	15
	>30°	不宜开发	0	0

2. 经济指标测算参数

研究采用平准化度电成本法建立了一种适用于风能资源经济可开发量的计算模型。为了对未来规划水平年的基地投资水平与开发经济性进行评估，研究综合多元线性回归预测法与基于深度自学习神经元网络算法关联度分析预测法，建立了风电开发投资水平预测模型。结合亚洲发展水平以及风电技术装备、非技术类投资成本的预测结果，提出了 2035 年亚洲风电综合初始投资的组成及其推荐取值，主要包含设备及安装、建筑工程和其他费用 3 个类别，见表 2-3。报告给出了主要的财务参数、场外交通成本、并网成本参数等的推荐取值，详情见表 2-40~ 表 2-6。其中，场外交通成本按照中国工程经验，综合山地、平原、一级公路建设费用水平进行测算，并网成本参照中国超高压交流、直流输电工程造价水平进行测算。

表 2-3　亚洲 2035 年陆地和海上风电开发初始投资组成与推荐取值

美元 / kW

序号	投资组成	陆地风电总造价	海上风电总造价
1	设备及安装	469~543	691~801
1.1	设备费	444~514	604~700
1.2	安装费	25~29	87~101
2	建筑工程	137~158	454~526
3	其他	41~47	51~59
总计		647~748	1196~1386

表 2-4　亚洲 2035 年陆地和海上风电经济性计算的财务参数推荐取值

序号	指标	陆地风电参数	海上风电参数
1	贷款年限	7 年	7 年
2	贷款比例	70%	70%
3	贷款利率	3%	3%
4	贴现率	4%	2%
5	建设年限	1 年	1 年
6	运行年限	20 年	20 年
7	残值比例	0%	0%
8	运维占比	3.5%	7.3%
9	场外交通	800 美元 / km	—

表 2-5　亚洲 2035 年陆地风电开发并网经济性参数推荐取值

交流输电		
电压等级（kV）	输电距离（km）	单位输电成本 [美元 /（km·kW）]
1000	500	0.28
745~765（750）	400	0.34
500	300	0.39
380~400（400）	220	0.59
300~330	200	0.65
220	150	1.06
110~161（110）	100	1.37
直流输电		
电压等级（kV）	输电距离（km）	单位输电成本 [美元 /（km·kW）]
±800	1500~3000	0.15

表 2-6　亚洲 2035 年海上风电开发并网经济性参数推荐取值

海上交流输电		
电压等级（kV）	输电距离（km）	单位输电成本 [美元 /（km·kW）]
220	150	3.33
海上直流输电		
电压等级（kV）	输电距离（km）	单位输电成本 [美元 /（km·kW）]
±320	150~400	1.26

2.2　资源评估

　　风速、地面覆盖物、保护区分布影响区域集中开发利用风能的技术可行性，公路、电网等基础设施条件影响区域风能开发的经济性水平。报告基于覆盖亚洲的数据、信息，采用统一指标和参数完成了亚洲风能资源评估研究。

2.2.1　风速分布

　　报告采用 Vortex 公司生产得到的风资源数据开展资源评估测算，资源数据包括：风速、风向、空气密度和温度等。亚洲蕴藏着巨大的风能开发潜力，风速分布如图 2-5 所示。东亚的蒙古和中国，南亚的印度和巴基斯坦，中亚的哈萨克斯坦以及西亚的阿富汗、伊朗、阿曼等国的风资源条件优异，部分地区年平均风速在 6m/s 以上，利于开发大型风电基地。

专栏 2-2　　　全球风资源中尺度数值模拟

　　地球大气系统是一个极其复杂的非线性系统，其动力、热力过程可以通过偏微分方程组描述，但该方程组的复杂性导致难以获得解析解。随着大气探测技术、通信技术和计算机技术不断发展，借助现代高性能计算集群可以实现大规模数值模拟计算，并成为最高效的风资源气象数据获取手段。影响风机发电的天气与气候现象具有中尺度特性，所以一般使用中尺度模式开展模拟计算，并对原始方程模式进行必要简化以有效节省时间及计算成本。天气研究与预测模型 WRF（Weather Research & Forecasting Model）作为中尺度气象模式的典型代表，能够有效捕捉大、中尺度环流过程，适合宏观区域风能资源普查研究，也广泛应用于大气研究和气象预报领域。西班牙 Vortex 公司即采用了中尺度 WRF 模型，通过嵌套模拟链实现了从数百米到数百千米多种空间尺度的覆盖。模型采用了多种覆盖全球范围的地球物理和气象数据库。Vortex 公司把再分析生产的风速数据与全球超过 400 个站点的实测风速数据集进行了对比分析和检测校核。报告采用的是 Vortex 公司生产的全球范围 9km 分辨率，50、100m 和 150m 共 3 个高程的风资源图谱及逐小时时间序列数据，该数据也是世界银行 World Bank Wind Atlas 平台的基础数据之一，在全球获得广泛应用。

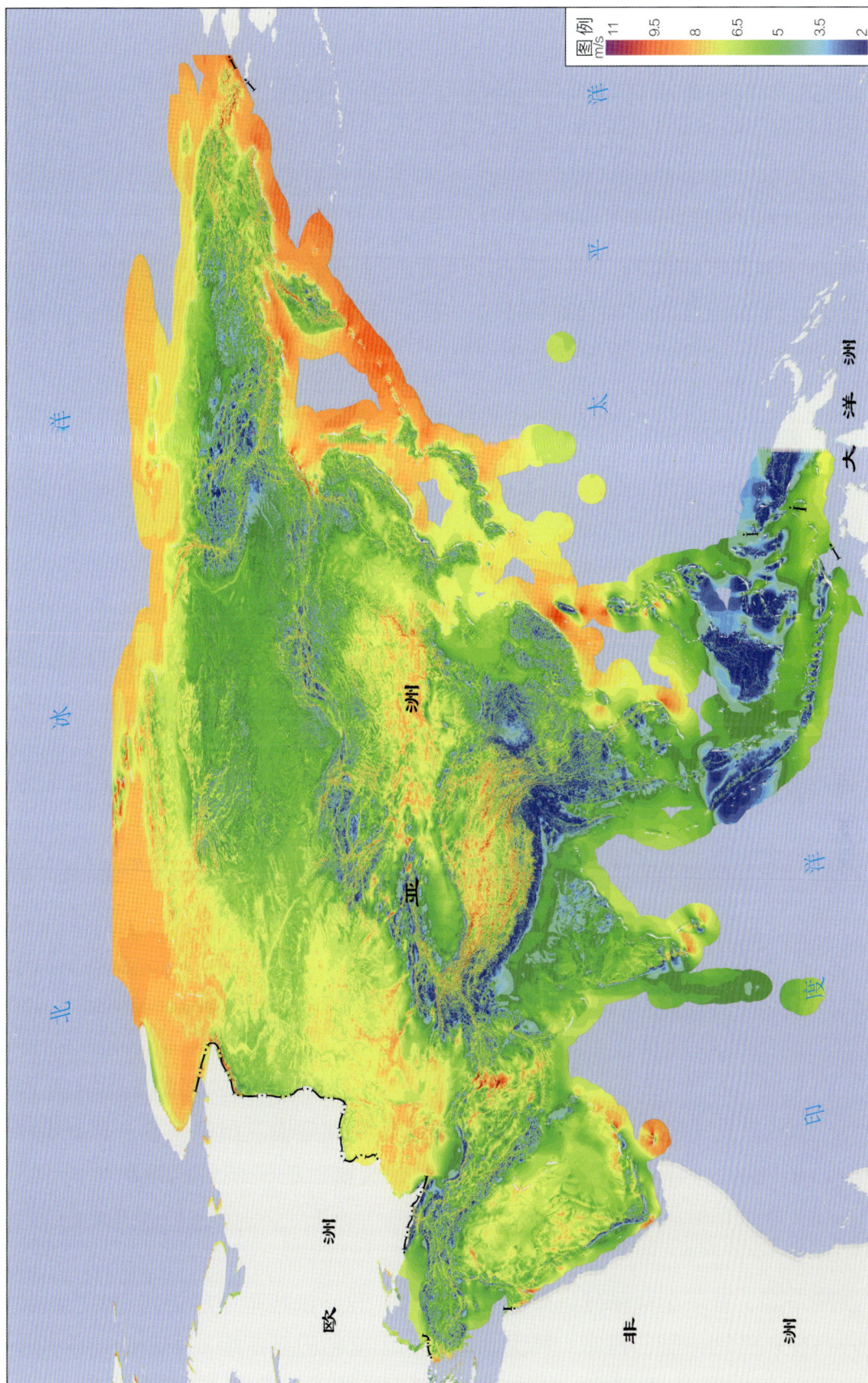

图2-5 亚洲风速分布示意图

2.2.2 地面覆盖物

从适宜大规模集中开发的土地资源角度分析，森林、湿地水体、城市和冰川是影响风电资源集中开发的主要地表覆盖物限制性因素。亚洲俄罗斯远东、中亚等地区属于亚寒带针叶林和温带大陆性气候，夏季日照时间长，地面覆盖物以树林与草本植被为主；中国东部和南部，印度，中南半岛等地受温带、亚热带及热带季风气候影响，降水丰沛，土地肥沃，适宜耕种和畜牧业发展，位于南亚的印度和东亚的中国是亚洲农业大国。图 2-6 给出了亚洲上述 5 种主要限制风电集中开发的地面覆盖物分布情况。

2.2.3 保护区分布

保护区是影响风电资源开发土地性质的限制性因素，一般情况下，大型风电基地的选址开发应规避所有类型的保护区。亚洲俄罗斯远东地区分布着众多的自然资源类、自然生态系统类和自然遗迹类保护区，蒙古国全境分布着许多自然生态系统类和自然遗迹类保护区，全洲保护区总面积高达 350 万 km^2。图 2-7 给出了研究中考虑的亚洲保护区分布情况。

2.2.4 交通设施

风能资源富集地区的交通设施发达程度越高、公路干网等分布越广泛，将极大改善大型风电基地的开发建设条件，利于工程设备与材料的进场运输，降低基地开发成本。开展风电资源开发经济性的研究，需要结合交通设施的分布情况进行综合分析和测算。图 2-8 为亚洲主干公路和铁路分布情况示意图。

公路方面，基于全球基础信息数据库统计，亚洲高等级公路的总里程约 35 万 km，公路总里程超过 350 万 km，基本遍布亚洲全境。具体来看，东北亚的俄罗斯远东地区，鲜有公路穿越，多数地区距离最近的干线公路距离超过 200 千米，俄罗斯远东地区的公路交通设施较少。

铁路方面，基于全球基础信息数据库统计，亚洲铁路里程总计约 34 万 km，主要分布在东亚的中国、日本、韩国，南亚的印度和巴基斯坦，中亚的哈萨克斯坦，西亚的伊朗与叙利亚等国。总体来看，亚洲铁路里程较短，发展空间较大。

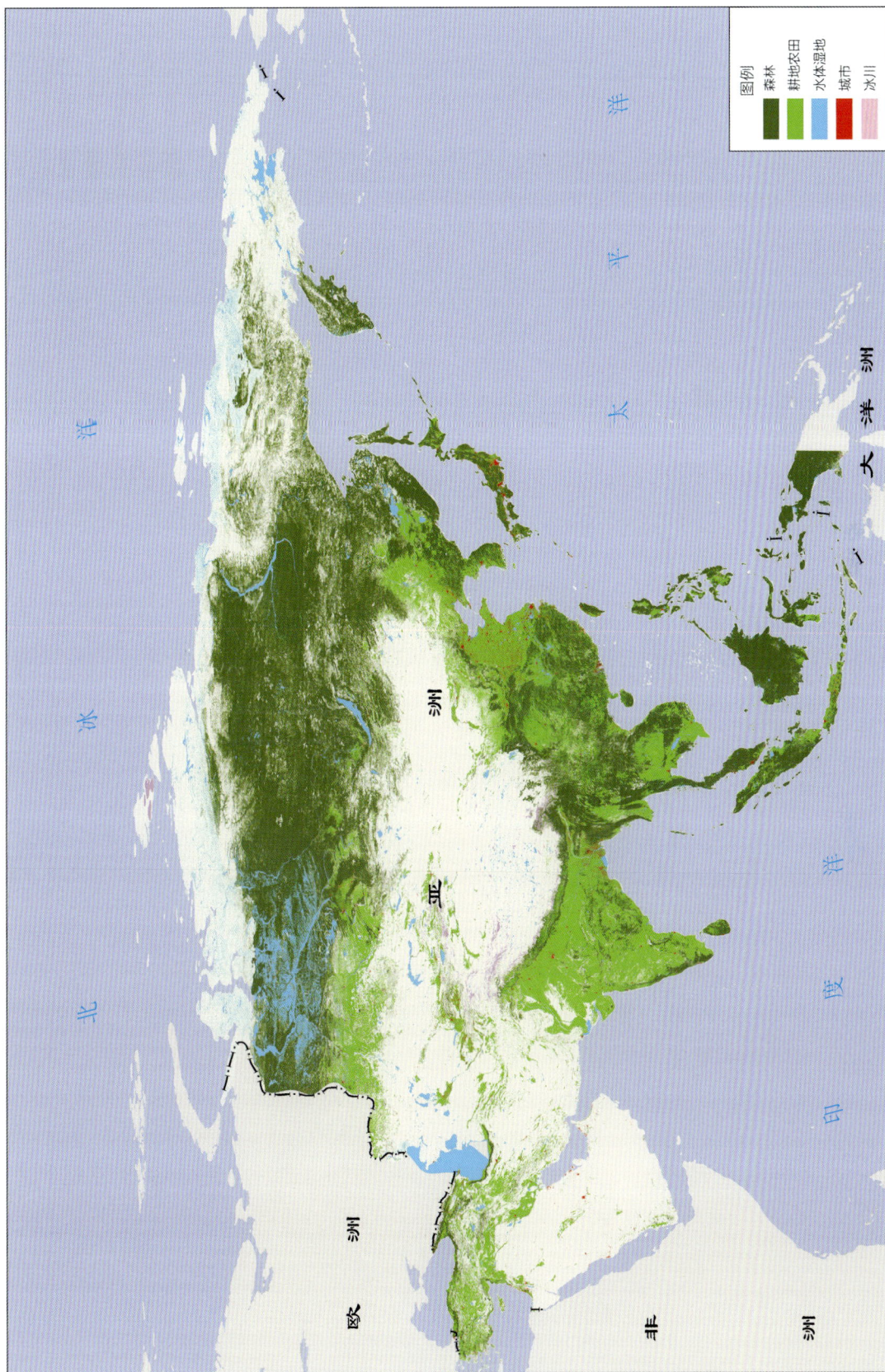

图 2-6 亚洲森林、耕地、湿地、水体、城市和冰川分布情况示意图

2.2 资源评估

图 2-7　亚洲主要保护区分布情况示意图

图　例

自然生态系统类保护区
野生生物类保护区
自然遗迹类保护区
自然资源类保护区
其他类型保护区

图 2-8 亚洲公路和铁路分布情况示意图

2.2.5 电网设施

电网基础设施条件越好,大型风电基地的并网成本越小,越有利于开展集中式风电开发。亚洲风能资源开发经济性的评估考虑了并网条件的影响,在平准化度电成本中增加了并网成本内容。

根据数据统计,亚洲高压电网线路路径总长度超过130万km,其中300kV以上的交流线路长度超过71.8万km,±500kV及以上直流线路约5.9万km,表2-7给出了亚洲不同电压等级的交直流电网线路情况的统计。

表2-7 亚洲不同电压等级的交、直流线路建设情况

交流线路		直流线路	
电压等级（kV）	线路长度（km）	电压等级（kV）	线路长度（km）
1000kV 及以上	14467	±1100kV 以上	3795
745～765kV	79546	±800kV	27691
380～500kV	579102	±660kV	5443
300～330kV	44580	±500kV	22270
220～275kV	362465	±400kV	1391
110～161kV 及以下	247727	±400kV 以下	802
总计	1327887	总计	61392

亚洲电网110kV及以上基础设施热力分布情况示意图如图2-9所示。总体上,亚洲电网基础较好,但西伯利亚北部、青藏高原部分地区和阿拉伯半岛东南部部分地区没有高压电网覆盖。上述区域在300km以内没有高压电网(图中的灰色区域),大型风电基地开发的并网条件相对较差,多数风电资源只能就近汇集后远距离外送消纳,需要建设新的大容量、远距离输电通道。

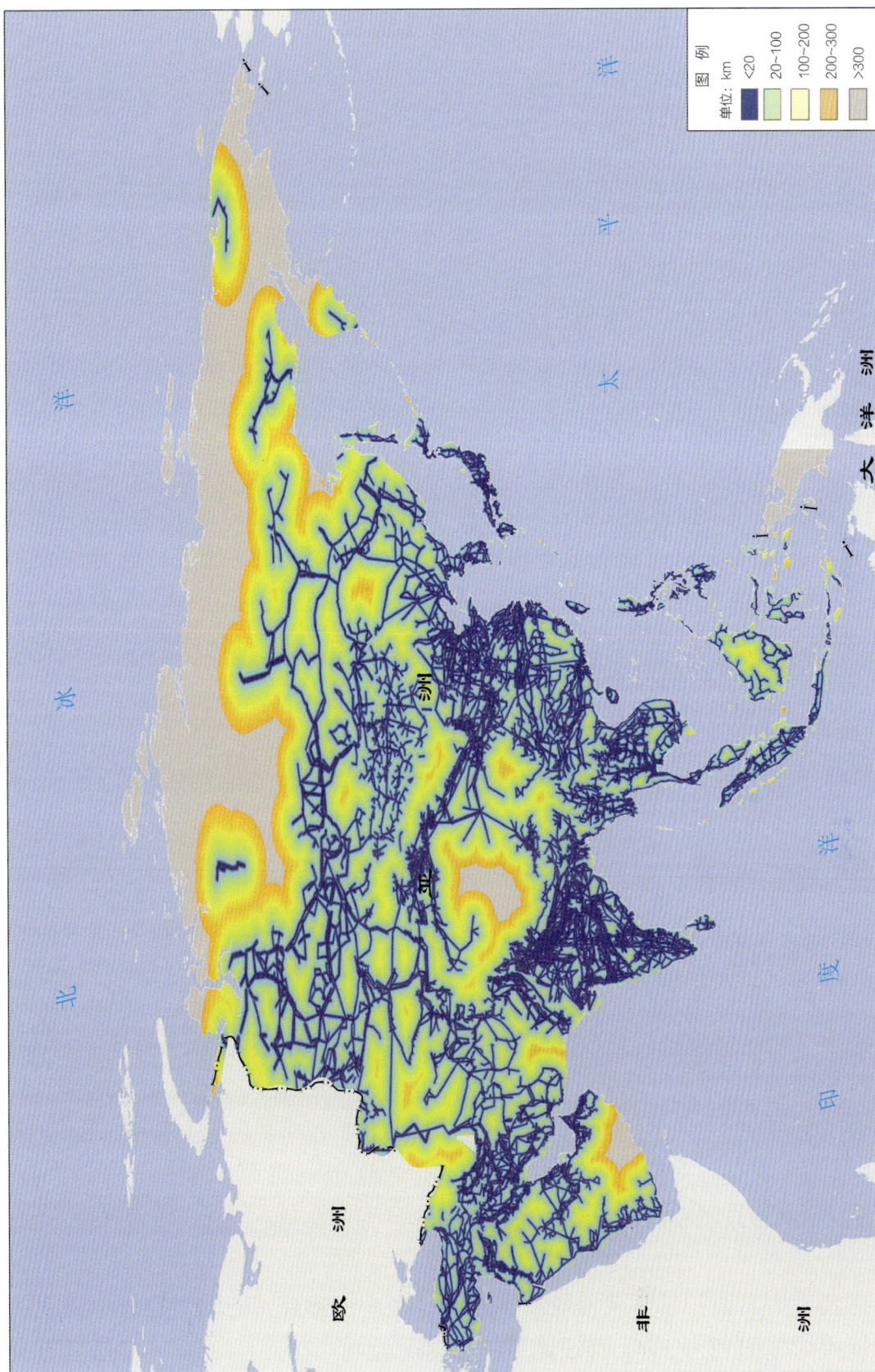

图2-9　亚洲电网设施热力分布示意图

专栏 2-3 **亚洲电网设施现状**

亚洲电网基础设施较好，整体电力普及率较高。

一方面，亚洲各国电网发展水平差异较大，跨国电网互联有一定基础。中国已建成世界上规模最大、配置能力最强的特高压交直流混合电网。日本、印度、泰国、马来西亚、哈萨克斯坦等国已形成比较坚强的400/500/750千伏交流电网主网架。东亚、东南亚、南亚、中亚、西亚各区域国家间均建成多条跨国输电通道，亚洲各国电网具有一定程度的互联基础。

另一方面，亚洲电力需求占全球比重最大，整体电力普及率较高。2016年亚洲总用电量约11万亿千瓦时，约占全球总用电量49%。2010—2016年，亚洲用电量年均增速4.7%，呈现较快的增长。电力消费主要分布在东亚和南亚区域，2016年东亚和南亚用电量分别占亚洲总用电量的69.5%和11.9%。亚洲整体电力普及率约95%，仍有约2.4亿无电人口，主要分布在南亚和东南亚。亚洲年人均用电量2500千瓦时，不到世界平均水平的一半。

2.2.6　评估结果

1. 理论蕴藏量评估

根据100m高度的风速数据测算，亚洲风能资源理论蕴藏量595.0PWh/a，占全球总量的30%，东北亚、中亚以及西亚部分地区是全球最具有风能资源开发潜力的区域之一。

2. 技术可开发量评估

综合考虑资源和各类技术限制条件后，经评估测算，亚洲适宜集中开发的风电规模约37316.9GW，年发电量约93.9PWh。

从分布上看，亚洲技术可开发的风能资源主要集中在东亚的中国和蒙古，中亚的哈萨克斯坦，西亚的阿富汗、伊朗、沙特阿拉伯以及阿曼等，占到全洲总量的70%以上。上述地区海拔基本在2000m以下，主要是草本植被、裸露地表和少量灌丛，除蒙古和伊朗境内的保护区之外，绝大部分地区非常适合建设大型风电基地。

中国东部南部大部分地区、日本、朝鲜半岛、印度和孟加拉国人口稠密，农业发达，耕地广泛分布，基本不具备集中建设大型风电基地的条件；中国西部的青藏高原、位于中亚帕米尔高原的吉尔吉斯斯坦、塔吉克斯坦等国家，海拔高、地形起伏大，集中式开发风电的条件较差；东南亚的缅甸、泰国、老挝、印度尼西亚等国，虽然部分区域风资源条件较好，但绝大部分国土覆盖茂密的热带雨林，无法建设集中式风电基地。总体来看，受地物覆盖、地形地貌等因素影响，亚洲仅20%的陆上区域具备集中开发建设风电基地的条件，日本、印度、缅甸等部分国家更适宜采用分散式开发方式，利用乡村和森林周边、田间地头的空闲土地开发风电资源。

单位国土面积的风电装机容量及其年发电量是表征一个区域风电技术可开发资源条件的重要指标，但是装机容量受地形坡度影响较大，相比而言，采用年发电量与装机容量的比值，即装机利用小时数（容量因子，Capacity Factor）更能够反映区域风电资源技术开发条件的优劣。亚洲风电技术可开发区域及其利用小时分布示意图如图2-10所示。

从亚洲风电技术指标的分布来看，全洲风电技术可开发装机的平均利用小时约2517小时（平均容量因子约0.29），其中蒙古南部、中国北部、哈萨克斯坦南部、伊朗与阿富汗交界处、阿曼的印度洋沿岸、也门西南部红海沿岸，风电利用小时在3000以上，开发条件优越，最大值出现在阿富汗西部与伊朗交界的赫拉特（Herat），超过4500小时。

3. 开发成本评估

按照陆上风电技术装备2035年造价水平预测结果测算，综合考虑交通和电网基础设施条件，亚洲集中式风电的平均开发成本[1]为3.57美分，各国的平均开

---

[1] 亚洲集中式风电的平均开发成本为洲内各国家平均开发成本及其年发电量的加权平均值。

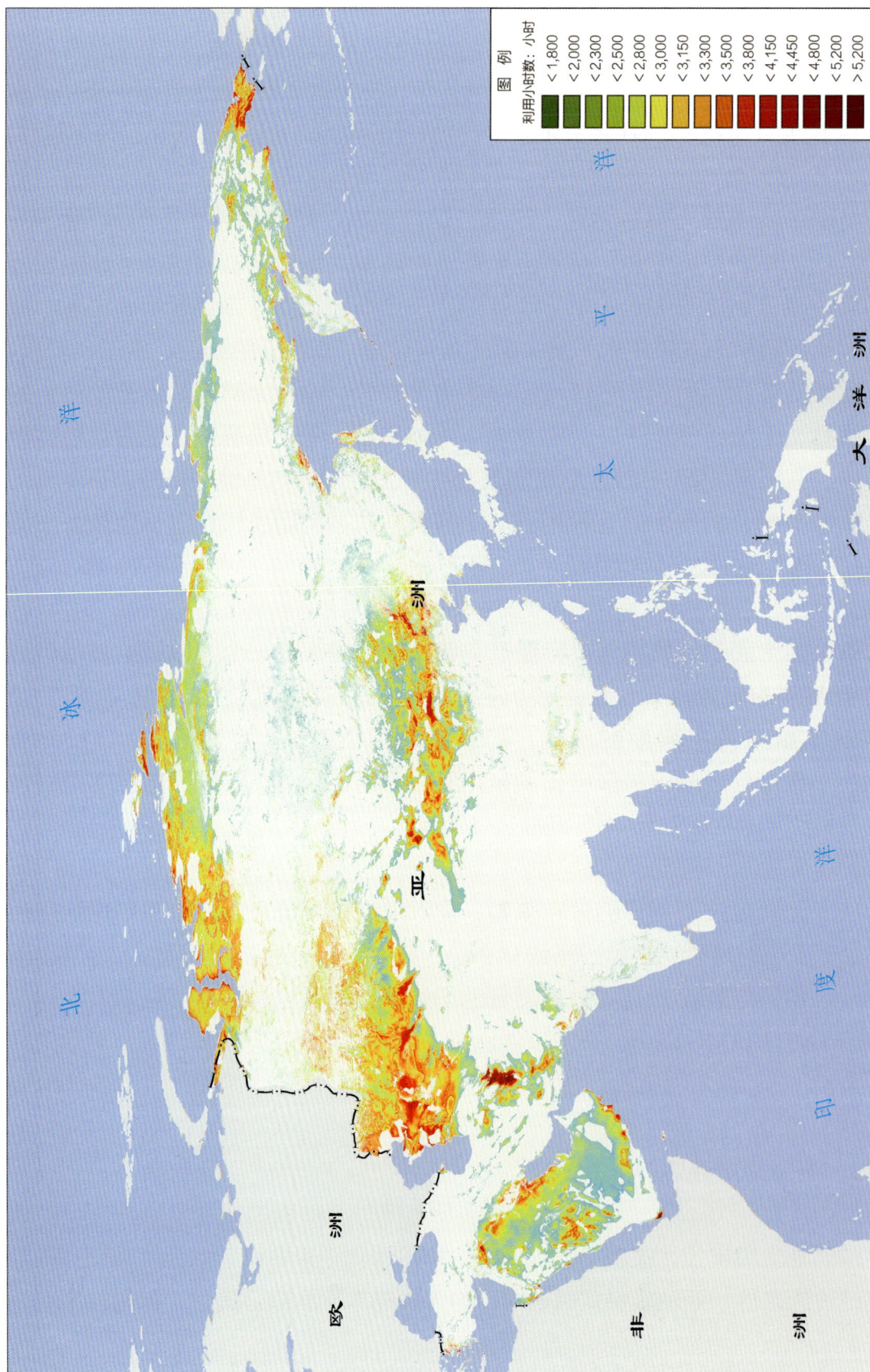

图2-10 亚洲风电技术可开发区域及其利用小时分布示意图

发成本在 2.65~6.99 美分之间。按照当前全球约 8 美分的平均电价水平评估 ❶，
除去远东西伯利亚远离公路和电网的区域以及风资源条件相对较差且地形起伏
大、建设条件差的区域外，亚洲约 92% 的技术可开发装机满足经济性要求。按
照全球 5 美分风电平均开发成本评估，亚洲 2035 年造价水平下的风电经济可
开发规模约 31.5TW，技术可开发量占比约 84%。

亚洲风电资源开发成本分布示意图如图 2-11 所示。东亚的蒙古南部、中国
北部，中亚和西亚的部分地区开发成本较低。

从亚洲风电开发的国别经济性指标来看，资源条件优异，同时交通、电网
基础设施条件相对较好的国家和地区风电开发成本低，经济性更好。整体而言，
亚洲可开发的风电资源，绝大部分经济性较好，但印度、日本、乌兹别克斯坦、
印度尼西亚等 13 个国家存在风电开发成本高于 8 美分的情况，标志着这些国家
存在因成本而限制开发的区域。从最经济的开发区域来看，中国、日本、韩国、
蒙古、老挝、越南、菲律宾、哈萨克斯坦、土库曼斯坦、乌兹别克斯坦、巴基
斯坦、斯里兰卡、阿富汗、伊朗、伊拉克、科威特、阿曼、沙特阿拉伯、也门、
叙利亚、土耳其等国风电的最低开发成本低于 2.5 美分，开发经济性好，其中
开发成本最低的出现在也门西南塔伊兹省（Ta'izz）沿海，为 1.71 美分。从风
电开发的平均经济性水平来看，科威特的全国平均开发成本最低，为 2.65 美分，
成本范围为 2.32~3.24 美分。

---

❶ 可再生能源发电价格参考国际可再生能源署（IRENA）的报告：《RENEWABLE POWER GENERATION
COSTS IN 2018》，燃气、燃煤和核电价格参考国际能源署（IEA）的报告：《Projected Costs of
Generating Electricity》.

图 例
利用小时数：小时
0~0.5
0.5~1
1~1.5
1.5~2
2~2.5
2.5~3
3~3.5
3.5~4
4~4.5
4.5~5
5~5.5
5.5~6
6~6.5
6.5~7
7~7.5
7.5~8

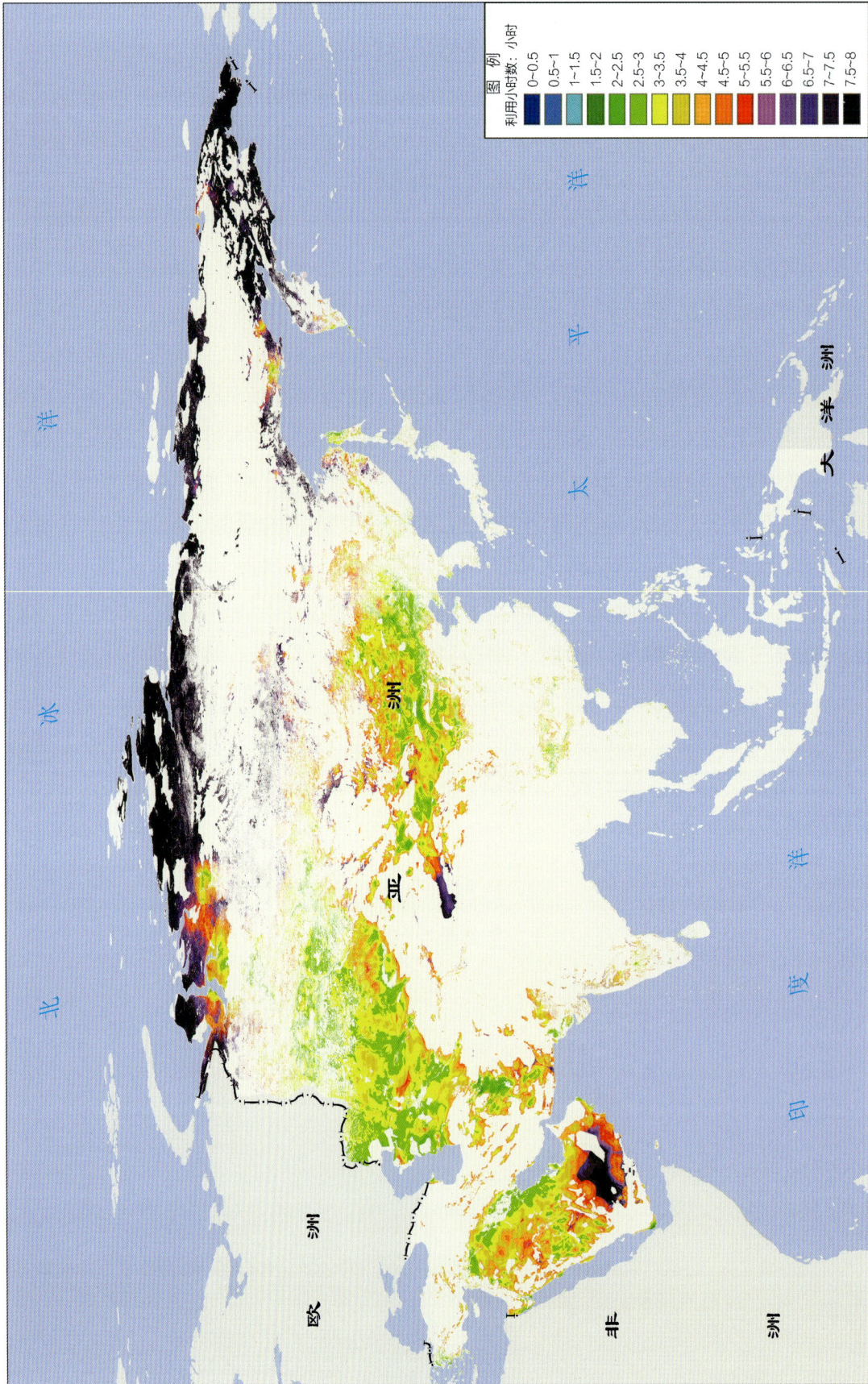

图 2-11　亚洲风电开发成本分布示意图

专栏 2-4　　　　　　　　　　蒙古风能资源

蒙古地处东北亚，国土总面积约 157 万 km^2。根据测算，境内最高海拔高度 4192m，最大地形坡度 53.5°。

蒙古风能资源较好，距地面 100m 高度全年风速范围为 2.6~8.9m/s，全国平均风速 5.5m/s。全年风速大于 6m/s 的区域主要分布在南部地区，西北部部分地区年平均风速均低于 3.5m/s，资源相对较差。

1. 主要限制性因素

蒙古境内设有不同类型的保护区，包括自然生态系统类保护区 23.7 万 km^2、自然资源类保护区 2.7 万 km^2 等，保护区总面积约 27.6 万 km^2，具体见下表所列，以上区域均不宜进行风资源规模化开发。

专栏 2-4 表 1　蒙古主要保护区面积测算结果

单位：万 km^2

总面积	自然生态系统	野生生物	自然遗迹	自然资源	其他
27.57	23.68	0.28	0.90	2.72	0.00

蒙古地物覆盖类型以草本植被为主，面积 85.0 万 km^2，占总陆地面积的 54.8%；裸露地表面积 59.2 万 km^2，占总陆地面积的 38.2%；森林面积 8.7 万 km^2，占总陆地面积的 5.6%。蒙古主要地面覆盖物分析结果见专栏 2-4 表 2。草本植被和裸露地表适宜集中开发风电，按照确定的土地利用系数测算，蒙古可进行风能集中式开发的面积约 71.1 万 km^2，占比 45.4%。

专栏 2-4 表 2　蒙古主要地面覆盖物分析结果

单位：万 km^2

国土总面积	河流湖泊面积	陆地面积								
		总计	森林	灌丛	草本植被	耕地	湿地沼泽	裸露地表	城市	冰雪
156.65	1.54	155.11	8.70	0.47	84.95	1.34	0.40	59.17	0.07	0.01

蒙古地震发生频率不高，历史地震发生频率高的地区主要位于北部部分地区。风电开发应规避主要地层断裂带、地震带及地震高发区域。蒙古岩层分布以混合沉积岩、松散沉积岩、酸性深成岩和硅碎屑沉积岩为主。

蒙古人口320万，人口密度超过3.5万/km²的人口密集地区主要集中在首都乌兰巴托及周边地区，其他地区人口密度较低，规模化开发风电一般应远离人口密集地区。

2. 评估结果

根据测算，蒙古陆地风能资源理论蕴藏量25465TWh/a；集中式开发的技术可开发量2756GW，年发电量6730TWh，平均利用小时数2442（容量因子0.28）。蒙古南部和东部地区风能装机条件好，部分平原地区的装机能力可以达到5MW/km²，全国风电技术可开发量与开发成本分布示意图如专栏2-4图1所示。

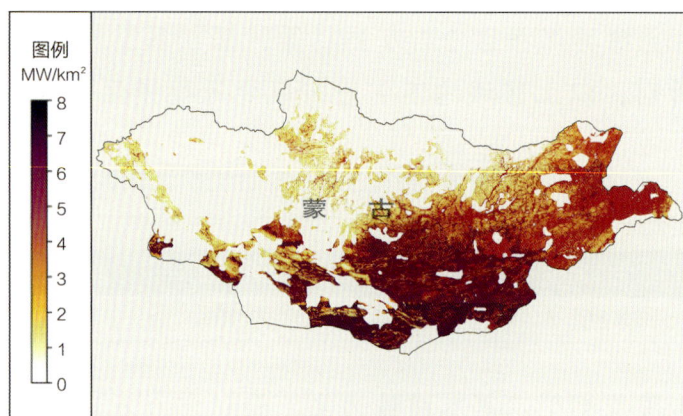

（a）技术可开发量分布

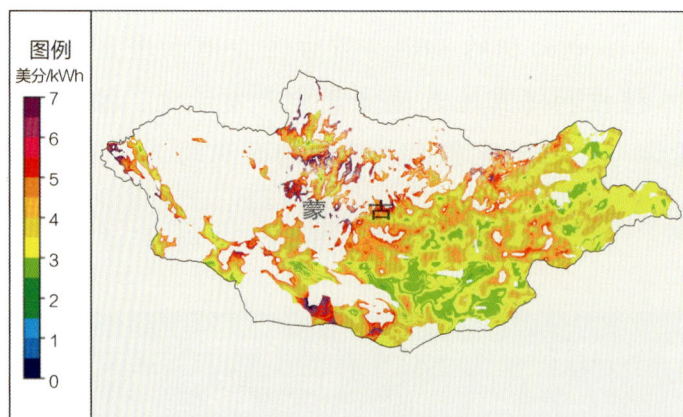

（b）开发成本分布

专栏2-4图1　蒙古风电技术可开发量以及开发成本分布示意图

根据测算，蒙古陆地风电的平均开发成本为3.57美分/kWh，其中开发条件最好的地区，开发成本低至2.25美分/kWh。蒙古适合风电大规模经济开发的区域主要分布于南部及东部。

专栏 2-5 　　　　　　　　　　**阿曼风能资源**

阿曼地处西亚，国土总面积约 30.95 万 km^2。根据测算，境内最高海拔高度 2924.5m，最大地形坡度 61.8°。

阿曼风能资源较好，距地面 100m 高度全年风速范围为 2.4～8.5m/s，全国平均风速 5.5m/s。全年风速大于 6m/s 的区域主要分布在东部及南部沿海地区，北部部分地区年平均风速低于 3.5m/s，资源相对较差。

1. 主要限制性因素

阿曼境内设有不同类型的自然保护区，主要为自然资源类保护区 8033km^2，保护区总面积 8035km^2，具体见下表所列，以上区域均不宜进行风资源规模化开发。

专栏 2-5 表 1　阿曼主要保护区面积测算结果

km^2

总面积	自然生态系统	野生生物	自然遗迹	自然资源	其他
8035.17	0.98	0.00	0.00	8032.99	1.18

阿曼地物覆盖类型以裸露地表为主，面积 30.0 万 km^2，占总陆地面积的 97.4%；灌丛面积 0.5 万 km^2，占总陆地面积的 1.5%；耕地面积 0.2 万 km^2，占总陆地面积的 0.5%。阿曼主要地面覆盖物分析结果见专栏 2-5 表 2。灌丛、草本植被和裸露地表适宜集中开发风电，按照确定的土地利用系数测算，阿曼可进行风能集中式开发的面积约 21.68 万 km^2，占比 70.0%。

专栏 2-5 表 2　阿曼主要地面覆盖物分析结果

万 km^2

国土总面积	河流面积	陆地面积								
		总计	森林	灌丛	草本植被	耕地	湿地沼泽	裸露地表	城市	冰雪
30.95	0.01	30.81	0.03	0.47	0.02	0.17	0.01	30.0	0.12	0.00

阿曼全境几乎没有发生过地震，风电开发应规避分布在北部的主要地层断裂带。阿曼岩层分布以混合沉积岩、硅碎屑沉积岩、松散沉积岩和碳酸盐沉积岩为主。

阿曼人口 483 万，人口密度超过 3.5 万 /km^2 的人口密集地区主要集中在北部沿海地区，其他区域人口密度较低，规模化开发风电一般应远离人口密集地区。

2. 评估结果

根据测算，阿曼陆地风能资源理论蕴藏量 4736TWh/a；集中式开发的技术可开发量 1005GW，年发电量 2422TWh，平均利用小时数 2410（容量因子 0.28）。阿曼东部及南部沿海地区风能开发条件好，部分东部和南部沿海地区的装机能力可以达到 5MW/km^2，全国风电技术可开发量以及开发成本分布图谱如专栏 2-5 图 1 所示。

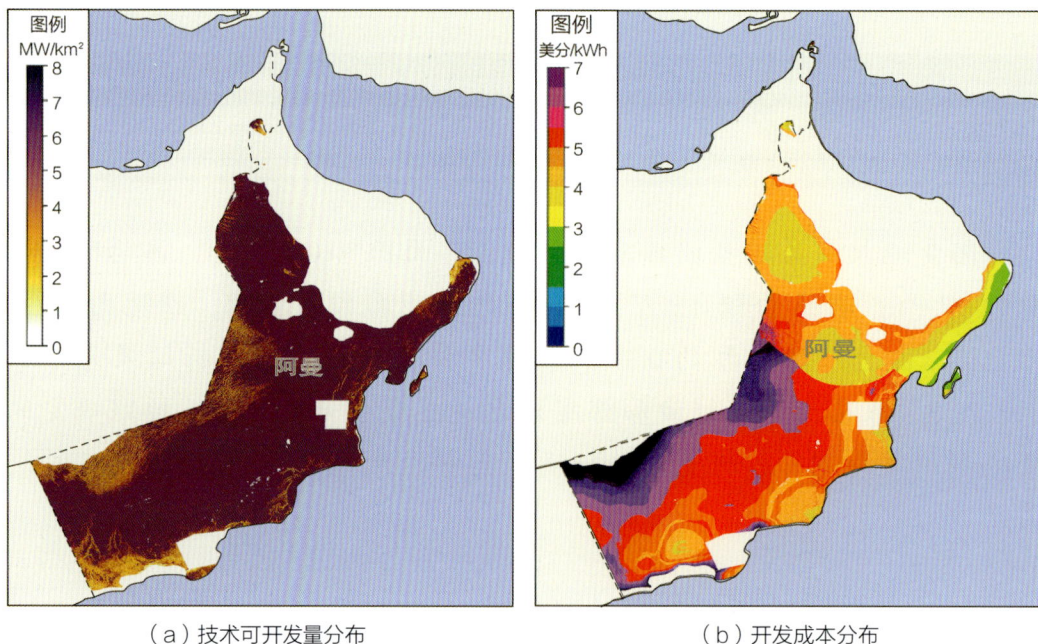

（a）技术可开发量分布　　　（b）开发成本分布

专栏 2-5 图 1　阿曼风电技术可开发量以及开发成本分布示意图

根据测算，阿曼陆地风电的平均开发成本为 4.06 美分 / kWh，其中开发条件最好的地区，开发成本低至 2.51 美分 /kWh。阿曼适合风电大规模经济开发的区域主要分布于东部及南部沿海地区。

亚洲 48 个国家和地区风能资源评估结果见表 2-8，包括理论蕴藏量、集中式开发规模以及按国别的平均开发成本。其中，技术可开发量的评估结果是按照报告 2.1.3 给定的评估参数计算获得，是满足集中式开发条件区域的装机容量，并不包含低风速和部分可采用分散式开发的树林与耕地区域的风电装机规模。

表 2-8 亚洲 48 个国家和地区风能资源评估结果

序号	国家	理论蕴藏量（TWh/a）	集中式开发规模（GW）	年发电量（TWh/a）	可利用小时数	可利用面积比例（%）	平均开发成本（美分 /kWh）
1	中国	140452.8	5627.1	14274.1	2537	15.75	3.51
2	朝鲜	1806.3	8.9	20.7	2323	3.71	3.51
3	韩国	1686.1	3.3	7.7	2322	1.79	3.45
4	蒙古	25464.7	2755.9	6730.4	2442	45.38	3.57
5	日本	7728.8	17.1	41.5	2432	2.02	3.42
6	越南	3281.1	6.7	15.9	2371	0.96	3.4
7	老挝	1572.3	2.2	5.0	2245	0.30	3.58
8	柬埔寨	1197.3	0.3	0.6	2227	0.06	3.59
9	缅甸	2538.0	1.1	2.5	2218	0.04	3.59
10	泰国	3562.6	2.4	5.0	2050	0.13	3.89
11	马来西亚	582.1	0.1	0.2	1788	0.01	5.03
12	文莱	10.8	0.0	0.0	0	0	—
13	新加坡	2.5	0.0	0.0	0	0	—
14	印度尼西亚	4481.2	10.0	22.5	2239	0.12	5.59
15	东帝汶	64.4	0.0	0.1	1924	0.12	6.99
16	菲律宾	2816.5	8.0	19.8	2473	0.98	3.38
17	印度	25735.0	383.9	846.5	2205	3.10	3.77
18	尼泊尔	563.1	0.0	0.0	0	0	—
19	不丹	79.6	0.0	0.0	0	0	—
20	孟加拉国	1005.9	0.5	1.0	1897	0.07	4.2
21	斯里兰卡	1187.0	5.8	17.3	2995	1.87	2.72
22	马尔代夫	0.3	0.0	0.0	0	0	—
23	巴基斯坦	9204.1	539.8	1306.1	2420	18.59	3.84
24	阿富汗	8438.7	581.5	1613.0	2774	22.17	3.16

续表

序号	国家	理论蕴藏量（TWh/a）	集中式开发规模（GW）	年发电量（TWh/a）	可利用小时数	可利用面积比例（%）	平均开发成本（美分/kWh）
25	哈萨克斯坦	54081.2	6928.0	19095.4	2756	53.83	3.17
26	乌兹别克斯坦	8053.7	1298.6	3679.5	2833	60.35	3.24
27	土库曼斯坦	11198.2	1557.4	4166.4	2675	68.13	3.23
28	吉尔吉斯斯坦	1451.9	11.0	22.5	2041	4.58	4.41
29	塔吉克斯坦	1455.3	4.9	10.7	2170	1.60	3.82
30	伊朗	21033.4	1356.2	3232.3	2383	23.91	3.56
31	格鲁吉亚	523.7	0.8	1.6	1988	0.78	4.52
32	阿塞拜疆	1829.5	11.6	30.1	2595	4.92	3.38
33	亚美尼亚	171.5	0.0	0.1	1948	0.10	4.2
34	伊拉克	7644.5	1357.0	3492.2	2574	63.04	3.3
35	科威特	457.7	61.0	185.7	3044	68.64	2.65
36	沙特阿拉伯	27141.5	6263.7	14161.7	2261	62.03	4.07
37	巴林	14.4	1.5	4.4	2834	41.43	2.78
38	卡塔尔	229.2	41.6	111.6	2681	72.89	3
39	阿拉伯联合酋长国	1009.0	189.1	414.3	2191	50.05	3.66
40	阿曼	4735.7	1005.0	2422.3	2410	70.05	4.06
41	也门	5181.8	642.0	1507.3	2348	29.70	5.19
42	叙利亚	3122.5	438.6	1083.1	2469	51.56	3.25
43	黎巴嫩	106.9	0.2	0.5	1874	1.43	4.34
44	约旦	1289.5	266.5	594.8	2231	65.90	3.74
45	塞浦路斯	96.4	0.5	1.0	2041	2.69	4.13
46	巴勒斯坦	56.1	0.5	0.9	1821	3.51	4.5
47	以色列	207.3	2.2	4.3	1970	85.01	4.15
48	土耳其	7034.6	57.1	125.3	2196	4.07	3.76
附1	埃及（亚）	873.6	91.6	209.2	2284	45.84	3.51
附2	俄罗斯（亚）	192868.5	5775.5	14435.3	2499	16.11	4.67
	总计[1]	594991.3	37316.9	93922.0	2517[2]	21.39[3]	3.57[4]

注： 1　亚洲总计数据包含俄罗斯、埃及领土的亚洲部分的评估结果，不包含土耳其、阿塞拜疆、哈萨克斯坦领土欧洲部分的评估结果；

2　亚洲风电利用小时数为洲内年总发电量与总技术可开发量的比值；

3　亚洲风电可利用面积比例为洲内总可利用面积与全洲总面积的比值；

4　亚洲风电平均开发成本为洲内各国家平均开发成本及其年发电量的加权平均值。

　　具体来看，亚洲有近 30 个国家和地区基本不具备集中式风电开发条件。其中印度、孟加拉国、缅甸、泰国、越南等国家主要因为耕地覆盖原因，集中式风电开发条件差；印度尼西亚、马来西亚、老挝等国家，主要因为森林覆盖原因，集中式风电开发条件差；马尔代夫、文莱、新加坡等国家，国土面积小且风速低，集中式风电开发条件差。上述国家和地区宜结合具体情况采用分散式开发利用低风速资源。经测算评估，印度、孟加拉国、缅甸、日本等国的分散式风电开发规模分别为 917.4、27.4、28.3GW 和 73.8GW，远超其集中式开发的规模。亚洲适宜分散式开发风能资源国家的评估结果见表 2-9。

表 2-9　亚洲适宜分散式开发风能资源国家的评估结果

序号	国家	分散式开发规模（GW）	年发电量（TWh/a）	可利用面积比例（%）
1	印度	917.4	1461.9	6.7
2	孟加拉国	27.4	43.3	3.7
3	缅甸	28.3	42.0	1.0
4	泰国	116.3	200.9	4.8
5	越南	77.4	146.6	6.5
6	日本	73.8	157.4	8.0
7	韩国	25.0	51.5	10.6
总计		1265.6	2103.6	5.8

2.3 风电基地开发

2.3.1 开发现状

近十年来亚洲风电装机开始增长较快，2018 年总装机规模达到 229.2GW，亚洲历年风电总装机容量如图 2-12（a）所示 [1]。

其中，中国、印度、日本和韩国风电装机容量较大，分别为 185.4、35.3、3.7GW 和 1.4GW，发电量分别为 366000、61205、12348GWh 和 2465GWh，具体情况见表 2-10[2]。图 2-12（b）给出了亚洲主要国家历年风电装机容量。由图可知，2010—2018 年，中国和印度的风电装机容量增长较快。中国的甘肃酒泉风电基地装机容量大，截至 2019 年年底，该风电基地装机容量达到 9250MW。印度的大型风电场有 Thimmapuram Wind Farm，装机容量 200MW。

根据 IRENA 统计，2010—2018 年，亚洲风电加权平均的初投资水平下降加快，中国的风电加权平均初投资从 1400 美元 / kW 降至 1170 美元 / kW，其他国家的风电加权平均初投资从 2500 美元 / kW 降至 2237 美元 / kW。中国的风电加权平均度电成本从 7 美分 /kWh 降至 5 美分 / kWh，其他国家的风电加权平均度电成本从 11.5 美分 /kWh 降至 10.5 美分 / kWh[3]。

表 2-10 2018 年亚洲主要国家风电开发情况

国家	风电装机容量（MW）	风电发电量（GWh）
中国	185378	366000
印度	35288	61205
日本	3667	12348
韩国	1420	2465

[1] 资料来源：International Renewable Energy Agency. Renewable capacity statistics 2019[R]. Abu Dhabi: IRENA, 2019.

[2] 资料来源：彭博社 . 全球装机和发电量统计 [EB/OL],2020-02-24.

[3] 资料来源：International Renewable Energy Agency. Renewable Power Cost in 2018[R]. Abu Dhabi: IRENA, 2019.

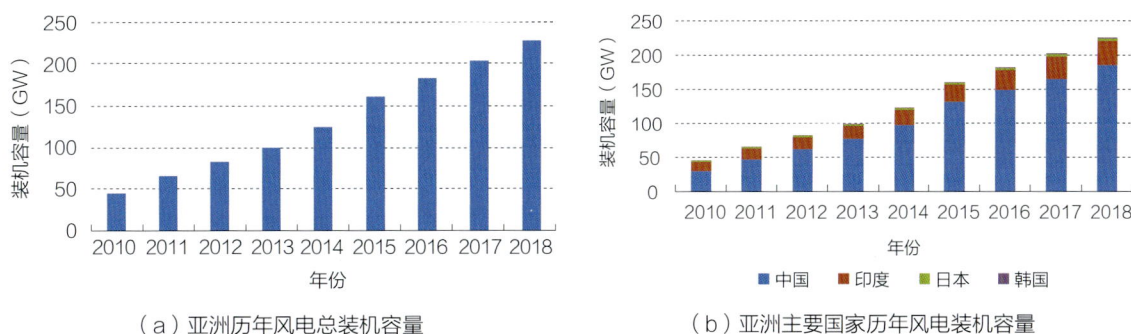

（a）亚洲历年风电总装机容量　　　　（b）亚洲主要国家历年风电装机容量

图 2-12　亚洲风电装机容量

2.3.2　基地布局

根据亚洲风能资源评估结果，综合考虑资源特性和开发条件，大型风电基地宜在技术指标高、开发成本低的区域进行布局。综合当地用电需求，根据亚洲能源互联网主要战略输电通道布局，未来在东亚开发日本稚内、日本珠洲、朝鲜吉州、韩国浦项、蒙古乔巴山、蒙古曼达勒戈壁、蒙古南德格勒尔、蒙古乔伊尔和蒙古塔班陶勒盖风电基地，2035 年开发规模可达到 45.00GW；在东南亚开发越南广义、越南平顺、越南宁顺、菲律宾班吉和菲律宾南他加禄风电基地，2035 年开发规模可达到 19.00GW；在南亚开发印度杰伊瑟尔梅尔、印度帕焦、印度拉杰果德、印度普杰、印度绍拉布尔、印度金奈、印度杜蒂戈林、斯里兰卡马纳尔、斯里兰卡贾夫纳、巴基斯坦噶罗、巴基斯坦金皮尔和巴基斯坦俾路支风电基地，2035 年开发规模可达到 150.30GW；在中亚开发哈萨克斯坦阿特劳、哈萨克斯坦曼吉斯套、哈萨克斯坦卡拉干达、哈萨克斯坦江布尔和哈萨克斯坦图尔克斯坦风电基地，2035 年开发规模可达到 23.00GW；在西亚开发沙特达曼、阿曼拉卡比、阿曼拉斯马德拉卡、卡塔尔古韦里耶、也门塔伊兹、叙利亚阿勒颇、伊朗比尔詹德和阿富汗赫拉特风电基地，2035 年开发规模可达到 51.10GW。未来中国开发新疆阿勒泰、甘肃酒泉、内蒙古阿拉善、吉林白城、河北坝上等 21 个风电基地，2035 年开发规模可达 577GW。

报告基于数字化选址模型和软件，对上述除中国外的 39 个风电基地的开发条件、装机规模、工程设想、发电特性和投资水平进行了研究，提出了初步开发方案。39 个风电基地的总装机规模约 288.40GW，年发电量 874.45TWh/a。根据远景规划，未来开发总规模有望超过 600GW。按照 2035 年亚洲陆上和海上风电造价预测成果，基于项目基本情况进行投资估算，亚洲风电基地总投资约 2862.34 亿美元，陆上风电基地的度电成本为 1.98~3.85 美分 / kWh，海上风电基地的度电成本为 4.01~7.40 美分 / kWh。

亚洲大型风电基地总体布局示意图见图 2-13。

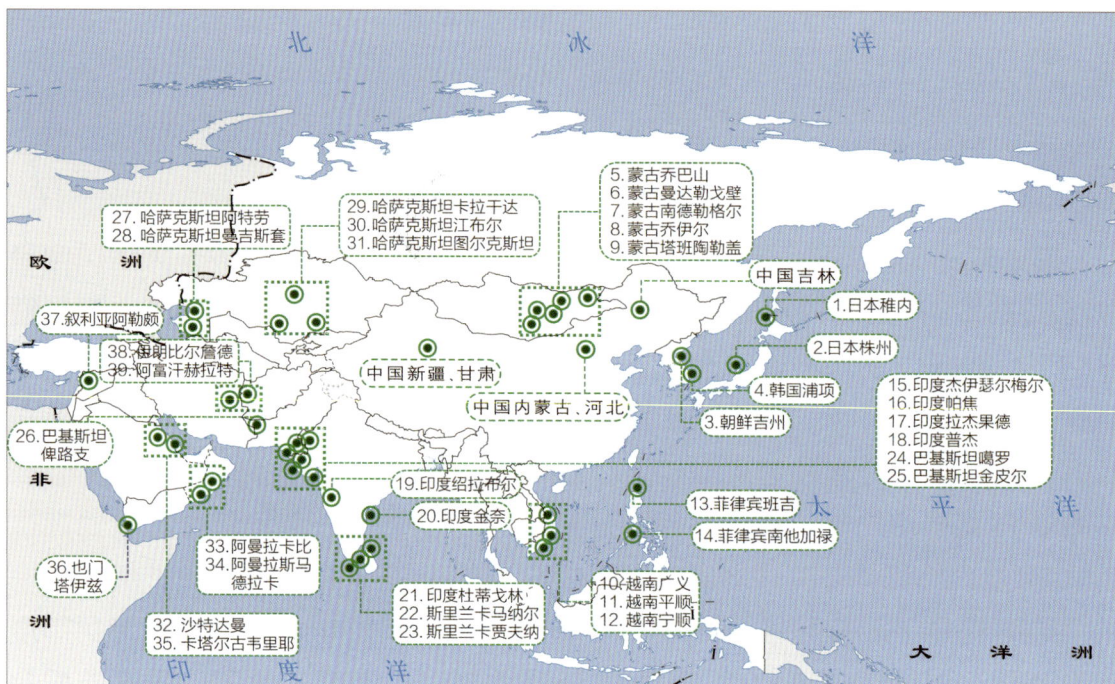

图 2-13　亚洲大型风电基地布局示意图

2.3.3　基地概述

报告提出的亚洲 39 个大型风电基地选址的总体情况如下。

1. 日本稚内（Wakkanai）海上风电基地

基地位于日本北部的宗谷海峡（Soya-kaikyo）海域，年平均风速 8.52m/s，主导风向 SW。基地占地面积 801.35km^2，海深小于 50m，离岸距离 10km。基地选址避让了保护区、主要航道等，可装机利用率为 100%。按照初步开发方案，基地装机容量 4.0GW，年发电量 15409GWh；项目总投资 60.74 亿美元（6074 百万美元），综合度电成本 5.48 美分 /kWh。

2. 日本珠洲（Suzu）海上风电基地

基地位于日本北部的日本海（Sea of Japan）海域，年平均风速 8.52m/s，主导风向 SW。基地占地面积 602.04km^2，海深小于 50m，离岸距离 10km。基地选址避让了保护区、主要航道等，可装机利用率为 100%。按照初步开发方案，基地装机容量 3.0GW，年发电量 9485GWh；项目总投资 44.52 亿美元（4452 百万美元），综合度电成本 6.53 美分 /kWh。

3. 朝鲜吉州（Kilchu）海上风电基地

基地位于朝鲜东部的日本海海域，年平均风速 6.76m/s，主导风向 W。基地占地面积 803.21km^2，海深小于 50m，离岸距离 10km。基地选址避让了保护区、主要航道等，可装机利用率为 100%。按照初步开发方案，基地装机容量 3.0GW，年发电量 11825GWh；项目总投资 54.42 亿美元（5442 百万美元），综合度电成本 6.40 美分 /kWh。

4. 韩国浦项（Pohang）海上风电基地

基地位于韩国东部的日本海海域，年平均风速 7.25m/s，主导风向 WNW。基地占地面积 1209.29km^2，海深小于 50m，离岸距离 10km。基地选址避让了保护区、主要航道等，可装机利用率为 99.21%。按照初步开发方案，基地装机容量 6.0GW，年发电量 19069GWh；项目总投资 86.36 亿美元（8636 百万美元），综合度电成本 6.65 美分 /kWh。

5. 蒙古乔巴山（Choybalsan）海上风电基地

基地位于蒙古东方省（Dornod）东北部，年平均风速 6.35m/s，主导风向 WNW。基地占地面积 256.11km^2，海拔高程范围 752~870m，主要地形为高原平地和丘陵。基地选址避让了保护区，考虑地面覆盖物、地形坡度等因素影响，可装机面积 206.10km^2，利用率 80.47%。按照初步开发方案，基地装机容量 0.99GW，年发电量 2781GWh；项目总投资 7.02 亿美元（702 百万美元），综合度电成本 2.89 美分 /kWh。

6. 蒙古曼达勒戈壁（Mandalgovi）海上风电基地

基地位于蒙古中戈壁省（Dundgovi）东北部，年平均风速 6.63m/s，主导风向 NNW。基地占地面积 344.77km²，海拔高程范围 1339.5~1659.5m，主要地形为高原山地。基地选址避让了保护区，考虑地面覆盖物、地形坡度等因素影响，可装机面积 294.27km²，利用率 85.35%。按照初步开发方案，基地装机容量 1.01GW，年发电量 2881GWh；项目总投资 7.05 亿美元（705 百万美元），综合度电成本 2.8 美分 /kWh。

7. 蒙古南德勒格尔（Omnodelger）海上风电基地

基地位于蒙古肯特省（Hentiy）中部，年平均风速 6.42m/s，主导风向 NW。基地占地面积 1194.57km²，海拔高程范围 1157～1589.5m，主要地形为高原山地。基地选址避让了保护区，考虑地面覆盖物、地形坡度等因素影响，可装机面积 948.64km²，利用率 79.41%。按照初步开发方案，基地装机容量 2.00GW，年发电量 5494GWh；项目总投资 15.57 亿美元（1557 百万美元），综合度电成本 3.24 美分 /kWh。

8. 蒙古乔伊尔（Choyr）海上风电基地

基地位于蒙古戈壁苏木贝尔省（Govi Sumber）东北部，年平均风速 6.27m/s，主导风向 NW。基地占地面积 5140.72km²，海拔高程范围 1154~1636.5m，主要地形为高原山地。基地选址避让了保护区，考虑地面覆盖物、地形坡度等因素影响，可装机面积 4344.44km²，利用率 84.51%。按照初步开发方案，基地装机容量 15.99GW，年发电量 41348GWh；项目总投资 114.19 亿美元（11419 百万美元），综合度电成本 3.15 美分 /kWh。

9. 蒙古塔班陶勒盖（Tavan Tolgoi）海上风电基地

基地位于蒙古南戈壁省（Omnogovi）东北部，年平均风速 7.63m/s，主导风向 WNW。基地占地面积 1898.29km²，海拔高程范围 1266~1765m，主要地形为高原山地。基地选址避让了保护区，考虑地面覆盖物、地形坡度等因素影响，可装机面积 1743.19km²，利用率 91.83%。按照初步开发方案，基地装机容量

7.97GW，年发电量26103GWh；项目总投资60.69亿美元（6069百万美元），综合度电成本2.66美分/kWh。

10.　越南广义（Quang Ngai）海上风电基地

基地位于越南东部的南海（South China Sea）海域，年平均风速6.44m/s，主导风向N。基地占地面积1002.49km²，海深小于50m，离岸距离10km。基地选址避让了保护区、主要航道等，可装机利用率为100%。按照初步开发方案，基地装机容量5.01GW，年发电量13542GWh；项目总投资67.54亿美元（6754百万美元），综合度电成本6.94美分/kWh。

11.　越南平顺（Binh Thuan）海上风电基地

基地位于越南东部的南海海域，年平均风速9.50m/s，主导风向NE。基地占地面积1007.71km²，海深小于50m，离岸距离10km。基地选址避让了保护区、主要航道等，可装机利用率为100%。按照初步开发方案，基地装机容量5.00GW，年发电量23149GWh；项目总投资66.75亿美元（6675百万美元），综合度电成本4.01美分/kWh。

12.　越南宁顺（Ninh Thuan）海上风电基地

基地位于越南东部的南海海域，年平均风速9.59m/s，主导风向NNE。基地占地面积698.43km²，海深小于100m，离岸距离10km。基地选址避让了保护区、主要航道等，可装机利用率为100%。按照初步开发方案，基地装机容量3.50GW，年发电量15962GWh；项目总投资48.82亿美元（4882百万美元），综合度电成本4.26美分/kWh。

13.　菲律宾班吉（Bangui）海上风电基地

基地位于菲律宾西北部的南海海域，年平均风速8.44m/s，主导风向ENE。基地占地面积202.67km²，海深小于150m，离岸距离10km。基地选址避让了保护区、主要航道等，可装机利用率为97.48%。按照初步开发方案，基地装机容量1.00GW，年发电量3648GWh；项目总投资15.03亿美元

（1503 百万美元），综合度电成本 5.73 美分 /kWh。

14. 菲律宾南他加禄（Southern Tagalog）海上风电基地

基地位于菲律宾塔布拉斯海峡（Tablas），年平均风速 8.20m/s，主导风向 NE。基地占地面积 1137.18km²，海深小于 150m，离岸距离 10km。基地选址避让了保护区、主要航道等，可装机利用率 79.57%。按照初步开发方案，基地装机容量 4.50GW，年发电量 17222GWh；项目总投资 64.79 亿美元（6479 百万美元），综合度电成本 5.23 美分 /kWh。

15. 印度杰伊瑟尔梅尔（Jaisalmer）海上风电基地

基地位于印度拉贾斯坦邦（Rajasthan）西部，年平均风速 5.74m/s，主导风向 SSW。基地占地面积 4864.73km²，海拔高程范围 46~217.5m，主要地形为平原和丘陵。基地选址避让了保护区，范围内没有地面覆盖物、地形坡度等影响因素，可装机土地利用率 98.8%。按照初步开发方案，基地装机容量 22.98GW，年发电量 55357GWh；项目总投资 177.28 亿美元（17728 百万美元），综合度电成本 3.66 美分 /kWh。

16. 印度帕焦（Bhachau）海上风电基地

基地位于印度西部的阿拉伯海（Arabian Sea）海域，年平均风速 6.37m/s，主导风向 WSW。基地占地面积 5194.13km²，海深小于 100m，离岸距离 10km。基地选址避让了保护区、主要航道等，可装机土地利用率 100%。按照初步开发方案，基地装机容量 25.97GW，年发电量 73646GWh；项目总投资 338.29 亿美元（33829 百万美元），综合度电成本 6.39 美分 /kWh。

17. 印度拉杰果德（Rajkot）海上风电基地

基地位于印度西部的阿拉伯海海域，年平均风速 6.78m/s，主导风向 WSW。基地占地面积 4023.4km²，海深小于 50m，离岸距离 15km。基地选址避让了保护区、主要航道等，可装机土地利用率 100%。按照初步开发方案，基地装机容量 20.12GW，年发电量 56502GWh；项目总投资 272.55 亿美元

（27255 百万美元），综合度电成本 6.71 美分 /kWh。

18.　印度普杰（Bhuj）海上风电基地

基地位于印度古吉拉特邦（Gujarat）西部，年平均风速 6.14m/s，主导风向 WSW。基地占地面积 8284.77km^2，海拔高程范围 0~382.5m，主要地形为平原和山地。基地选址避让了保护区，考虑地面覆盖物、地形坡度等因素影响，可装机面积 4467.79km^2，利用率 53.93%。按照初步开发方案，基地装机容量 20.31GW，年发电量 52287GWh；项目总投资 145.37 亿美元（14537 百万美元），综合度电成本 3.18 美分 /kWh。

19.　印度绍拉布尔（Solapur）海上风电基地

基地位于印度马哈拉施特拉邦（Maharashtra）西南部，年平均风速 5.77m/s，主导风向 W。基地占地面积 10114.02km^2，海拔高程范围 489~1068.5m，主要地形为山地。基地选址避让了保护区，考虑地面覆盖物、地形坡度等因素影响，可装机面积 4801.54km^2，利用率 47.47%。按照初步开发方案，基地装机容量 19.93GW，年发电量 44018GWh；项目总投资 148.40 亿美元（14840 百万美元），综合度电成本 3.85 美分 /kWh。

20.　印度金奈（Chennai）海上风电基地

基地位于印度东部的孟加拉湾（Bay of Bengal）海域，年平均风速 6.2m/s，主导风向 S。基地占地面积 2005.9km^2，海深小于 150m，离岸距离 13km。基地选址避让了保护区、主要航道等，可装机土地利用率 100%。按照初步开发方案，基地装机容量 10.03GW，年发电量 26590GWh；项目总投资 124.64 亿美元（12464 百万美元），综合度电成本 7.4 美分 /kWh。

21.　印度杜蒂戈林（Tuticorin）海上风电基地

基地位于印度南部的拉克代夫海（Laccadive Sea）海域，年平均风速 8.89m/s，主导风向 W。基地占地面积 2798.8km^2，海深小于 50m，离岸距离 10km。基地选址避让了保护区、主要航道等，可装机土地利用率 100%。按照初步开发方案，基地装机容量 13.99GW，年发电量 62683GWh；项目总投资 182.75 亿美元（18275 百万美元），综合度电成本 4.06 美分 /kWh。

22. 斯里兰卡马纳尔（Mannar）海上风电基地

基地位于斯里兰卡东部的马纳尔湾海域，年平均风速 8.28m/s，主导风向 SW。基地占地面积 994.86km^2，海深小于 50m，离岸距离 10km。基地选址避让了保护区、主要航道等，可装机土地利用率 100%。按照初步开发方案，基地装机容量 4.97GW，年发电量 19145GWh；项目总投资 65.53 亿美元（6553 百万美元），综合度电成本 4.76 美分 /kWh。

23. 斯里兰卡贾夫纳（Jaffna）海上风电基地

基地位于斯里兰卡北部的孟加拉湾海域，年平均风速 7.45m/s，主导风向 SW。基地占地面积 605.2km^2，海深小于 50m，离岸距离 10km。基地选址避让了保护区、主要航道等，可装机土地利用率 100%。按照初步开发方案，基地装机容量 3.03GW，年发电量 10230GWh；项目总投资 39.30 亿美元（3930 百万美元），综合度电成本 5.36 美分 /kWh。

24. 巴基斯坦噶罗（Gharo）基地

基地位于巴基斯坦信德省（Sindh）西南部，年平均风速 6.52m/s，主导风向 WSW。基地占地面积 978.9km^2，海拔高程范围 42~297.5m，主要地形为平原和山地。基地选址避让了保护区，考虑地面覆盖物、地形坡度等因素影响，可装机面积 904.67km^2，利用率 92.42%。按照初步开发方案，基地装机容量 3.97GW，年发电量 12053GWh；项目总投资 27.65 亿美元（2765 百万美元），综合度电成本 2.62 美分 /kWh。

25. 巴基斯坦金皮尔（Khairpur）基地

基地位于巴基斯坦信德省（Sindh）东部，年平均风速 5.89m/s，主导风向 SSW。基地占地面积 448.46km^2，海拔高程范围 27~74m，主要地形为平原和丘陵。基地选址避让了保护区，范围内没有地面覆盖物、地形坡度等影响因素，可装机土地利用率 96.92%。按照初步开发方案，基地装机容量 2.01GW，年发电量 5034GWh；项目总投资 15.32 亿美元（1532 百万美元），综合度电成本 3.48 美分 /kWh。

26. 巴基斯坦俾路支（Baluchistan）基地

基地位于巴基斯坦俾路支省西部，年平均风速 7.76m/s，主导风向 NNW。基地占地面积 726.26km^2，海拔高程范围 767.5~1202.5m，主要地形为高原山地。基地选址避让了保护区，范围内没有地面覆盖物、地形坡度等影响因素，可装机土地利用率 100%。按照初步开发方案，基地装机容量 2.99GW，年发电量 10051GWh；项目总投资 24.10 亿美元（2410 百万美元），综合度电成本 2.74 美分 /kWh。

27. 哈萨克斯坦阿特劳（Atyrau）基地

基地位于哈萨克斯坦阿特劳州东南部，年平均风速 7.27m/s，主导风向 ESE。基地占地面积 1531.48km^2，海拔高程范围 -3.15~ -22m，主要地形为平原。基地选址避让了保护区，考虑地面覆盖物、地形坡度等因素影响，可装机面积 1406.4km^2，利用率 91.83%。按照初步开发方案，基地装机容量 7.03GW，年发电量 23428GWh；项目总投资 50.20 亿美元（5020 百万美元），综合度电成本 2.45 美分 /kWh。

28. 哈萨克斯坦曼吉斯套（Mangghystau）基地

基地位于哈萨克斯坦曼吉斯套州中部，年平均风速 7.00m/s，主导风向 ESE。基地占地面积 1433.8km^2，海拔高程范围 219.5~324m，主要地形为平原和丘陵。基地选址避让了保护区，考虑地面覆盖物、地形坡度等因素影响，可装机面积 1199.33km^2，利用率 83.65%。按照初步开发方案，基地装机容量 5.98GW，年发电量 18245GWh；项目总投资 43.37 亿美元（4337 百万美元），综合度电成本 2.72 美分 /kWh。

29. 哈萨克斯坦卡拉干达（Qaraghandy）基地

基地位于哈萨克斯坦卡拉干达州西部，年平均风速 7.17m/s，主导风向

ESE。基地占地面积 1416.29km^2，海拔高程范围 419~1078m，主要地形为山地。基地选址避让了保护区，考虑地面覆盖物、地形坡度等因素影响，可装机面积 1084.81km^2，利用率 76.60%。按照初步开发方案，基地装机容量 4.00GW，年发电量 12413GWh；项目总投资 29.72 亿美元（2972 百万美元），综合度电成本 2.74 美分 /kWh。

30. 哈萨克斯坦江布尔（Zhambyl）基地

基地位于哈萨克斯坦江布尔州东部，年平均风速 7.61m/s，主导风向 ENE。基地占地面积 2918.32km^2，海拔高程范围 312~891m，主要地形为山地。基地选址避让了保护区，考虑地面覆盖物、地形坡度等因素影响，可装机面积 2398.15km^2，利用率 82.18%。按照初步开发方案，基地装机容量 3.00GW，年发电量 10010GWh；项目总投资 23.68 亿美元（2368 百万美元），综合度电成本 2.70 美分 /kWh。

31. 哈萨克斯坦图尔克斯坦（Turkistan）基地

基地位于哈萨克斯坦克孜勒奥尔达州（Qyzylorda）东部与图尔克斯坦州交界处，年平均风速 8.18m/s，主导风向 ENE。基地占地面积 1169.95km^2，海拔高程范围 162~801m，主要地形为山地。基地选址避让了保护区，考虑地面覆盖物、地形坡度等因素影响，可装机面积 937.87km^2，利用率 80.16%。按照初步开发方案，基地装机容量 3.00GW，年发电量 10772GWh；项目总投资 22.44 亿美元（2244 百万美元），综合度电成本 2.38 美分 /kWh。

32. 沙特达曼（Ad Dammam）基地

基地位于沙特阿拉伯东部区（Ash Sharqiyah）北部，年平均风速 6.34m/s，主导风向 NW。基地占地面积 6165.57 平方千米，海拔高程范围 -2~204m，主要地形为平原和丘陵。基地选址避让了保护区，考虑地面覆盖物、地形坡度等因素影响，可装机面积 5423.09km^2，利用率 87.96%。按照初步开发方案，基地装机容量 3.00GW，年发电量 86405GWh；项目总投资 208.98 亿美元（20898 百万美元），综合度电成本 2.76 美分 /kWh。

33.　阿曼拉卡比（Lakabi）基地

基地位于阿曼佐法尔省（Zufar）东部，年平均风速 7.93m/s，主导风向 SSW。基地占地面积 1168.69km²，海拔高程范围 47.5~231.5m，主要地形为山地。基地选址避让了保护区，范围内没有地面覆盖物、地形坡度等影响因素，可装机土地利用率 98.13%。按照初步开发方案，基地装机容量 5.00GW，年发电量 17031GWh；项目总投资 47.43 亿美元（4743 百万美元），综合度电成本 3.18 美分 /kWh。

34.　阿曼拉斯马德拉卡（Ras Madrakah）基地

基地位于阿曼中部省（Al Wusta）东南部，年平均风速 7.61m/s，主导风向 SSW。基地占地面积 407.18km²，海拔高程范围 43.5~108m，主要地形为平原。基地选址避让了保护区，范围内没有地面覆盖物、地形坡度等影响因素，可装机土地利用率 100%。按照初步开发方案，基地装机容量 2.00GW，年发电量 6740GWh；项目总投资 18.40 亿美元（1840 百万美元），综合度电成本 3.12 美分 /kWh。

35.　卡塔尔古韦里耶（Al Ghuwariyah）基地

基地位于卡塔尔古韦里耶自治市东南部，年平均风速 6.08m/s，主导风向 NNW。基地占地面积 406.25km²，海拔高程范围 22~53m，主要地形为平原。基地选址避让了保护区，范围内没有地面覆盖物、地形坡度等影响因素，可装机土地利用率 99.22%。按照初步开发方案，基地装机容量 2.00GW，年发电量 5364GWh；项目总投资 53.64 亿美元（5364 百万美元），综合度电成本 3.11 美分 /kWh。

36.　也门塔伊兹（Ta'izz）基地

基地位于也门塔伊兹省（Ta'izz）南部，年平均风速 8.78m/s，主导风向 SE。基地占地面积 1063.85km²，海拔高程范围 38~344.5m，主要地形为山地。基地选址避让了保护区，范围内没有地面覆盖物、地形坡度等影响因素，可装机土地利用率 98.38%。按照初步开发方案，基地装机容量 5.00GW，年发电量 20867GWh；项目总投资 36.17 亿美元（3617 百万美元），综合度电成本 1.98 美分 /kWh。

37. 叙利亚阿勒颇（Aleppo）基地

基地位于叙利亚阿勒颇省东南部，年平均风速 6.31m/s，主导风向 W。基地占地面积 198.24km²，海拔高程范围 365~424.5m，主要地形为平原。基地选址避让了保护区，范围内没有地面覆盖物、地形坡度等影响因素，可装机土地利用率 100%。按照初步开发方案，基地装机容量 1.00GW，年发电量 2874GWh；项目总投资 6.88 亿美元（688 百万美元），综合度电成本 2.74 美分 /kWh。

38. 伊朗比尔詹德（Birjand）基地

基地位于伊朗南呼罗珊省（Khorasan-e Janubi）东部，年平均风速 8.48m/s，主导风向 NNW。基地占地面积 420.72km²，海拔高程范围 640~860.5m，主要地形为高原平地和丘陵。基地选址避让了保护区，范围内没有地面覆盖物、地形坡度等影响因素，可装机土地利用率 98.26%。按照初步开发方案，基地装机容量 2.00GW，年发电量 7344GWh；项目总投资 15.49 亿美元（1549 百万美元），综合度电成本 2.41 美分 /kWh。

39. 阿富汗赫拉特（Herat）基地

基地位于阿富汗赫拉特省西部，年平均风速 9.57m/s，主导风向 NNE。基地占地面积 1134.13km²，海拔高程范围 599~1501.5m，主要地形为高原山地。基地选址避让了保护区，考虑地面覆盖物、地形坡度等因素影响，可装机面积 1069.70km²，利用率 94.32%。按照初步开发方案，基地装机容量 4.00GW，年发电量 17441GWh；项目总投资 31.27 亿美元（3127 百万美元），综合度电成本 2.05 美分 /kWh。

各大型风电基地主要技术经济指标见表 2-11。

表 2-11 亚洲主要大型风电基地技术经济指标

序号	基地名称	国家	占地面积（km²）	主要地形	年均风速（m/s）	装机容量（GW）	年发电量（GWh）	总投资（亿美元）	度电成本（美分/kWh）
1	稚内	日本	801	海洋	8.52	4	15409	60.74	5.48
2	珠洲	日本	602	海洋	7.18	3	9485	44.52	6.53
3	吉州	朝鲜	803	海洋	6.76	4	11825	54.42	6.40
4	浦项	韩国	1209	海洋	7.25	6	19069	86.36	6.65
5	乔巴山	蒙古	256	高原平地和丘陵	6.35	1	2781	7.02	2.89
6	曼达勒戈壁	蒙古	345	高原山地	6.63	1	2881	7.05	2.80
7	南德格勒尔	蒙古	1195	高原山地	6.42	2	5494	15.57	3.24
8	乔伊尔	蒙古	4020	高原山地	6.27	10	41318	114.19	3.15
9	塔班陶勒盖	蒙古	1898	高原山地	7.63	8	26103	60.69	2.66
10	广义	越南	1002	海洋	6.44	5	13542	67.54	6.94
11	平顺	越南	1008	海洋	9.50	5	23149	66.75	4.01
12	宁顺	越南	698	海洋	9.59	3.5	15962	48.82	4.26
13	班吉	菲律宾	203	海洋	8.44	1	3648	15.03	5.73
14	南他加禄	菲律宾	1137	海洋	8.20	4.5	17222	64.79	5.23
15	杰伊瑟尔梅尔	印度	4865	平原和丘陵	5.74	23	55357	177.28	3.66
16	帕焦	印度	5194	海洋	6.37	26	73646	338.29	6.39
17	拉杰果德	印度	4023	海洋	6.78	20.1	56502	272.55	6.71
18	普杰	印度	8285	平原和山地	6.14	20.3	52287	145.37	3.18
19	绍拉布尔	印度	10114	山地	5.77	19.9	44018	148.40	3.85
20	金奈	印度	2006	海洋	6.20	10	26590	124.64	7.40
21	杜蒂戈林	印度	2799	海洋	8.89	14	62683	182.75	4.06
22	马纳尔	斯里兰卡	995	海洋	8.28	5	19145	65.53	4.76
23	贾夫纳	斯里兰卡	605	海洋	7.45	3	10230	39.30	5.36
24	噶罗	巴基斯坦	979	平原和山地	6.52	4	12053	27.65	2.62
25	金皮尔	巴基斯坦	448	平原和丘陵	5.89	2	5034	15.32	3.48
26	俾路支	巴基斯坦	726	高原山地	7.76	3	10051	24.10	2.74
27	阿特劳	哈萨克斯坦	1531	平原	7.27	7	23428	50.20	2.45
28	曼吉斯套	哈萨克斯坦	1434	平原和丘陵	7.00	6	18245	43.37	2.72
29	卡拉干达	哈萨克斯坦	1416	山地	7.17	4	12413	29.72	2.74
30	江布尔	哈萨克斯坦	2918	山地	7.61	3	10010	23.68	2.70

续表

序号	基地名称	国家	占地面积（km²）	主要地形	年均风速（m/s）	装机容量（GW）	年发电量（GWh）	总投资（亿美元）	度电成本（美分/kWh）
31	图尔克斯坦	哈萨克斯坦	1170	山地	8.18	3	10772	22.44	2.38
32	达曼	沙特阿拉伯	6166	平原和丘陵	6.34	30.1	86405	208.98	2.76
33	拉卡比	阿曼	1169	山地	7.93	5	17031	47.43	3.18
34	拉斯马德拉卡	阿曼	407	平原	7.73	2	6740	18.40	3.12
35	古韦里耶	卡塔尔	406	平原	6.08	2	5364	53.64	3.11
36	塔伊兹	也门	1064	山地	8.78	5	20867	36.17	1.98
37	阿勒颇	叙利亚	198	平原	6.31	1	2874	6.88	2.74
38	比尔詹德	伊朗	421	高原平地和丘陵	8.48	2	7344	15.49	2.41
39	赫拉特	阿富汗	1134	高原山地	9.57	4	17441	31.27	2.05
合计			—	—	—	288.4	874448	2862.34	—

2.3.4　基地选址研究

报告给出了蒙古塔班陶勒盖和阿富汗赫拉特 2 个风电基地选址研究的详细结果，可供项目开发研究参考。

2.3.4.1　蒙古塔班陶勒盖风电基地

1. 主要开发条件分析

风资源条件。塔班陶勒盖（Tavan Tolgoi）风电基地位于蒙古（Mongolia）南戈壁省（Omnogovi）东北部，距地面 100m 高度的全年平均风速范围 7.3~7.87m/s，综合平均风速 7.63m/s，区域主导风向 WNW，总体资源条件优越，适宜进行风能资源的规模化开发。风速图谱如图 2-14 所示。

地形地貌。区域地处蒙古南部高原，西临戈壁阿尔泰山（Govi Altai），南距中蒙边境 160km。区域内的海拔高程范围 1266~1765m，最大坡度 6.3°，地形较为平坦，适宜开发大型风电基地。

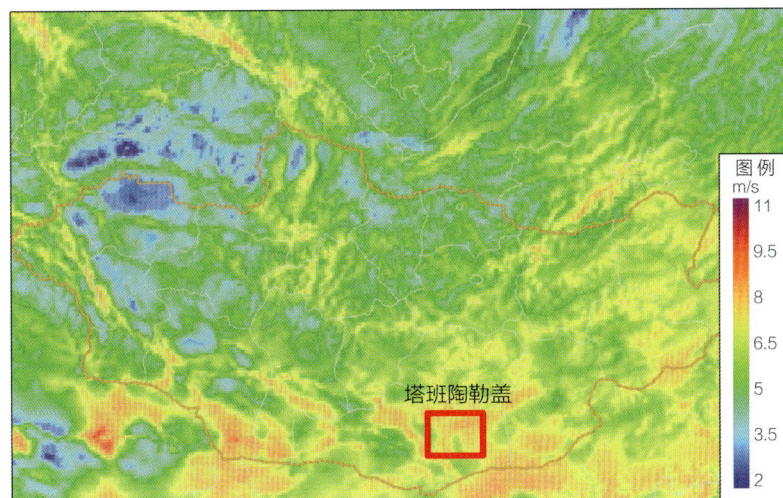

图2-14 塔班陶勒盖风电基地风速分布示意图

主要限制性因素。 塔班陶勒盖风电基地位于蒙古南部高原，占地总面积1898.29km²，选址及其周边主要限制因素分布的示意图如图2-15所示。区域内地物覆盖类型主要为裸露地表和草本植被。区域内无自然保护区等限制性因素，选址主要避让北部50km和西部120km处的自然保护区。交通设施方面，西部115km处有Dalan zadgad机场，基地内有公路通过。电网方面，南部85km处有1条110kV交流输电通道，西北20km、西南28km和东南55km处各有1条规划的220kV交流输电通道，接入电网条件较好。

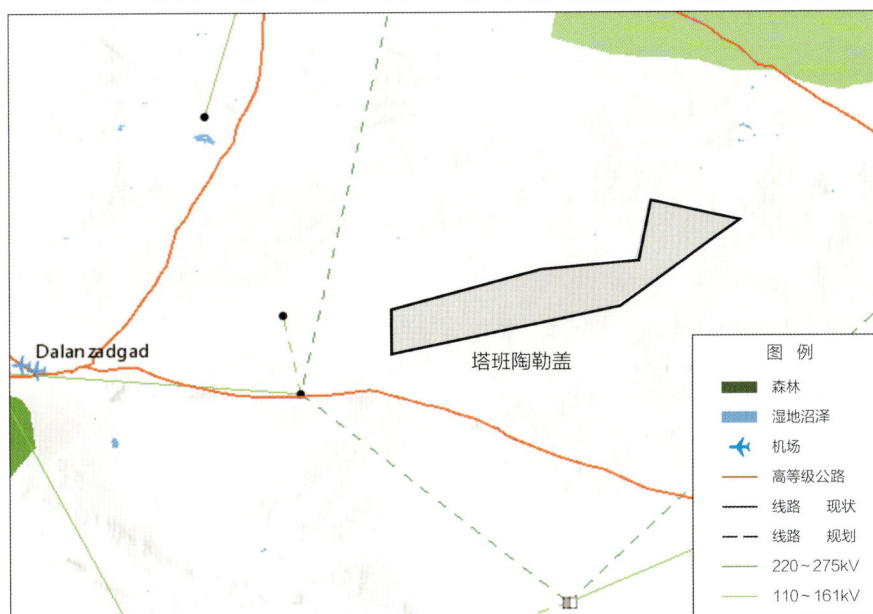

图2-15 塔班陶勒盖风电基地选址示意图

基地范围内酸性深成岩和混合沉积岩主要发育，西部和北部10km处接触断层和裂谷分布，距离最近的存在历史地震记录的地区约128km，地质结构稳定，如图2-16所示。区域内无大型城镇等人类活动密集区，距离最近人口密集区域（3.5万／km²）超过310km，距离基地最近的大型城市为达兰扎德嘎德（Dalan zadgad）。

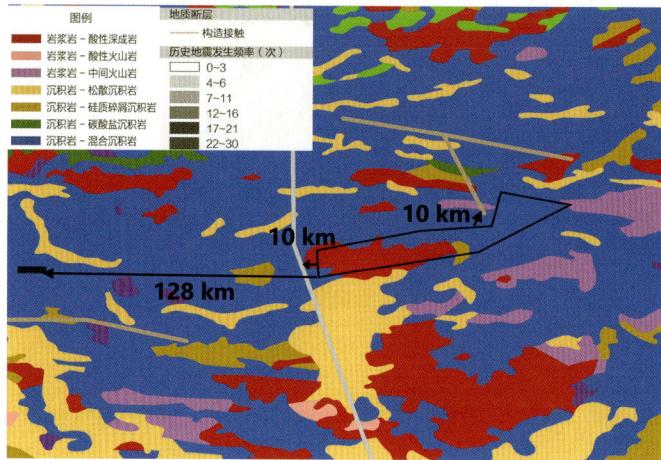

图 2-16 塔班陶勒盖风电基地岩层分布及地质情况示意图

2. 开发规模与资源特性

经测算，基地风能资源理论蕴藏总量为 136.9TWh/a。装机容量 7.97GW，年发电量 26103GWh，利用小时数 3274。基地风能年发电量的地理区域分布示意如图 2-17（a）所示，基地西部地形起伏相对较大，装机密度低于平地地区；基地 8760 逐小时出力系数热力分布如图 2-17（b）所示，其横坐标代表 24 小时，纵坐标代表 365 天，反映了 8760 小时风电出力随时间变化的规律。

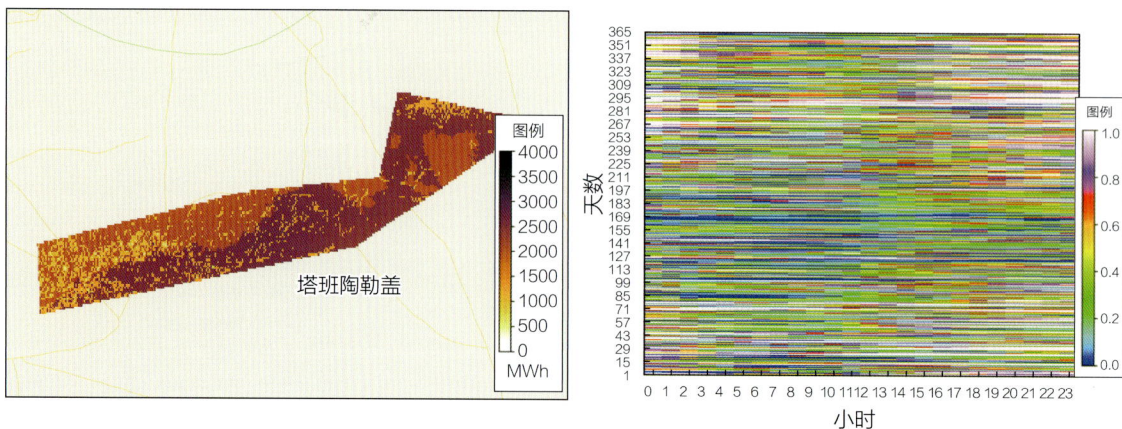

（a）年发电量分布　　　　　　　　　（b）8760 逐小时出力系数热力分布

图 2-17　塔班陶勒盖风电基地年发电量分布和 8760 逐小时出力系数热力分布图

选择代表点对基地发电特性进行分析。基地的风向玫瑰图和风速威布尔分布图如图 2-18 所示，风速和风功率的典型日变化和年变化曲线如图 2-19 所示，对应风能发电出力的典型日变化和年变化曲线如图 2-20 所示。从风频分布来看，主要风速分布集中在 6~8m/s。从日变化来看，大风时段主要集中在 19—24 点（世界标准时间，下同。折算到蒙古当地时间为 3—8 点），中风速时段从 1—2 点和 14—18 点，小风时段主要集中在 3—13 点。从月度变化来看，10 月—次年 5 月风速大，发电能力强，6—9 月风速小，发电能力低。

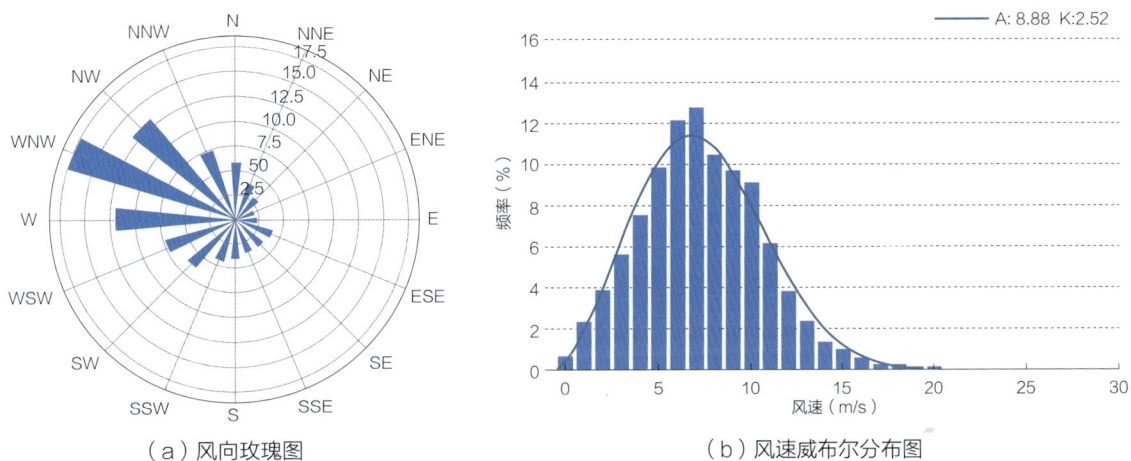

（a）风向玫瑰图　　　　　（b）风速威布尔分布图

图 2-18　塔班陶勒盖风电基地风向玫瑰图和风速威布尔分布图

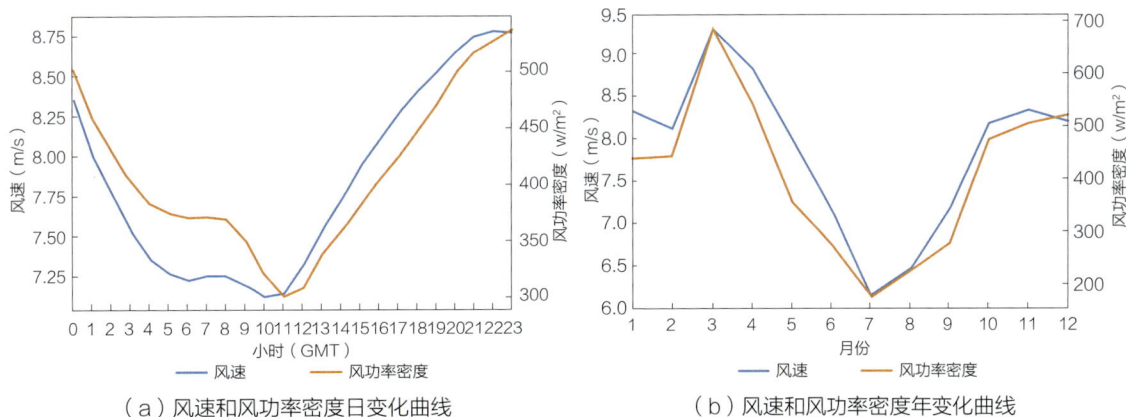

（a）风速和风功率密度日变化曲线　　　　（b）风速和风功率密度年变化曲线

图 2-19　塔班陶勒盖风电基地风速和风功率密度的典型日变化和年变化曲线

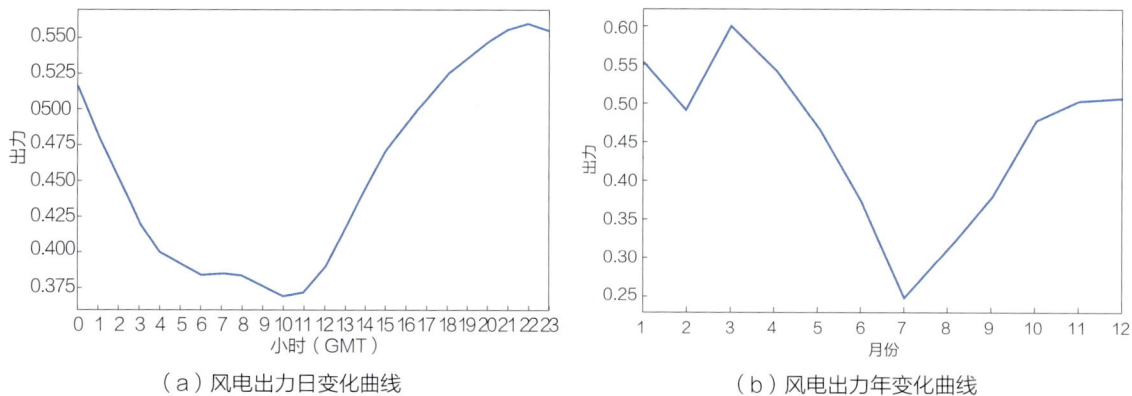

（a）风电出力日变化曲线　　　　　　（b）风电出力年变化曲线

图 2-20　塔班陶勒盖风电基地典型日出力和年出力曲线

3. 工程设想与经济性分析

基地装机容量 7.97GW，暂按单机容量 3.0MW、叶轮直径 140m 的风机开展风机排布研究。综合考虑风向和地形等条件，并基于中国大型风电场设计经验及相关风机排布原则，采用风电基地宏观选址规划数字化方法，开展风机自动排布。风机排布采用不等间距、梅花型布机方式，即每 2 行（沿主风能方向）分别采用 7、10.5 倍叶轮直径不等间距布置，每 6 行设置一 2.5km 风速恢复带；行内间距（垂直主风能方向）采用 3 倍叶轮直径。按此原则测算，基地内布置风机 2657 台，典型区域布置效果如图 2-21 所示。

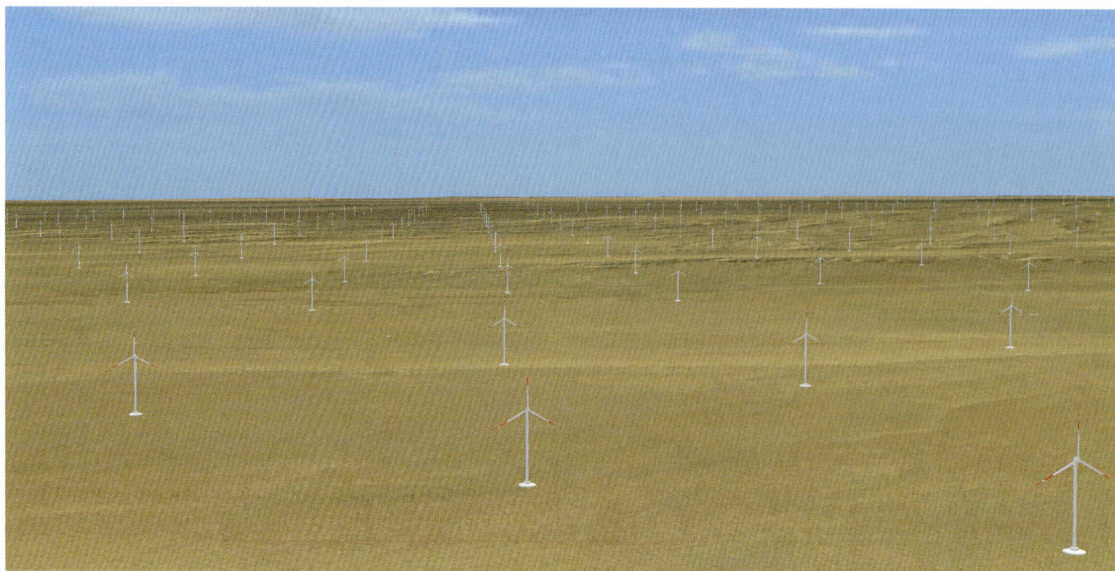

图 2-21　塔班陶勒盖风电基地部分区域风机布置示意图

按照对陆上风电技术装备 2035 年经济性水平预测，综合考虑交通和电网基础设施条件，基地总投资估算 60.69 亿美元（6069 百万美元），其中并网及交通成本 6.47 亿美元（647 百万美元）。风电基地投资匡算见表 2-12。按此测算，基地开发后平均度电成本 2.66 美分 / kWh。基于 10% 内部收益率测算的上网电价 3.72 美分 / kWh。

表 2-12　塔班陶勒盖风电基地投资匡算表

编号	项目内容	塔班陶勒盖风电基地
1	设备成本（亿美元）	39.31
2	建设成本（亿美元）	11.48
3	其他成本（亿美元）	3.43
4	并网及交通成本（亿美元）	6.47
5	单位千瓦投资（美元 /kW）	7.61

2.3.4.2　阿富汗赫拉特风电基地

1. 主要开发条件分析

风资源条件

赫拉特（Herat）风电基地位于阿富汗（Afghanistan）赫拉特省西部，距地面 100m 高度的全年平均风速范围 8.78~10.32m/s，综合平均风速 9.57m/s，区域主导风向 NNE，总体资源条件优越，适宜进行风能资源的规模化开发。风速图谱如图 2-22 所示。

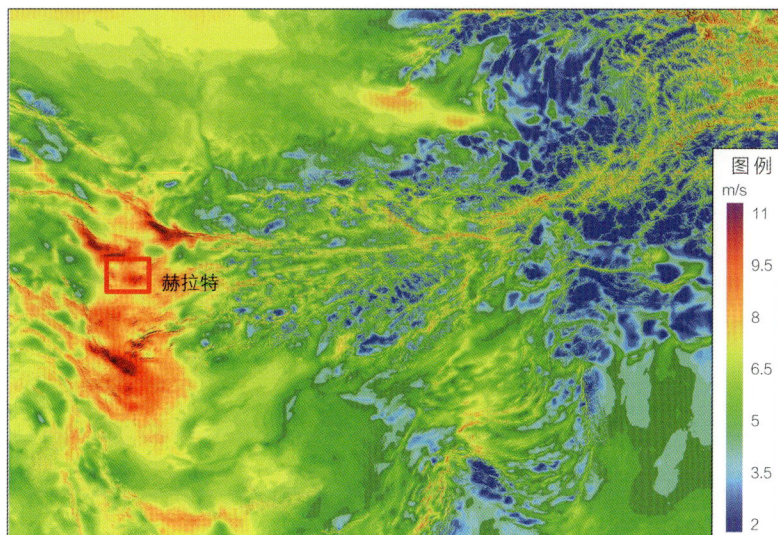

图 2-22　赫拉特风电基地风速分布示意图

地形地貌

区域地处阿富汗西部山地地带，区域内海拔高程范围为 599~1501.5m，最大坡度 24.8°，基本为山地和低矮丘陵，可以开发大型风电基地。

主要限制性因素

基地占地总面积 1134.13km^2，区域选址及其周边主要限制因素分布的示意图如图 2-23 所示。区域内地物覆盖类型主要为裸露地表和灌丛。区域内无自然保护区等限制性因素，选址主要避让西北部 10km 处的耕地。交通设施方面，西北 90km 和西南 90km 处分别有 Herat 机场和 Shindand 机场。基地内部有公路通过，交通便利。电网方面，基地北部 30km 有 1 条 110kV 交流输电通道，基地西部 15km 有 1 条 500kV 交流输电通道，接入电网条件较好。

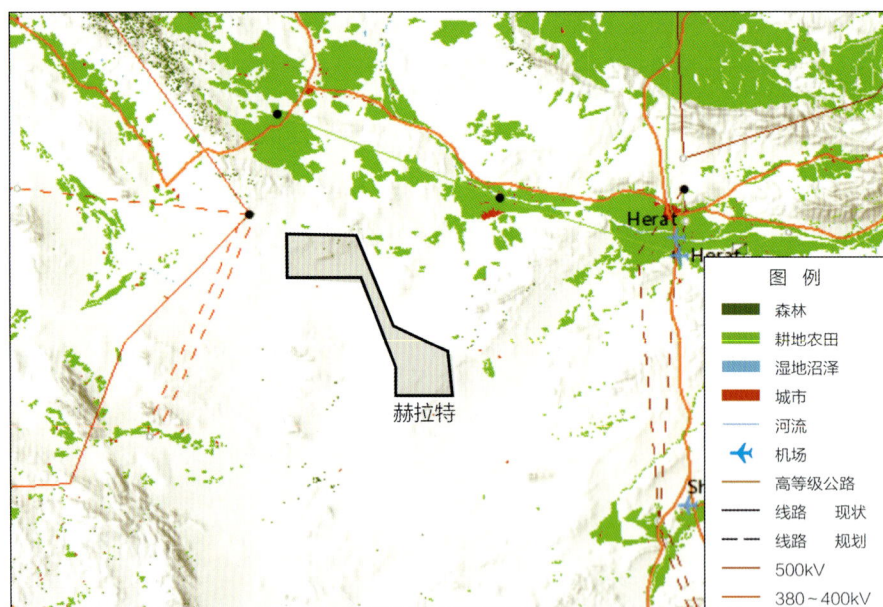

图 2-23　赫拉特风电基地选址示意图

基地范围内混合沉积岩和松散沉积岩主要发育，基地内有断层分布，距离最近的存在历史地震记录的地区约 17km，地质结构较为稳定，如图 2-24 所示。区域内无大型城镇等人类活动密集区，距离最近人口密集区域（3.5 万 / km^2）75km，距离基地最近的大型城市为赫拉特。

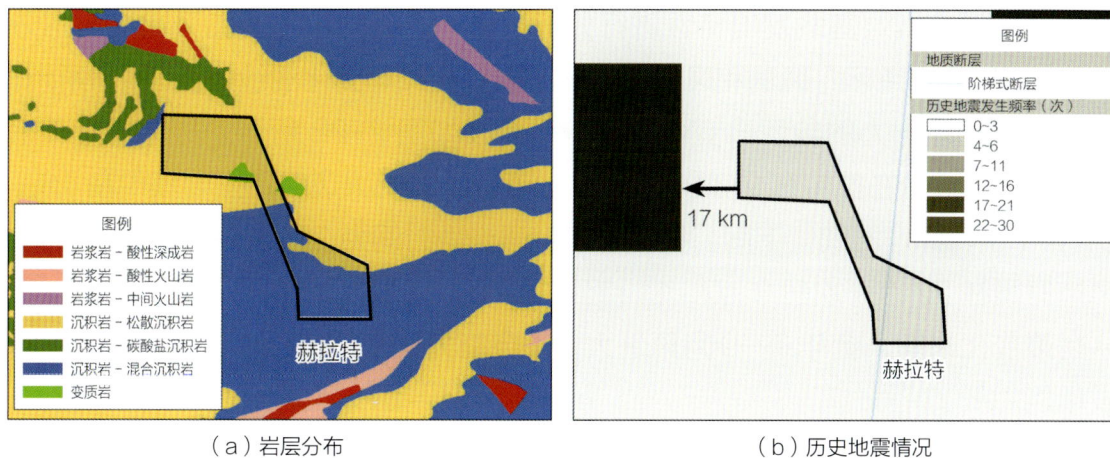

| （a）岩层分布 | （b）历史地震情况 |

图 2-24　赫拉特风电基地岩层分布及地震情况示意图

2. 开发规模与资源特性

经测算，基地风能资源理论蕴藏总量为 57.26TWh/a。装机容量 4.00GW，年发电量 17441GWh，利用小时数 4362。基地风能年发电量的地理区域分布示意如图 2-25（a）所示，基地的南、北两端地形起伏大，装机密度明显低于平地地区；基地 8760 逐小时出力系数热力分布如图 2-25（b）所示，其横坐标代表 24 小时，纵坐标代表 365 天，反映了 8760 小时风电出力随时间变化的规律。

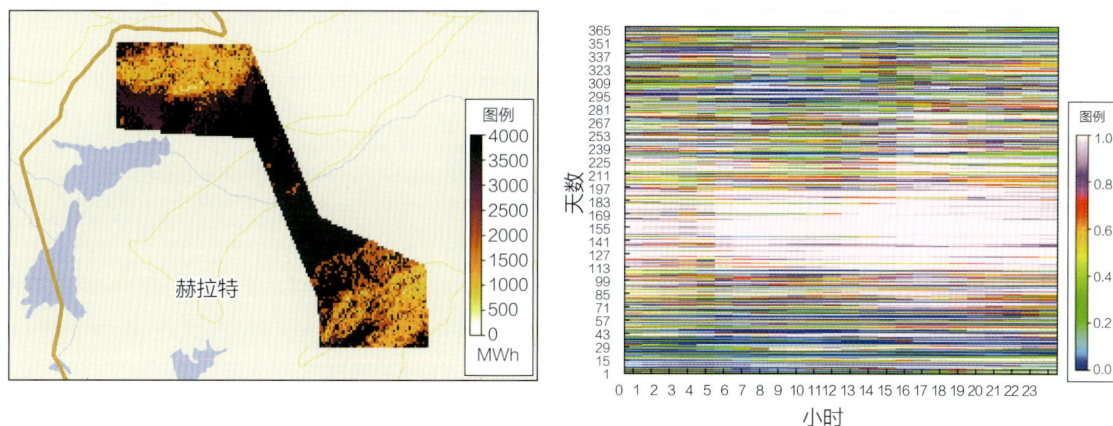

| （a）年发电量分布 | （b）8760 逐小时出力系数热力分布 |

图 2-25　赫拉特风电基地年发电量分布和 8760 逐小时出力系数热力分布图

选择代表点对基地发电特性进行分析。基地的风向玫瑰图和风速威布尔分布图如图 2-26 所示，风速和风功率的典型日变化和年变化曲线如图 2-27 所示，对应风能发电出力的典型日变化和年变化曲线如图 2-28 所示。从风频分布来看，主要风速分布集中在 9~13m/s。从日变化来看，大风时段主要集中在 16—21 点（世界标准时间，下同。折算到阿富汗当地时间为 20 点—次日 1 点），中风速时段在 22 点—次日 3 点和 11 点到 15 点，小风时段主要集中在 4—10 点。从月度变化来看，全年 6—9 月风速大，发电能力强，11 月至次年 2 月风速小，发电能力低。

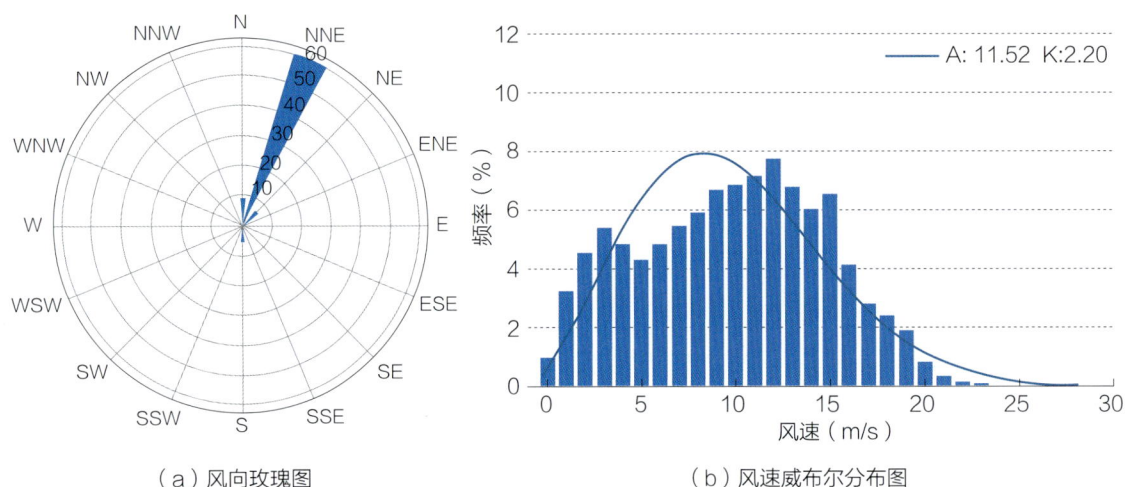

（a）风向玫瑰图 （b）风速威布尔分布图

图 2-26　赫拉特风电基地风向玫瑰图和风速威布尔分布图

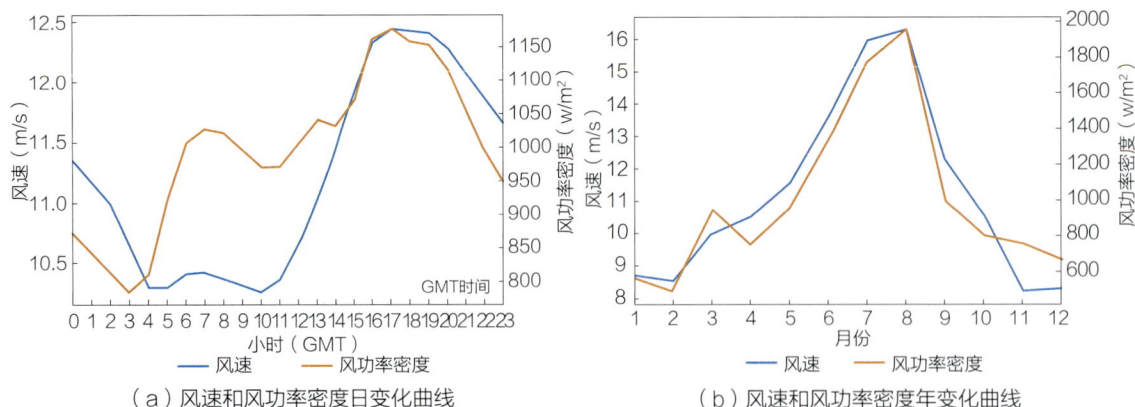

（a）风速和风功率密度日变化曲线 （b）风速和风功率密度年变化曲线

图 2-27　赫拉特风电基地风速和风功率密度的典型日变化和年变化曲线

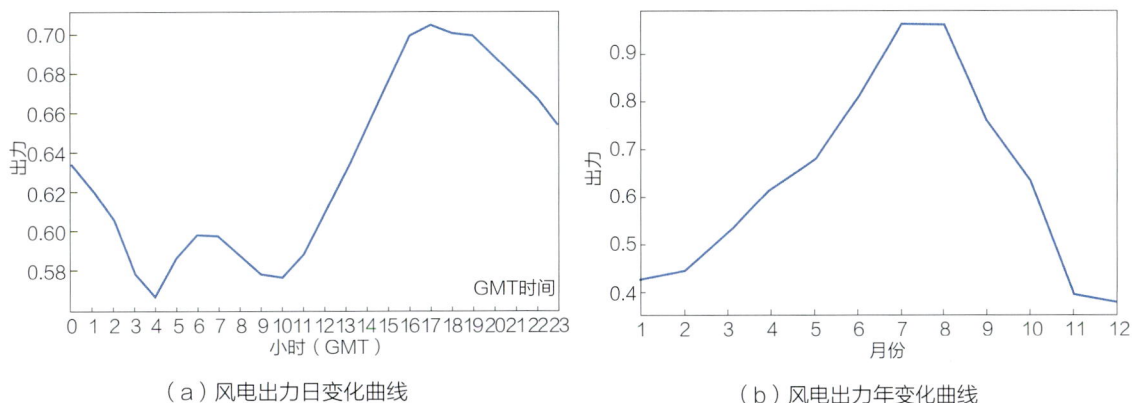

（a）风电出力日变化曲线　　　　　　　　（b）风电出力年变化曲线

图 2-28　赫拉特风电基地典型日出力和年出力曲线

3．工程设想与经济性分析

基地装机容量 4.00GW，暂按单机容量 3.0MW、叶轮直径 140m 的风机开展风机排布研究。风机排布采用不等间距、梅花型布机方式，即每 2 行（沿主风能方向）分别采用 9、14 倍叶轮直径不等间距布置，每 6 行设置一 2.7km 风速恢复带；行内间距（垂直主风能方向）采用 3.5 倍叶轮直径。按此原则测算，基地内布置风机 1334 台，典型区域布置效果如图 2-29 所示。

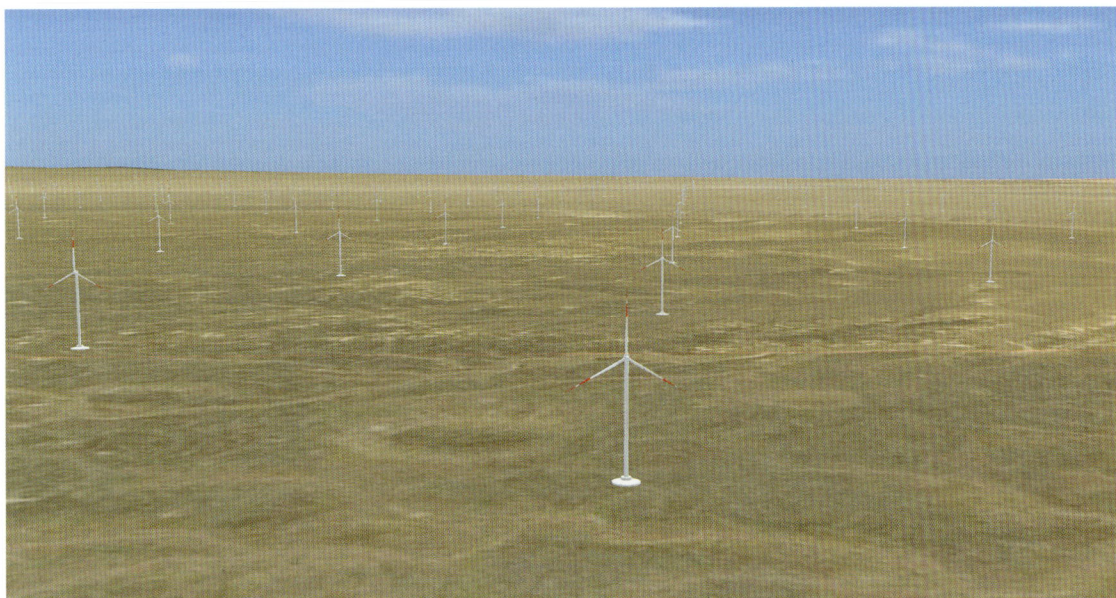

图 2-29　赫拉特风电基地部分区域风机布置示意图

按照对陆上风电技术装备 2035 年经济性水平预测，综合考虑交通和电网基础设施条件，赫拉特风电基地总投资估算 31.27 亿美元（3127 百万美元），其中并网及交通成本 4.08 亿美元（408 百万美元），投资匡算见表 2-13。按此测算，基地开发后平均度电成本 2.05 美分 / kWh。基于 10% 内部收益率测算的上网电价 2.87 美分 / kWh。

表 2-13　赫拉特风电基地投资匡算表

编号	项目内容	赫拉特风电基地
1	设备成本（亿美元）	19.71
2	建设成本（亿美元）	5.76
3	其他成本（亿美元）	1.72
4	并网及交通成本（亿美元）	4.08
5	单位千瓦投资（美元 / kW）	7.82

3 太阳能资源评估与开发

亚洲太阳能资源丰富，开发潜力巨大。报告对亚洲 48 个国家和地区进行了评估，测算得出亚洲太阳能光伏资源理论蕴藏总量约 59099.6PWh/a，适宜集中开发的装机规模约 606.0TW，主要分布在东亚的蒙古及中国北部和西部，南亚的巴基斯坦以及中亚和西亚地区，年发电量 1100.3PWh。综合考虑资源特性和开发条件，采用数字化平台，开展了蒙古乔伊尔和印度杰伊瑟尔梅尔等 38 个大型光伏基地的选址方案研究，提出了主要技术和经济性指标，总装机规模 687.8GW。研究成果将助力亚洲太阳能资源的开发和利用、提升光伏发电基础设施投资信心，推进亚洲能源清洁化发展进程。

3.1 方法与数据

太阳能是太阳以电磁波辐射形式投射到地球的能量，包括直接辐射和散射辐射。太阳能水平面总辐射量（Global Horizontal Irradiance，GHI）是指在给定时间段内水平面总辐照度的积分总和，是影响光伏发电能力的主要因素。资源评估所需基础数据主要包括资源类数据、地理信息类数据以及人类活动和经济性资料等。

报告选用理论蕴藏量、技术可开发量和经济可开发量 3 个指标开展太阳能资源的评估测算。

3.1.1 资源评估方法

太阳能光伏发电的理论蕴藏量是指评估区域内地表接收到的太阳能完全转化为电能的能量总和（不考虑发电转化效率），单位为千瓦时。光伏发电理论蕴藏量数字化评估是将选择区域内每个格点面积与该格点对应的太阳水平面总辐射量乘积并累加。

太阳能光伏技术可开发量是指在评估年份技术水平下，剔除因地形、海拔、土地利用及辐射资源水平限制后，区域内可利用面积上的装机容量总和，单位为千瓦。评估分析主要包括可用面积计算、装机面积计算、装机密度计算 3 个关键环节，评估流程如图 3-1 所示。具体上，光伏技术可开发量评估测算的关键在

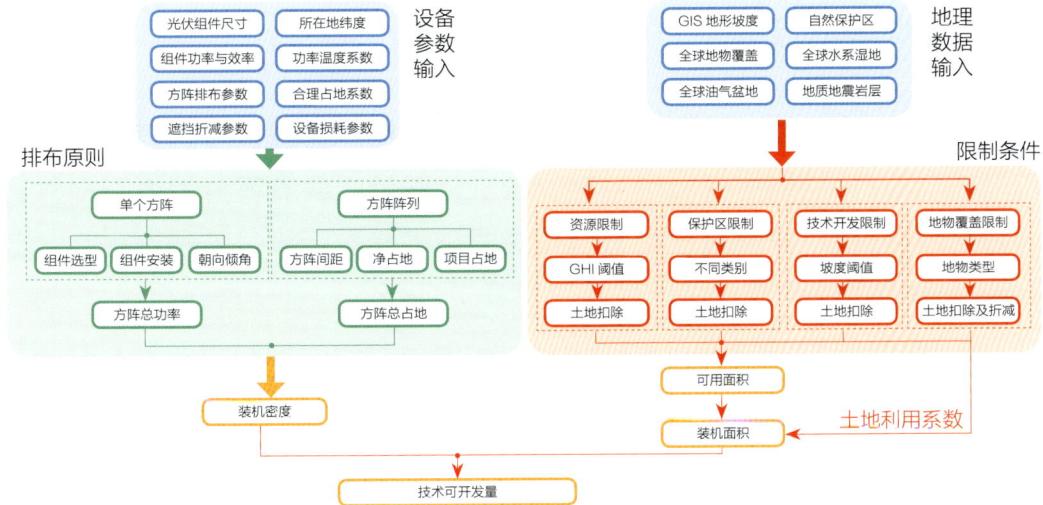

图 3-1　太阳能光伏技术可开发量评估流程

于剔除不宜开发光伏土地面积。一方面，选定区域扣除光伏不宜开发土地面积，得到光伏开发可利用面积，设定适宜开发光伏土地类型的土地利用系数，得到有效装机面积；另一方面，根据当前技术条件下光伏发电组件的设备参数和最佳排布原则，计算单位面积上的光伏发电设备排布方阵的总功率，得出装机密度。计算各格点有效装机面积与装机密度乘积的累加即为太阳能光伏技术可开发量。

在装机容量测算的基础上，考虑遮挡、设备损耗以及气温等因素造成的光伏发电出力损失，计算光伏逐小时发电功率，进而计算得到发电量。

太阳能经济可开发量是指在评估年份技术水平下，技术可开发装机中与当地平均上网电价或其他可替代电力价格相比具有竞争优势的光伏装机总量，单位为千瓦。与风电类似，光伏发电经济性评估同样采用了平准化度电成本测算法，主要包含选定待评估地区、确定技术参数、确定成本参数、确定财务参数、确定政策参数、计算度电成本、经济性判断和结果计算等 8 个主要流程，其基本框架与风电经济性评估相同，如图 2-2 所示。结合光伏发电技术特点，报告设定不同的技术参数以及成本参数，实现太阳能光伏资源经济可开发量评估。

光伏开发经济性分析中，基地的建设投资除了设备成本、建设成本（不含场外道路）、运维成本等外，与风电相似，同样需要重点计算并网成本和场外交通成本。光伏资源开发的并网成本测算方法与风电类似，如图 2-3 所示。光伏资源开发的场外交通成本采用了交通成本因子法，计算待开发格点的最短公路运距，结合不同地区场外运输道路平均单位里程成本，量化测算每个格点待开发资源量的场外交通成本影响。

3.1.2 宏观选址方法

光伏电站选址研究应贯彻统筹规划、综合平衡、合理开发的原则。与风电选址研究类似，太阳能光伏发电基地的数字化选址主要流程分为太阳辐射量计算、开发条件分析、数字化选址、电站主要技术参数计算、阵列排布、发电量与度电成本估算等，宏观选址流程图如图 3-2 所示。

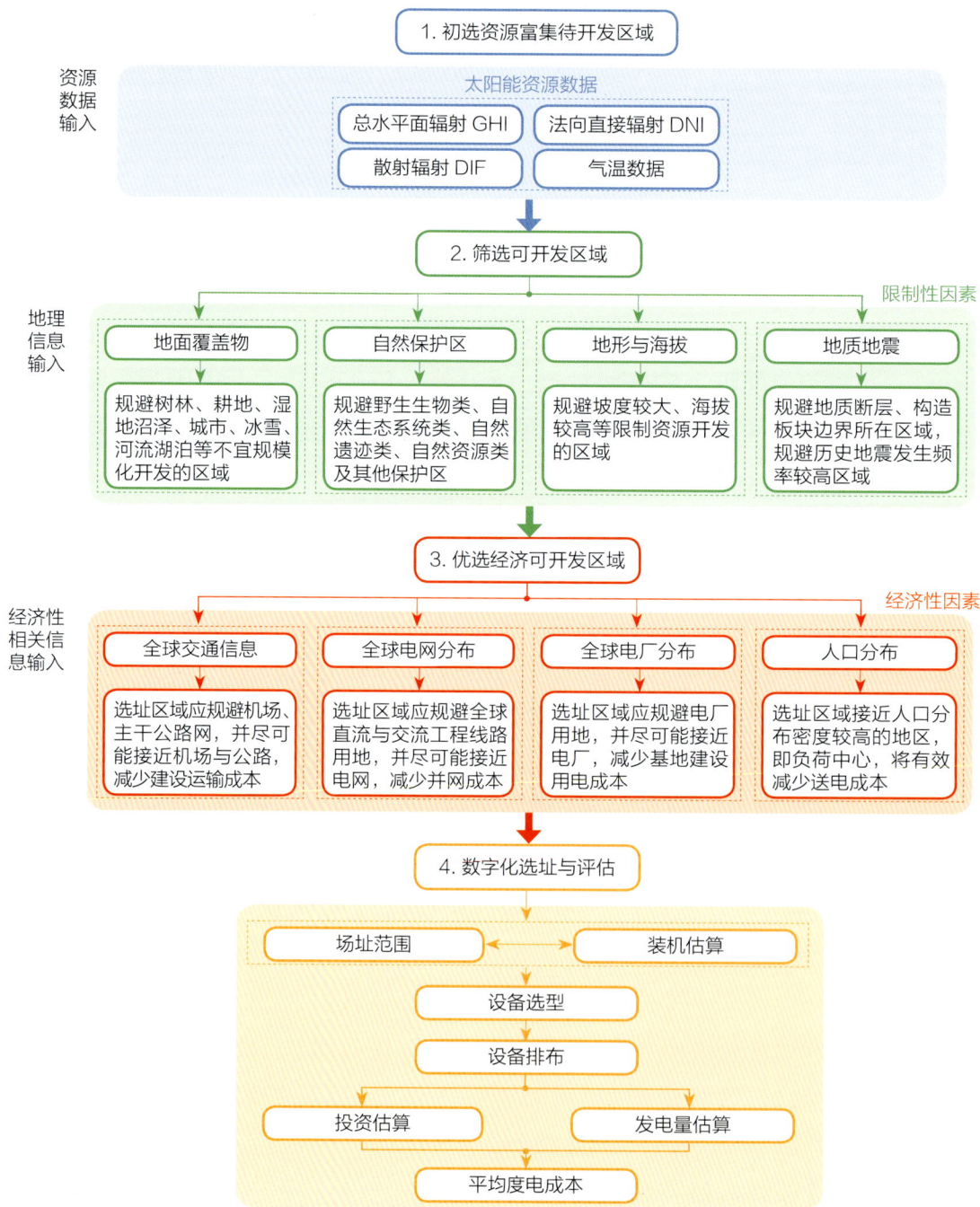

图 3-2　光伏电场宏观选址流程示意图

具体的，开展光伏选址研究需充分了解区域的太阳能资源状况，通过分析太阳能资源的时间与空间特性，寻找适宜建站的区域，再基于地理信息技术的规划方法，以地形、太阳辐射数据和地理数据为基础，利用空间分析工具筛选适宜的开发用地，详细考虑地形地貌、保护区、土地利用、林业以及工程安全等限制性因素，选取没有或较少限制性因素、工程建设条件好的区域作为选址区域。在获得可开发区域初选的基础上，根据电站设备选型计算阵列最佳倾角与间距，评估光伏发电的技术可开发量，开展光伏组件自动化排布，计算得到电站装机容量、发电量、年利用小时数、出力特性等技术参数，并结合初选场址的并网条件、外部交通条件开展经济性测算分析，获得经济可开发量评估、匡算投资以及平均度电成本。

3.1.3　基础数据与参数

3.1.3.1　基础数据

为实现数字化太阳能资源评估，报告建立了资源类、地理信息类、人类活动和经济性资料等 3 类 16 项覆盖全球范围的资源评估基础数据库。

其中，太阳能资源数据采用了 SolarGIS 计算生产的全球太阳能气象资源据[1]，包括水平面总辐射量、法向直接辐射量、温度等，时间分辨率为典型年的逐小时数据，覆盖北纬 60° 至南纬 55° 区域，空间分辨率为 9km×9km，其他的关键基础数据介绍见表 3-1。

表 3-1　全球太阳能资源和地理信息基础数据

序号	数据名称	空间分辨率	数据类型
1	全球太阳能资源数据	9km×9km	栅格数据
2	全球地面覆盖物分类信息	30m×30m	栅格数据
3	全球主要保护区分布	—	矢量数据
4	全球主要水库分布	—	矢量数据
5	全球湖泊和湿地分布	1km×1km	栅格数据
6	全球主要断层分布	—	矢量数据

---

[1] 资料来源：Solargis Solar Resource Database Description and Accuracy, 2016 October.

序号	数据名称	空间分辨率	数据类型
7	全球板块边界分布 空间范围：南纬66°－北纬87°	—	矢量数据
8	全球历史地震频度分布	5km×5km	栅格数据
9	全球主要岩层分布	—	矢量数据
10	全球地形卫星图片	0.5m×0.5m	栅格数据
11	全球地理高程数据 空间范围：南纬83°－北纬83°间陆地	30m×30m	栅格数据
12	全球海洋边界数据	—	矢量数据
13	全球人口分布	900m×900m	栅格数据
14	全球交通基础设施分布	—	矢量数据
15	全球电网地理接线图	—	矢量数据
16	全球电厂信息及地理分布	—	矢量数据

注：2~16项数据来源同表1-1。

3.1.3.2 计算参数

报告重点关注并评估亚洲范围内适宜集中式开发的太阳能光伏资源，将低辐照区域、保护区、森林、耕地和城市等区域作为不适宜集中式开发的区域排除在外；同时，报告也结合亚洲部分国家情况评估了利用耕地、城市等区域进行分布式光伏开发的潜力。

专栏 3-1　　光伏的集中式和分布式开发

在太阳能资源条件好、人口密度低、地形平坦的地区，大面积连片开发光伏资源，集中接入电网，工程的建设、运维集约化、效率高，可以显著减低工程投资，获得大规模清洁电力，有利于加快能源清洁转型。与风电开发相似，集中式光伏电站作为大型电力基础设施，建设要求高，对土地资源利用有较严格的要求，不能占用各类自然保护区、文物和风景名胜区、林地和耕地等，一般选址在草原和荒漠，或太阳能资源条件优越的丘陵，典型开发场景如下图所示。中国西北部的新疆、青海及甘肃等省份，太阳辐射强烈且可用土地资源丰富，适宜集中开发光伏电站，近十年来不断加速并快速建立和完善了光伏设计、制造、建设和运维产业链，成本显著下降。

专栏 3-1 图 1　集中式平原光伏电站

专栏 3-1 图 2　集中开发的丘陵光伏电站

分布式光伏发电，一方面由于装机规模小、占地面积小，能够采取灵活形式进行储能和供能，适宜偏远村落、海岛等电网设施欠发达的地区；另一方面，适宜于在用电负荷附近，利用工业园区开阔地带以及厂房屋顶等进行光伏发电，如下图所示，或者利用鱼塘、山地等特殊地形开展农光互补等综合光伏开发利用。分布式光伏发电不以大规模、远距离输送电力为目的，产生的清洁电力就近接入当地电网消纳。2015 年开始，中国采取了"集中"和"分散"并举的策略[1]，预计到 2020 年分布式光伏装机总量达到 100GW。

---

[1] 资料来源：2016 年 11 月国家发展改革委、国家能源局下发的《电力发展"十三五"规划》。

专栏 3-1 图 3　分布式光伏开发

1. 技术指标测算参数

结合工程建设实践，一般认为水平面年总辐射量（GHI）低于 1MWh/m²的区域，光照条件不理想，开发经济性差，不宜进行集中式光伏开发。海拔超过 4500m 的高原地区多有冰川、常年冻土等分布，影响工程建设，光伏开发技术难度大、经济性差；同时高原生态脆弱，大型工程建设后的地表植被恢复困难。地形坡度大于 30°的区域，在目前技术水平下开发难度大、经济性差，排除在开发范围外。野生生物、自然环境、风景名胜等各类保护区，森林、耕地、湿地沼泽、城市、冰雪等地面覆盖物类型的区域不宜集中式开发。对于适中式开发的灌丛、草本植被以及裸露地表等 3 种区域类型，结合光伏发电技术特点以及当前设备水平，分别设置了利用系数。具体技术指标和参数见表 3-2，按此推荐参数计算得到的结果是评估范围内适宜集中开发的光伏技术可装机规模，报告后文也简称为"技术可开发量"。

结合待评估地区具体情况，调整并设置相关参数，亦可得到当前技术水平下分布式光伏的可开发装机规模。对于耕地，考虑在田埂、鱼塘等空地合理设置少量光伏板，可以在开发利用太阳能发电的同时保证农作物光照，分布式开发的土地利用参数设置为 10%；对于城市，考虑充分利用建筑物屋顶、工业园区空地等区域，在保障城市绿化要求的前提下合理布置光伏板，分布式开发的土地利用参数设置为 25%。

表 3-2　全球太阳能资源评估模型采用的主要技术指标和参数

类型	限制因素	阈值	集中式开发参数（%）	分布式开发参数（%）
资源限制	GHI	>1MWh/m²	—	—
技术开发限制	陆地海拔	＜4500 m	—	—
保护区限制	自然生态系统	不宜开发	0	0
	野生生物类	不宜开发	0	0
	自然遗迹类	不宜开发	0	0
	自然资源类	不宜开发	0	0
	其他保护区	不宜开发	0	0
地面覆盖物限制	森林	不宜开发	0	0
	耕地	不宜开发	0	10
	湿地沼泽	不宜开发	0	0
	城市	不宜开发	0	25
	冰雪	不宜开发	0	0
	灌丛	适宜开发	50	0
	草本植被	适宜开发	80	0
	裸露地表	适宜开发	100	0
地形坡度限制	>30°	不宜开发	0	0

2. 经济性指标测算参数

　　与风电开发相似，研究同样采用平准化度电成本法建立了一种适用于光伏资源经济可开发量的计算模型，以及光伏开发投资水平预测模型。基于多元线性回归预测法与神经元网络关联度分析法，结合亚洲发展水平以及光伏技术装备与非技术类投资成本的预测结果，提出了 2035 年亚洲光伏综合初始投资的组成及其推荐取值，并给出了财务参数推荐取值，并网成本参数与风电开发相同，详情见表 3-3 和表 3-4。其中，场外交通成本按照中国工程经验，综合山地、平原、二级公路建设费用水平进行测算；并网成本参照中国超高压交流、直流输电工程造价水平进行测算。

3.1　方法与数据

表 3-3　亚洲 2035 年光伏开发初始投资组成与推荐取值

美元 / kW

序号	投资组成	总造价
1	设备及安装	364-422
1.1	设备费	262-304
1.2	安装费	102-118
2	建筑工程	6-7
3	其他	10-12
总计		380-441

表 3-4　亚洲 2035 年光伏发电经济性计算的财务参数推荐取值

序号	投资组成	集中式开发推荐取值
1	贷款年限	7 年
2	贷款比例	70%
3	贷款利率	3%
4	贴现率	4%
5	建设年限	1 年
6	运行年限	20 年
7	残值比例	0%
8	运维占比	1.1%
9	场外交通	1000 美元 / km

3.2　资源评估

太阳辐照强度、地面覆盖物、保护区分布影响区域集中开发利用太阳能的可行性，公路、电网等基础设施条件影响区域太阳能开发的经济性水平。报告基于覆盖亚洲的数据、信息，采用统一指标和参数完成了亚洲太阳能资源评估研究。

3.2.1　水平面总辐射量分布

报告采用 SolarGIS 计算生产的太阳能资源数据开展光伏资源评估测算，资源数据包括：水平面总辐射量、法向直接辐射量和温度等。亚洲蕴藏着巨大的太阳能开发潜力，其太阳能水平面总辐射量分布情况如图３３所示。南亚的巴基斯坦，西亚的阿富汗、伊朗、伊拉克、叙利亚、约旦、沙特阿拉伯、阿拉伯联合酋长国、阿曼、也门等国的太阳能资源条件优异，区域内平均年水平面总辐射量在 1900kWh/m² 以上，利于开发大型光伏基地。

> **专栏 3-2　全球太阳能资源数据**
>
> 获取一个地区太阳能资源数据最简单、最准确的方法就是利用地面辐射观测资料，然而地面观测站点数量有限且空间分布不均匀，无法完全满足太阳能资源精细化评估需求。因此，当前全球太阳能资源数据获取以基于卫星遥感资料的物理反演方法为主，并采用高质量的地面辐射观测数据对评估结果进行校准，有效提高数据时空分辨率和精确度。欧洲 GeoModel Solar 公司采用了卫星遥感数据结合辐射传输模拟方法，利用卫星遥感、GIS 地理信息技术和先进的科学算法开展太阳辐射反演模拟计算。基于卫星数据、气象模式再分析数据、地理信息数据并结合地面观测数据，建立了包含一系列高分辨率气象要素的 SolarGIS 数据库，其中，太阳辐射数据包含水平面总辐射 GHI，法向直接辐射 DNI 和散射辐射 DIF。经过对比验证，GHI 数据与地面实测数据对比的误差度在 ±4%～±8% 之间，在高空间分辨率、高品质地面测量、高时间分辨率数据处理算法等方面，该数据产品处于全球先进水平。报告采用的是 SolarGIS 公司生产的全球陆地主要太阳能资源开发区域（北纬60°—南纬55°）9km 分辨率的太阳能资源图谱及逐小时时间序列数据，该数据也是世界银行 World Bank Solar Atlas 平台的基础数据之一，在全球获得广泛应用。

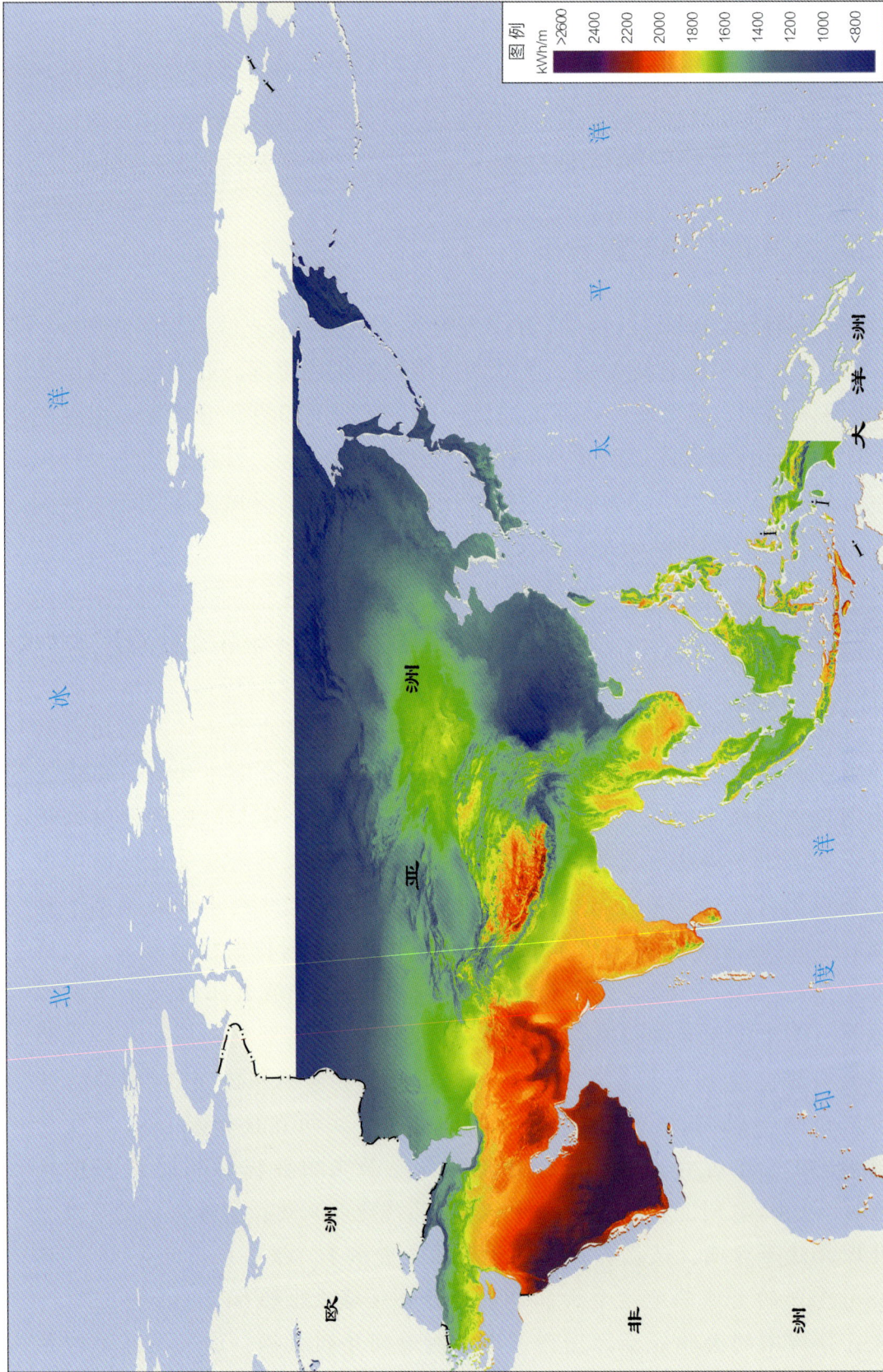

图 3-3　亚洲太阳能水平面总辐射量分布示意图

3.2.2   地面覆盖物

从适宜大规模集中开发的土地资源角度分析，草本植被、灌丛和裸露地表是适宜光伏资源开发的主要地表覆盖物，其分布情况将直接影响太阳能资源评估与开发。中亚地区位于欧亚大陆腹地，属于典型的温带大陆性气候，降水量少，太阳辐射强，蒸发旺盛，分布着广袤的草原和戈壁荒漠，主要地面覆盖物为草本植被和裸露地表，适宜建设大型光伏发电基地。西亚大部分地区属于热带沙漠气候，终年干旱，降水稀少，拥有内夫得沙漠（An Nafud）、鲁卜哈利沙漠（Rub Al Khal）等著名的沙漠，主要地面覆盖物为裸露地表，太阳能资源集中开发条件优越。图 3-4 给出了亚洲上述 3 种适宜光伏集中开发的地面覆盖物分布的情况。

3.2.3   地形分布

地形条件对光伏等新能源资源开发有较大影响，主要包括海拔高度和地形坡度两个方面。

海拔高度方面，高海拔地区大气散射作用减弱，有利于光伏发电，但是 4500m 以上高原地区多有冰川、常年冻土等分布，影响工程建设；同时高原生态脆弱，大型工程建设后的地表植被恢复困难。亚洲青藏高原地区海拔较高，大型光伏工程的建设存在一定困难。亚洲海拔高程分布如图 3-5 所示。

地形方面，地面的坡向和坡度将影响光伏发电装置布置的角度和间距，从而影响单位面积可获得的发电量。采用全球数字高程模型，对全球格点计算坡向（0—360°）和坡度（0—90°），结合格点经纬度坐标，形成光伏发电装置倾角和间距计算的重要输入参数。图 3-6 给出了亚洲地形坡度分布示意图。总体来看，坡度低于 3.5° 的平坦区域占比最大，超过总面积的 50%；坡度超过 30° 的陡峭山区分布较少，少数地区坡度超过 45°。太阳能和风能集中开发的地形条件相对较好。

专栏 3-3　　　　　　　　　亚洲的地形和地物

　　亚洲位于亚欧大陆东部，是七大洲中面积最大、人口最多的一个洲。从总体上看，亚洲的地形有两大特点：

　　一是平均海拔高，地面起伏大。山地、高原和丘陵约占亚洲总面积的 3/4，其中有 1/3 的地区海拔在 1000m 以上。全洲平均海拔约 950m，是除南极洲外世界上地势最高的大洲。亚洲拥有世界上最高的山峰——海拔 8844.43m 的珠穆朗玛峰和有"世界屋脊"之称的青藏高原；同时，又有西西伯利亚平原、恒河平原等广阔的平原和海拔最低的洼地——湖面海拔 −430.5m 的死海。

　　二是地势中部高，四周低。全洲大致以帕米尔高原为中心，一系列高大山脉向四方辐射延伸到大陆边缘。相应的，许多大江大河发源于中部的高原山地，顺地势呈放射状向四周流淌，往往蕴含着丰富的水能资源。在高原山地的外侧、河流的中下游，分布着面积广大的平原，许多平原土壤肥沃，农业发达，人口密集。

　　亚洲的地形深刻地影响了亚洲的气候和地物分布。亚洲是大陆性气候最强烈的大洲，广阔的内陆高原地区降水量低、植被稀疏，地物类型多为草本植被和裸露地表。东亚和南亚的平原地区则为季风气候，降水丰沛，适宜农业发展，恒河平原、华北平原、长江中下游平原等是人类文明的发祥地，至今仍是人口稠密和经济发达的地区，地物多为耕地和城市。东南亚地区则为热带雨林气候，印度—马来雨林群系是世界三大热带雨林之一。风、光资源的集中式开发一般需避让耕地、森林和城市地区。

图 3-4　亚洲草本植被、灌丛与裸露地表分布情况示意图

3.2　资源评估

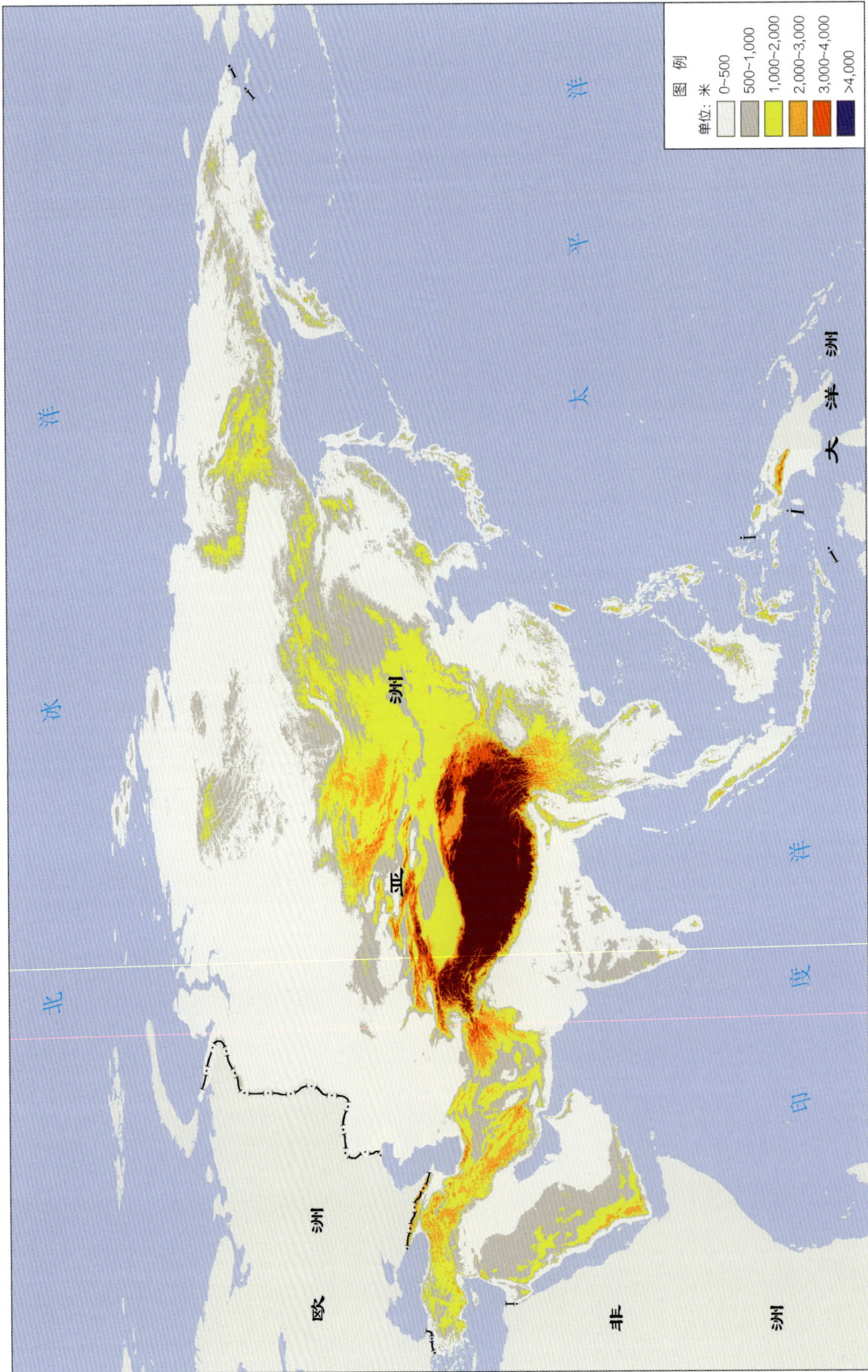

图 3-5　亚洲海拔高程分布示意图

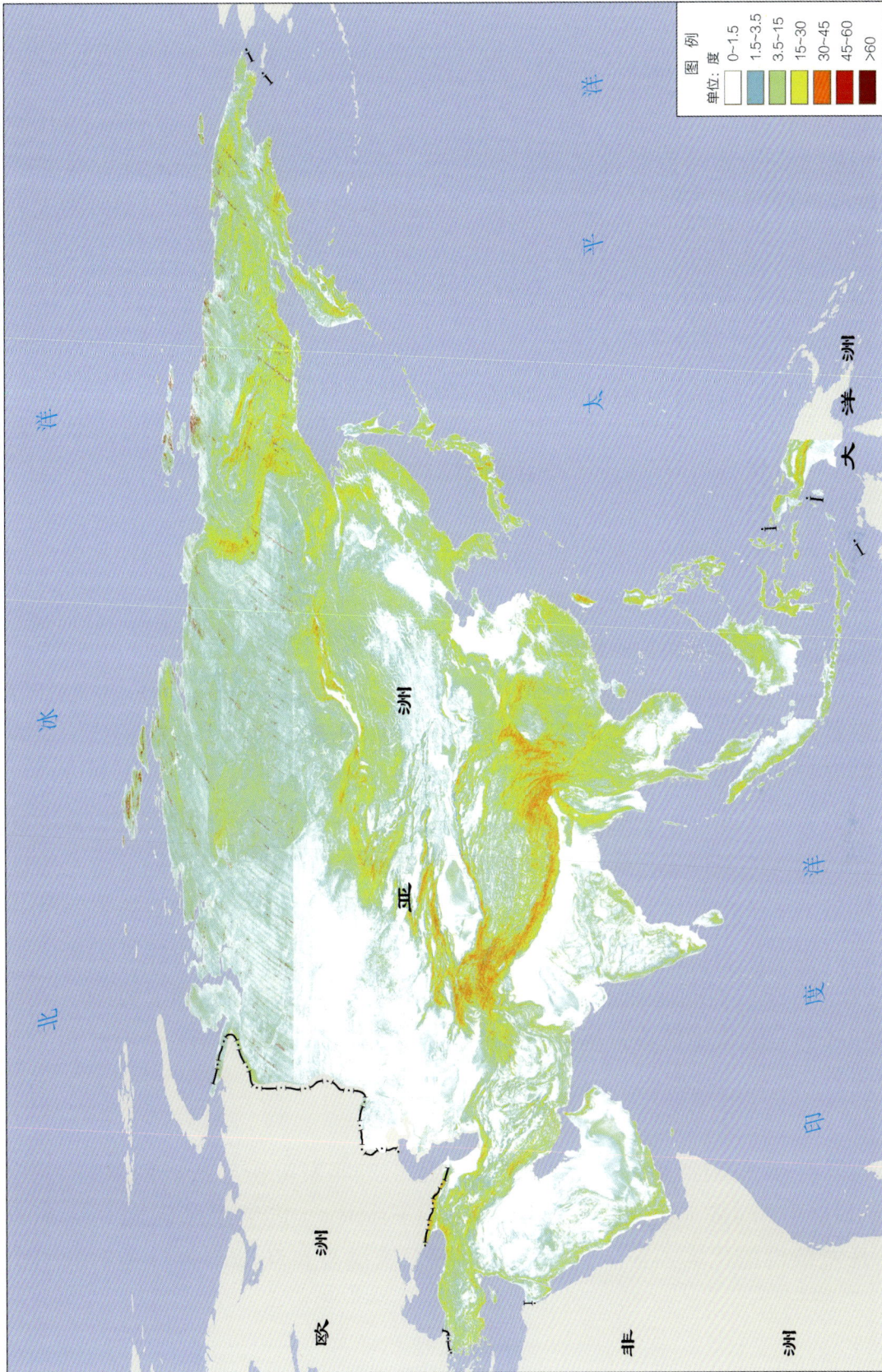

图 3-6 亚洲地形坡度分布示意图

3.2 资源评估

3.2.4 评估结果

1. 理论蕴藏量评估

根据太阳能水平面总辐射量数据测算，亚洲太阳能光伏资源理论蕴藏量59099.6PWh/a，占全球总量的28%，西亚地区是全球最具光伏资源开发潜力的区域之一。

2. 技术可开发量评估

综合考虑资源和各类技术限制条件后，经评估测算，亚洲太阳能光伏适宜集中开发的规模606.0TW，年发电量高达1100.3PWh。

从分布上看，亚洲光伏资源主要集中在东亚的蒙古及中国北部和西部，南亚的巴基斯坦以及中亚和西亚地区，中国、蒙古、哈萨克斯坦、土库曼斯坦、乌兹别克斯坦、巴基斯坦、阿富汗、伊朗、伊拉克、叙利亚、约旦、沙特阿拉伯、也门、阿曼，占全洲总量的85%以上。上述大部分地区海拔在2500m以下，主要是裸露地表、草本植被和少量灌丛，除蒙古、伊朗和沙特阿拉伯境内的保护区及海拔较高的青藏高原之外，绝大部分地区非常适合建设大型光伏基地。中国青藏高原，中亚帕米尔高原等地区海拔高，工程建设难度大，集中式开发光伏资源的条件差；南亚的印度半岛、东南亚的中南半岛和马来群岛等地虽然部分地区太阳能资源条件较好，但大部分区域有城市、耕地或热带雨林分布，无法建设集中式光伏基地。总体来看，受地形地貌、地物覆盖等因素的影响，亚洲仅35%的区域具备集中开发建设光伏基地的条件。印度、泰国、印度尼西亚等部分国家更适宜采用分布式开发模式，利用田间地头的空闲土地、城市屋顶等开发光伏资源。

与风电技术指标相似，采用单位国土面积的年发电量与装机容量的比值，即装机利用小时数（容量因子，Capacity Factor）能够反映区域光伏资源技术开发条件的优劣。亚洲光伏技术可开发区域及其利用小时分布示意图如图3-7所示。

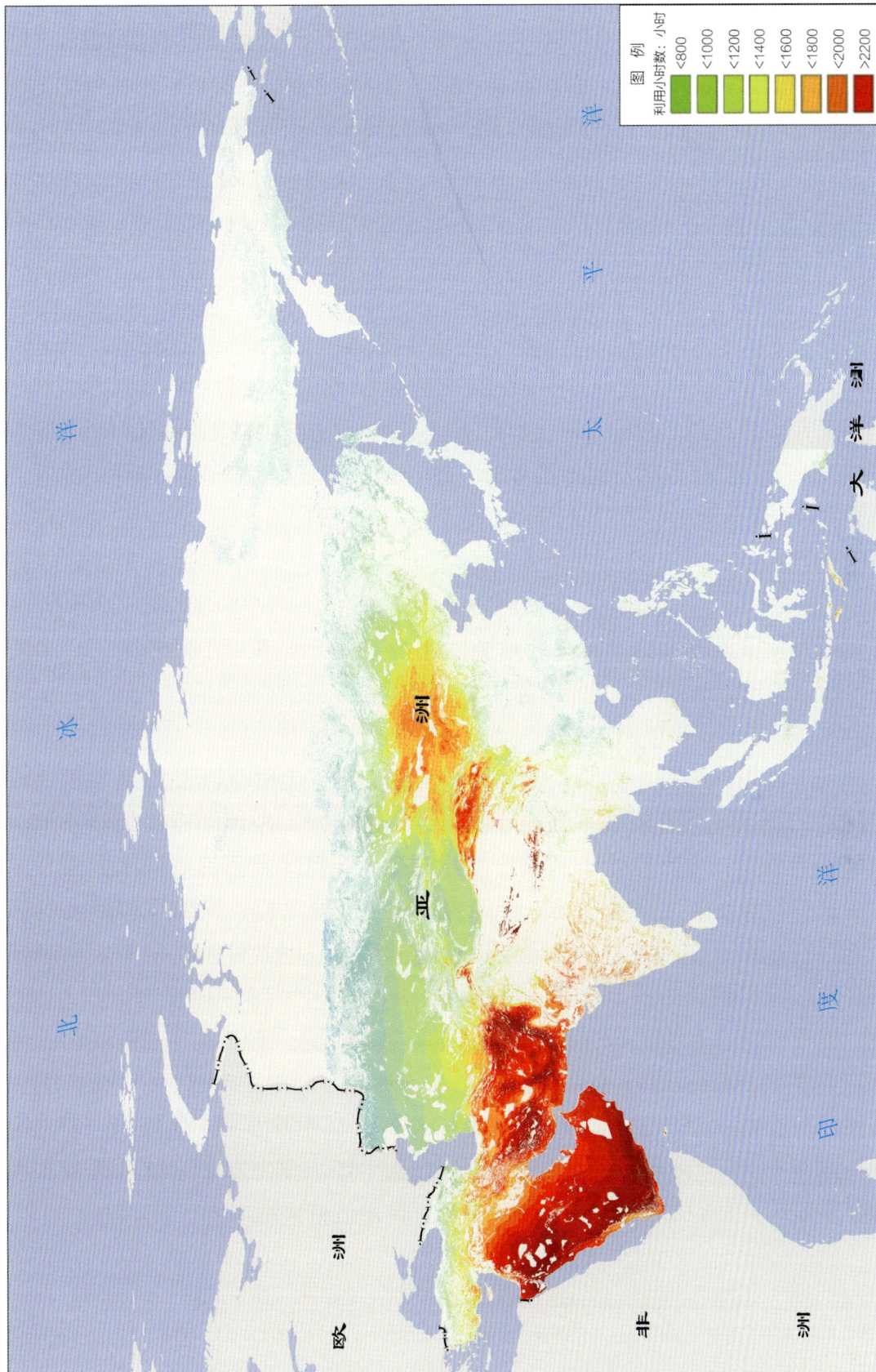

图3-7 亚洲光伏技术可开发区域及其利用小时分布示意图

从技术指标来看，全洲光伏技术可开发装机的平均利用小时约 1816 小时（平均容量因子约 0.21），其中叙利亚、伊拉克、约旦、沙特阿拉伯、也门、约旦等国全境，巴基斯坦南部、阿富汗南部、伊朗南部，光伏利用小时在 1900~2000 左右，开发条件优越，最大值出现在沙特阿拉伯西北部的泰布克（Tabuk）附近，超过 2100 小时。

3. 开发成本评估

按照对光伏技术装备 2035 年经济性水平预测，综合考虑交通和电网基础设施条件，亚洲集中式光伏的平均开发成本❶为 2.48 美分，各国的平均开发成本在 1.94~3.38 美分之间。按照当前全球约 8 美分的平均电价水平评估❷，亚洲近乎全部的技术可开发装机满足经济性要求。按照全球 3.5 美分光伏平均开发成本评估，亚洲 2035 年造价水平下的光伏经济可开发规模约 545.2TW，技术可开发量占比 90%。

亚洲光伏资源开发成本分布示意图如图 3-8 所示。东亚的蒙古南部、中国北部，南亚的巴基斯坦以及中亚和西亚的部分地区开发成本较低。

从经济性指标来看，资源条件优异，同时交通、电网基础设施条件相对较好的国家和地区光伏开发成本相对较低，经济性更好。整体而言，大部分国家和地区的最高开发成本均低于 8 美分，标志着亚洲整体具备良好的大规模开发条件。其中，蒙古、哈萨克斯坦、土库曼斯坦、阿塞拜疆、阿富汗等国家的部分区域存在极高开发成本，与其局部较差的交通及并网条件密切相关。从最经济的开发区域来看，中国、蒙古、巴基斯坦、也门、沙特阿拉伯、约旦、伊朗、阿曼、阿富汗、叙利亚、以色列、阿拉伯联合酋长国、黎巴嫩、巴勒斯坦、伊拉克、卡塔尔、巴林、科威特、塞浦路斯、土耳其、斯里兰卡等 21 个国家国光伏的最低开发成本低于 2.0 美分，开发经济性好，其中开发成本最低的出现在沙特阿拉伯泰布克（Tabuk），为 1.64 美分。从平均水平来看，阿拉伯联合酋长国的全国平均开发成本最低，为 1.94 美分，其最低开发成本为 1.84 美分。

---

❶ 亚洲集中式光伏的平均开发成本为洲内各国家平均开发成本及其年发电量的加权平均值。

❷ 可再生能源发电价格参考国际可再生能源署（IRENA）的报告：《RENEWABLE POWER GENERATION COSTS IN 2018》，燃气、燃煤和核电价格参考国际能源署（IEA）的报告：《Projected Costs of Generating Electricity》.

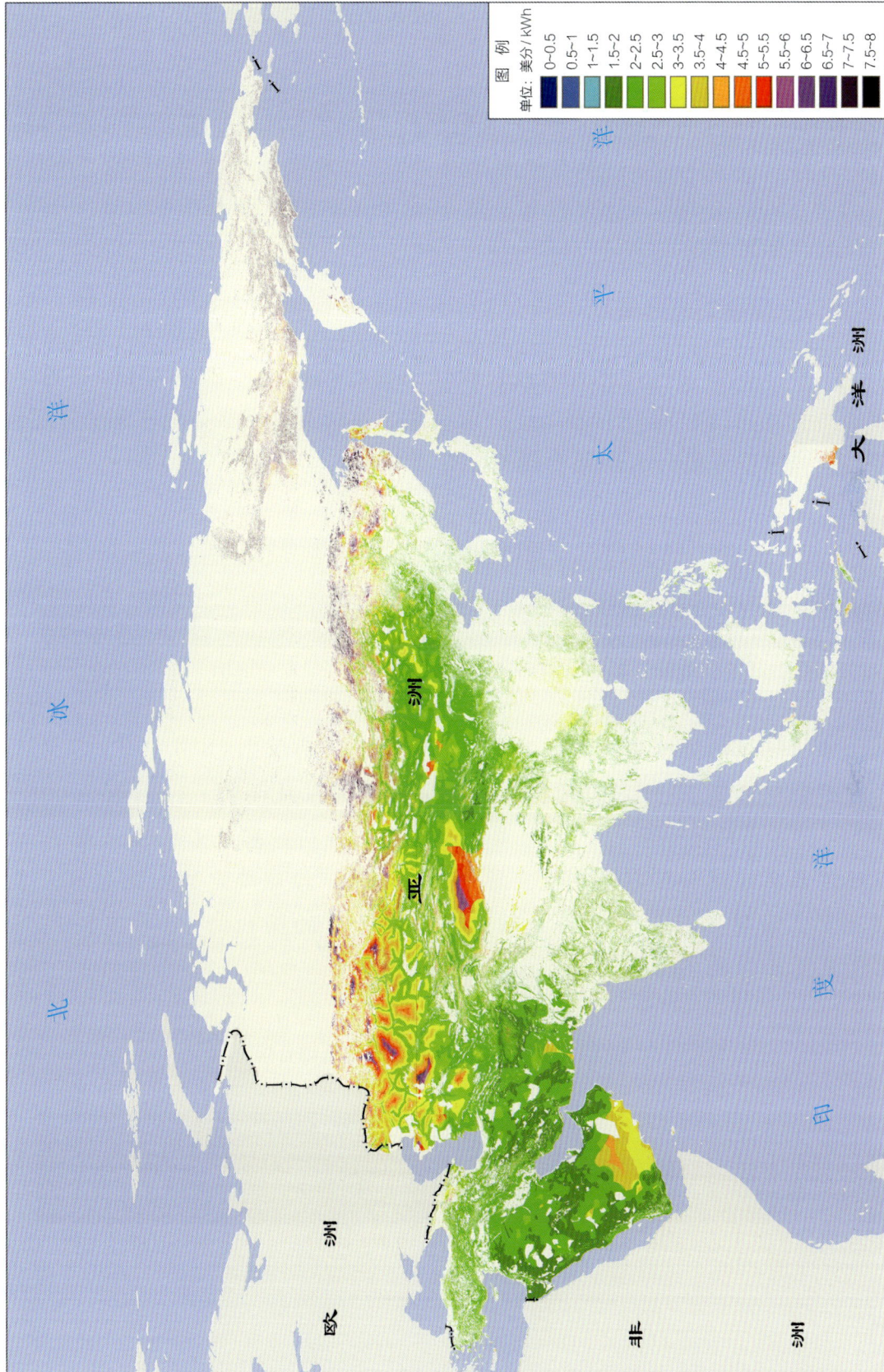

图 3-8 亚洲光伏开发成本分布示意图

3.2 资源评估

专栏 3-4   沙特阿拉伯太阳能资源

沙特阿拉伯地处西亚，国土总面积约 225 万 km²。根据测算，境内最高海拔高度 2965.5m，最大地形坡度 52.1°。全国光伏资源丰富，GHI 范围为 1760.08~2452.41kWh/m²，区域平均 GHI 约 2266.7kWh/m²。西部和南部地区具有更高的 GHI。

1. 主要限制性因素

沙特阿拉伯境内设有不同类型的保护区，总面积约 22.9 万 km²，包括自然资源类保护区 18.0 万 km²、自然生态系统类保护区 3.9 万 km² 等，以上区域均不宜进行太阳能资源规模化开发。

专栏 3-4 表 1   沙特阿拉伯主要保护区面积测算结果

万 km²

总面积	自然生态系统	野生生物	自然遗迹	自然资源	其他
22.90	3.93	0.00	0.04	18.01	0.93

沙特阿拉伯地物覆盖类型以裸露地表为主，面积 218.4 万 km²，占总陆地面积 97.2%；耕地农田面积 3.4 万 km²，占总陆地面积 1.5%；灌丛 1.1 万 km²，占总陆地面积 0.5%。主要地面覆盖物分析结果见专栏 3-4 表 2。灌丛、草本植被和裸露地表适宜集中开发光伏，按照确定的土地利用系数测算，沙特阿拉伯可进行太阳能集中式开发的面积约 170.0 万 km²，占国土总面积的 75.5%。

专栏 3-4 表 2   沙特阿拉伯主要地面覆盖物分析结果

万 km²

国土总面积	河流面积	陆地面积								
		总计	森林	灌丛	草本植被	耕地	湿地沼泽	裸露地表	城市	冰雪
225.00	0.02	224.80	0.03	1.06	1.02	3.40	0.04	218.45	0.80	0.00

沙特阿拉伯地震发生频率不高，历史地震发生频率高的地区主要位于西北部部分地区，太阳能光伏开发应尽量规避主要地层断裂带、地震带及地震高发区域。沙特阿拉伯岩层分布以松散沉积岩、混合沉积岩和变质岩为主。

沙特阿拉伯人口 3255 万，人口密集地区主要集中在首都利雅得周边及东部和西部沿海地区，规模化开发光伏资源一般应远离人口密集地区。

2. 评估结果

根据测算，沙特阿拉伯太阳能光伏资源理论蕴藏量 4399PWh/a；集中式开发的技术可开发量 129748GW，年发电量 260074TWh/a，平均利用小时数 2004（容量因子 0.23）。沙特阿拉伯南部地区光伏装机条件好，部分平原地区的装机能力可以达到 100MW/km^2 以上，全国光伏技术可开发量以及开发成本分布示意图如专栏 3-4 图 1 所示。

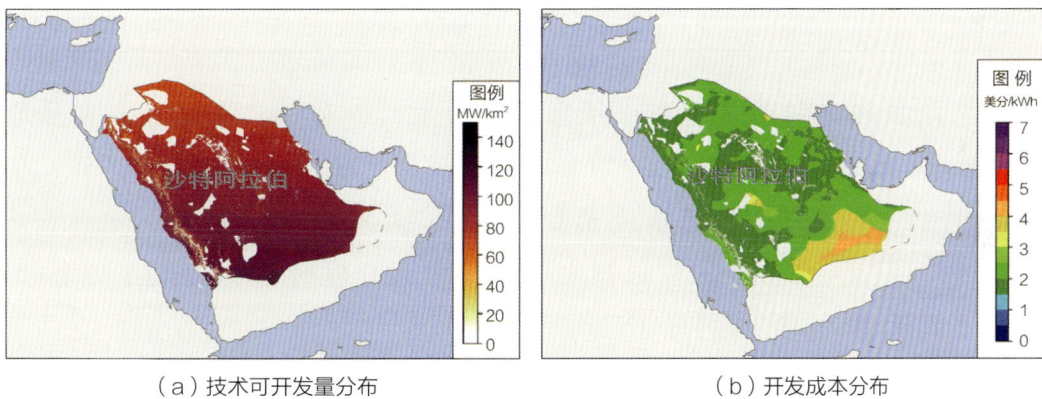

（a）技术可开发量分布　　　　　　（b）开发成本分布

专栏 3-4 图 1　沙特阿拉伯光伏技术可开发量以及开发成本分布示意图

根据测算，沙特阿拉伯光伏的平均开发成本为 2.3 美分 / kWh，其中开发条件最好的地区，开发成本低至 1.64 美分 / kWh。国内绝大部分地区均适合光伏大规模经济开发，其中东部、中部和西南部地区开发经济性更优异。

专栏 3-5　　　　　　　　　巴基斯坦太阳能资源

巴基斯坦地处南亚，国土总面积约 88 万 km^2。根据测算，境内最高海拔高度 7947.5m，最大地形坡度 79.8°。全国光伏资源较好，GHI 范围为 923.27~2289.65kWh/m^2，区域平均 GHI 为 1931.41kWh/m^2，西南部具有更高的 GHI。

1. 主要限制性因素

巴基斯坦境内设有不同类型的保护区，总面积约 8.2 万 km^2，包括自然生态系统类保护区 5.3 万 km^2、野生生物类保护区 2.9 万 km^2 等，以上区域均不宜进行太阳能资源规模化开发。

专栏 3-5 表 1　巴基斯坦主要保护区面积测算结果

万 km^2

总面积	自然生态系统	野生生物	自然遗迹	自然资源	其他
8.19	5.28	2.89	0.00	0.01	0.01

巴基斯坦地物覆盖类型以裸露地表为主，面积 38.7 万 km^2，占陆地总面积 44.3%；耕地农田面积 27.6 万 km^2，占总陆地面积 31.6%；草本植被面积 11.9 万 km^2，占总陆地面积 13.6%。主要地面覆盖物分析结果见专栏 3-5 表 2。巴基斯坦可进行太阳能集中式开发的面积约 42.3 万 km^2，占国土总面积的 48.1%。

专栏 3-5 表 2　巴基斯坦主要地面覆盖物分析结果

万 km^2

国土总面积	河流湖泊面积	陆地面积								
		总计	森林	灌丛	草本植被	耕地	湿地沼泽	裸露地表	城市	冰雪
88.03	0.67	87.30	2.96	2.70	11.90	27.56	0.63	38.65	0.63	2.26

巴基斯坦历史地震发生频率高的地区主要集中于中部和北部的山区，太阳能光伏开发应尽量规避主要地层断裂带、地震带及地震高发区域。巴基斯坦岩层分布以松散沉积岩、混合沉积岩和碳酸盐沉积岩为主。

巴基斯坦人口 1.97 亿，人口密度超过 3.5 万 /km² 的人口密集地区主要集中在东部城市，其他区域人口密度较低，规模化开发光伏资源一般应远离人口密集地区。

2. 评估结果

根据测算，巴基斯坦太阳能光伏资源理论蕴藏量 1705PWh/a；集中式开发的技术可开发量 24812GW，年发电量 47596TWh/a，平均利用小时数 1918（容量因子 0.22）。巴基斯坦中部地区光伏装机条件好，部分山地地区的装机能力可以达到 100MW/km² 以上，全国光伏技术可开发量以及开发成本分布示意图如专栏 3-5 图 1 所示。

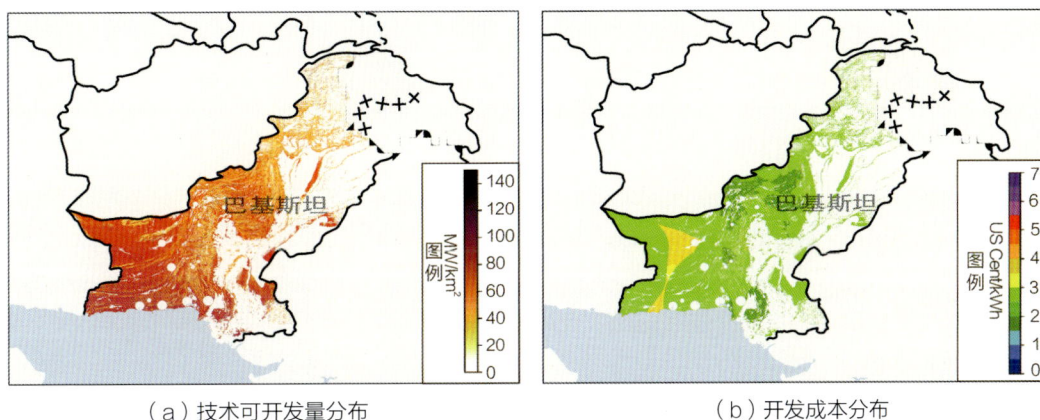

（a）技术可开发量分布　　　　（b）开发成本分布

专栏 3-5 图 1　巴基斯坦光伏技术可开发量分布示意图

根据测算，巴基斯坦光伏平均开发成本为 2.3 美分 / kWh，其中开发条件最好的地区，开发成本低至 1.78 美分 / kWh。国内大部分地区适合光伏大规模经济开发，其中中部及南部地区开发经济性更优异。

亚洲 48 个国家和地区太阳能资源评估结果见表 3-5，包括理论蕴藏量、集中式开发规模以及按国别的平均开发成本。其中，技术可开发量的评估结果是按照报告 3.1.3 给定的评估参数计算获得，是满足集中式开发条件区域的装机容量，并不包含低辐照和部分可采用分布式开发的耕地和城市区域的光伏装机规模。

表 3-5　亚洲 48 个国家和地区太阳能资源评估结果

序号	国家	理论蕴藏量（PWh/a）	集中式开发规模（GW）	年发电量（TWh/a）	可利用小时数	可利用面积比例（%）	平均开发成本（美分/kWh）
1	中国	14256.0	117200.8	193459.7	1651	32.36	2.74
2	朝鲜	170.4	296.5	443.5	1496	7.41	2.56
3	韩国	140.3	126.3	188.8	1494	2.97	2.5
4	蒙古	2451.6	27235.0	46673.8	1714	67.61	2.65
5	日本	489.6	375.9	517.1	1376	2.61	2.83
6	越南	507.2	998.1	1386.7	1389	4.83	2.71
7	老挝	379.6	908.3	1396.9	1538	6.01	2.43
8	柬埔寨	340.9	331.3	548.9	1657	1.88	2.26
9	缅甸	1151.0	2266.9	3797.7	1675	4.88	2.34
10	泰国	930.6	919.7	1521.0	1654	2.23	2.27
11	马来西亚	566.9	352.2	539.9	1533	1.43	2.53
12	文莱	10.2	3.6	5.6	1569	0.62	2.39
13	新加坡	0.9	0.4	0.6	1456	0.84	2.51
14	印度尼西亚	3191.2	4138.0	6477.8	1565	2.60	3.32
15	东帝汶	29.3	213.7	370.1	1732	25.76	3.33
16	菲律宾	506.3	962.4	1494.3	1553	4.53	2.46
17	印度	5753.7	19012.4	34183.4	1798	9.13	2.17
18	尼泊尔	242.8	341.3	570.6	1672	8.53	2.53
19	不丹	54.1	60.1	91.4	1520	5.55	2.56
20	孟加拉国	232.3	214.8	353.1	1644	1.90	2.37
21	斯里兰卡	127.9	164.7	287.5	1746	2.56	2.19
22	马尔代夫	0.1	0.0	0.0	0	0	—
23	巴基斯坦	1704.8	24812.1	47596.3	1918	53.18	2.30
24	阿富汗	1279.6	23646.2	45996.2	1945	76.23	2.16
25	哈萨克斯坦	3639.6	41143.3	59092.6	1436	59.71	3.38
26	乌兹别克斯坦	747.9	11554.0	18467.1	1598	68.65	2.91
27	土库曼斯坦	851.1	15870.3	26195.9	1651	72.51	2.65

续表

序号	国家	理论蕴藏量（PWh/a）	集中式开发规模（GW）	年发电量（TWh/a）	可利用小时数	可利用面积比例（%）	平均开发成本（美分/kWh）
28	吉尔吉斯斯坦	293.6	3089.3	4766.8	1543	59.40	2.66
29	塔吉克斯坦	229.5	2087.2	3501.0	1677	48.34	2.42
30	伊朗	3276.5	61383.2	117912.6	1921	66.98	2.07
31	格鲁吉亚	94.3	340.4	467.2	1372	16.39	3.02
32	阿塞拜疆	130.9	899.0	1305.2	1452	31.05	2.86
33	亚美尼亚	45.4	286.3	447.6	1563	27.47	2.69
34	伊拉克	873.0	18184.2	33737.3	1855	70.14	2.22
35	科威特	35.1	823.1	1526.5	1855	68.54	2.07
36	沙特阿拉伯	4398.7	129747.7	260074.3	2004	75.54	2.30
37	巴林	1.4	23.5	44.2	1877	41.43	1.97
38	卡塔尔	24.7	636.5	1203.3	1891	72.88	2.01
39	阿拉伯联合酋长国	159.3	4161.4	8043.5	1933	64.82	1.94
40	阿曼	711.0	24267.0	48816.9	2012	95.59	2.83
41	也门	1056.7	34049.9	70600.9	2073	74.38	2.65
42	叙利亚	373.5	6187.6	11743.1	1898	61.04	2.01
43	黎巴嫩	19.9	220.8	410.9	1862	48.24	2
44	约旦	196.4	4828.5	9852.3	2040	88.26	1.95
45	塞浦路斯	17.4	50.7	90.2	1777	10.91	2.16
46	巴勒斯坦	12.0	173.6	329.0	1895	51.36	2
47	以色列	43.7	555.8	1089.6	1960	36.00	2.03
48	土耳其	1269.0	9580.4	15954.1	1665	34.82	2.32
附1	埃及（亚）	132.6	2925.1	5967.8	2040	78.48	1.86
附2	俄罗斯（亚）	5948.8	8370.9	10749.4	1284	24.93	4.20
总计[1]		59099.6	606020.8	1100290.0	1816[2]	35.26[3]	2.48[4]

注：1 亚洲总计数据包含俄罗斯、埃及领土的亚洲部分的评估结果，不包含土耳其、阿塞拜疆、哈萨克斯坦领土欧洲部分的评估结果；

2 亚洲光伏利用小时数为洲内年总发电量与总技术可开发量的比值；

3 亚洲光伏可利用面积比例为洲内总可利用面积与全洲总面积的比值；

4 亚洲光伏平均开发成本为洲内各国家平均开发成本及其年发电量的加权平均值。

具体来看，亚洲有近 30 个国家和地区基本不具备集中式光伏开发条件。其中日本、韩国、缅甸、马来西亚、柬埔寨、老挝、泰国、越南、印度尼西亚、菲律宾、孟加拉国、印度等国，因为森林和耕地覆盖原因，集中式光伏开发条件差；尼泊尔和不丹因为海拔和坡度的原因，集中式光伏开发条件差；巴林、文莱、不丹、马尔代夫、新加坡、东帝汶等国，国土面积小，集中式光伏开发条件差。上述国家和地区宜结合具体情况采用分布式开发方式利用太阳能资源。经测算评估，印度、泰国、印度尼西亚、韩国等国的分布式光伏开发规模分别为 16629.9、2518.6、2611.9GW 和 168.2GW，接近或超过其集中式开发的规模。亚洲适宜分布式开发光伏资源国家的评估结果见表 3-6。

表 3-6　亚洲重点国家分布式开发太阳能资源评估结果

序号	国家	分布式开发规模（GW）	年发电量（TWh/a）	可利用面积比例（%）
1	印度	16626.9	29605.9	6.9
2	缅甸	1470.3	2487.0	2.6
3	泰国	2518.6	4265.3	5.3
4	柬埔寨	617.9	1047.9	3.4
5	印度尼西亚	2611.9	4104.9	1.5
6	菲律宾	623.3	985.2	2.3
7	韩国	168.2	251.4	3.8
总计		24637.0	42747.6	4.5

3.3 光伏基地开发

3.3.1 开发现状

近十年来亚洲光伏装机增长较快，2018 年总装机规模达到 274.3GW，亚洲历年光伏总装机容量如图 3-9（a）所示[1]。其中，中国、日本、印度和韩国光伏装机容量较大，分别为 178.0、55.5、27.4GW 和 7.1GW，发电量分别为 177500、70690、36869GWh 和 9208GWh，具体情况见表 3-7[2]。图 3-9（b）给出了亚洲主要国家历年光伏装机容量，由图可知，从 2010 年到 2018 年，中国和印度光伏装机容量增长较快。中国的大型光伏电站有腾格里沙漠太阳能电站，装机容量 1547MW。印度的大型光伏电站有 Kamuthi Solar Power Plant，装机容量 648MW。

根据 IRENA 统计，2013—2018 年，中国加权平均的光伏组件投资水平下降了 61%，从 750 美元 /kW 降至 290 美元 /kW。日本、印度、韩国的光伏组件加权平均初投资水平分别下降了 44%、53%、46%，降至 2018 年的 500、300 美元 /kW 和 400 美元 /kW。2018 年，中国和日本的光伏电站综合初投资水平分别为 879 美元 /kW 和 2101 美元 /kW。[3]

表 3-7 2018 年亚洲主要国家光伏开发情况

国家	光伏装机容量（MW）	光伏发电量（GWh）
中国	177975	177500
日本	55500	70690
印度	27355	36869
韩国	7130	9208

[1] 资料来源：International Renewable Energy Agency. Renewable capacity statistics 2019[R]. Abu Dhabi: IRENA, 2019.
[2] 资料来源：彭博社. 全球装机和发电量统计 [EB/OL]，2020-02-24.
[3] 资料来源：International Renewable Energy Agency. Renewable Power Cost in 2018[R]. Abu Dhabi: IRENA, 2019.

（a）亚洲历年光伏总装机容量　　　　　　（b）亚洲主要国家历年光伏装机容量

图 3-9　亚洲光伏装机容量

3.3.2　基地布局

大型光伏基地宜在技术指标高，开发成本低的区域进行布局。综合当地用电需求，根据亚洲能源互联网主要战略输电通道布局，未来在东亚开发蒙古乔伊尔、蒙古古尔班特斯、蒙古塔班陶勒盖等 3 个光伏基地，2035 年开发规模可达到 13.00GW；在南亚开发印度杰伊瑟尔梅尔、印度科尔纳、印度帕坦、印度普杰、印度拉杰果德、印度杜利亚、印度奥兰加巴德、印度巴沃格达、印度马杜赖、巴基斯坦奎达、巴基斯坦胡兹达尔、巴基斯坦莫蒂亚里和斯里兰卡基利诺奇等 13 个光伏基地，2035 年开发规模可达到 354.40GW；在中亚开发哈萨克斯坦图尔克斯坦、哈萨克斯坦阿普恰盖、乌兹别克斯坦木伊那克、乌兹别克斯坦昆格勒、土库曼斯坦土库曼纳巴德、土库曼斯坦马雷、土库曼斯坦杜沙克等 7 个光伏基地，2035 年开发规模可达到 43.40GW；在西亚开发沙特阿弗拉杰、沙特阿尔奥柏拉、沙特利雅得、沙特哈伊勒、沙特泰布克、阿曼沙里姆、阿联酋斯维汗、约旦马安、伊拉克阿马拉、伊拉克纳杰夫、叙利亚霍姆斯、伊朗设拉子、伊朗扎黑丹、伊朗比尔詹德、阿富汗坎大哈等 15 个光伏基地，2035 年开发规模可达到 277.00GW。未来中国开发新疆昌吉、青海海南州、内蒙古巴丹吉林沙漠、西藏可可西里戈壁滩等 18 个光伏基地，2035 年开发规模可达 510GW。

报告基于数字化选址模型和软件，对上述除中国外的 38 个光伏基地的开发条件、装机规模、工程设想、发电特性和投资水平进行了研究，提出了初步开发方案。38 个光伏基地的总装机规模约 687.80GW，年发电量 1318.35TWh/a。根据远景规划，未来开发总规模有望超过 1500GW。按照 2035 年亚洲光伏造价预测成果，基于项目基本情况进行投资估算，亚洲光伏基地总投资约 3220.37

亿美元，度电成本为 1.81~3.28 美分 /kWh。亚洲大型光伏基地布局示意图如图 3-10 所示。

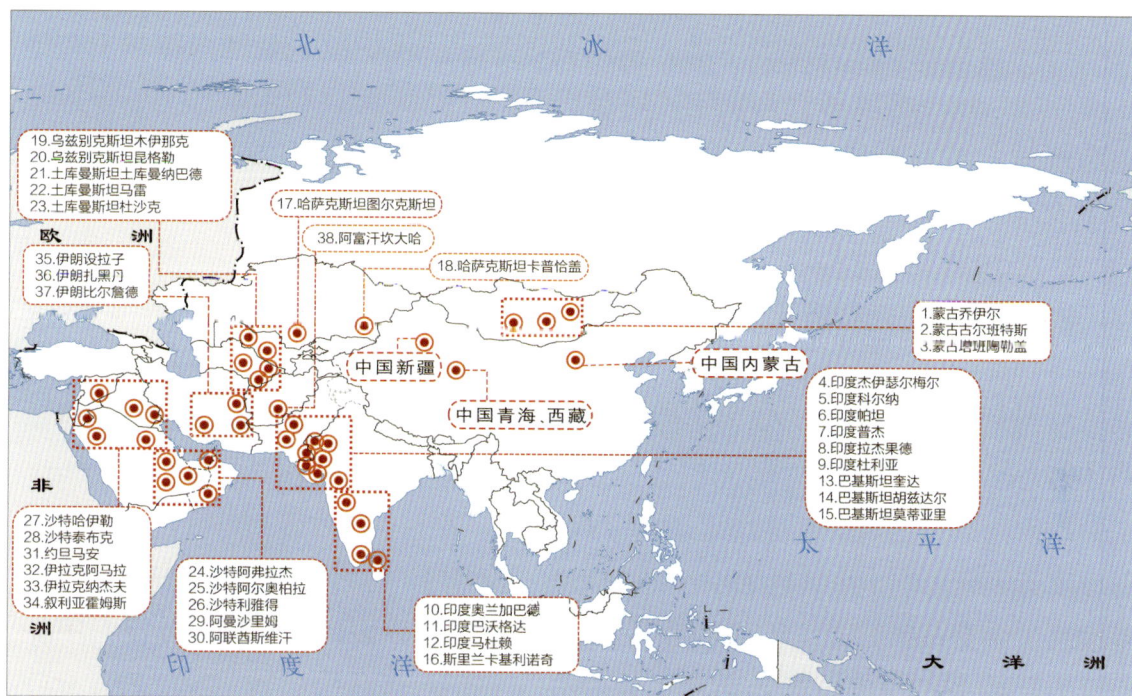

图 3-10　亚洲大型光伏基地布局示意图

3.3.3　基地概述

报告提出的亚洲 38 个光伏基地选址的总体情况如下。

1.　蒙古乔伊尔（Choyr）基地

基地位于蒙古戈壁苏木贝尔省（Govi Sumber）西南部，基地水平面年总辐射量 1668.19kWh/m^2。基地占地面积 297.28km^2，海拔高程范围 1119.5～1267m，主要地形为高原山地。基地选址避让了保护区，基地内基本没有地面覆盖物、地形坡度等因素影响，可装机面积 284.4km^2，利用率 95.67%。按照初步开发方案，基地装机容量 8.03GW，年发电量 14300GWh；项目总投资 36.50 亿美元（3650 百万美元），综合度电成本 2.30 美分 /kWh。

2. 蒙古古尔班特斯（Gurvantes）基地

基地位于蒙古南戈壁省（Omnogovi）西部，基地水平面年总辐射量 1781.25kWh/m²。基地占地面积 29.1km²，海拔高程范围 1436.5~1509.5m，主要地形为高原平地。基地选址避让了保护区，基地内基本没有地面覆盖物、地形坡度等因素影响，可装机面积 29.1km²，利用率 100%。按照初步开发方案，基地装机容量 1.01GW，年发电量 1848GWh；项目总投资 4.42 亿美元（442 百万美元），综合度电成本 2.16 美分 /kWh。

3. 蒙古塔班陶勒盖（Tavan Tolgoi）基地

基地位于蒙古南戈壁省（Omnogovi）东部，基地水平面年总辐射量 1738.23kWh/m²。基地占地面积 113.66km²，海拔高程范围 1480.5～1611m，主要地形为高原山地。基地选址避让了保护区，基地内基本没有地面覆盖物、地形坡度等因素影响，可装机面积 113.66km²，利用率 100%。按照初步开发方案，基地装机容量 3.99GW，年发电量 7244GWh；项目总投资 18.08 亿美元（1808 百万美元），综合度电成本 2.25 美分 /kWh。

4. 印度杰伊瑟尔梅尔（Jaisalmer）基地

基地位于印度拉贾斯坦邦（Rajasthan）西部，基地水平面年总辐射量 2028.53kWh/m²。基地占地面积 565.86km²，海拔高程范围 67~133m，主要地形为丘陵。基地选址避让了保护区，范围内基本没有地面覆盖物、地形坡度等影响因素，可装机土地利用率 100%。按照初步开发方案，基地装机容量 40.23GW，年发电量 73642GWh；项目总投资 179.52 亿美元（17952 百万美元），综合度电成本 2.20 美分 /kWh。

5. 印度科尔纳（Korna）基地

基地位于印度拉贾斯坦邦（Rajasthan）西部，基地水平面年总辐射量 2026.05kWh/m²。基地占地面积 629.73km²，海拔高程范围 140.5~215.5m，主要地形为丘陵。基地选址避让了保护区，考虑地面覆盖物、地形坡度等因素影响，可装机面积 503.82km²，利用率 80.01%。按照初步开发方案，

基地装机容量 36.01GW，年发电量 66071GWh；项目总投资 151.99 亿美元
（15199 百万美元），综合度电成本 2.08 美分 /kWh。

6. 印度帕坦（Patan）基地

基地位于印度拉贾斯坦邦（Rajasthan）西南部和古吉拉特邦（Gujarat）西
北部交界处，基地水平面年总辐射量 2017.18kWh/m²。基地占地面积 628.8km²，
海拔高程范围 1~59m，主要地形为平原和丘陵。基地选址避让了保护区，考虑地
面覆盖物、地形坡度等因素影响，可装机面积 410.78km²，利用率 65.33%。按
照初步开发方案，基地装机容量 31.88GW，年发电量 59455GWh；项目总投资
240.22 亿美元（24022 百万美元），综合度电成本 2.05 美分 /kWh。

7. 印度普杰（Bhuj）基地

基地位于印度古吉拉特邦（Gujarat）西部，基地水平面年总辐射量
2045.58kWh/m²。基地占地面积 384.77km²，海拔高程范围 -2~7m，主要
地形为平原。基地选址避让了保护区，范围内没有地面覆盖物、地形坡度等
影响因素，可装机土地利用率 99.54%。按照初步开发方案，基地装机容量
30.05GW，年发电量 56464GWh；项目总投资 137.67 亿美元（13767 百万
美元），综合度电成本 2.20 美分 / kWh。

8. 印度拉杰果德（Rajkot）基地

基地位于印度古吉拉特邦（Gujarat）中部，基地水平面年总辐射量
2049.36kWh/m²。基地占地面积 1001.61km²，海拔高程范围 105~332m，
主要地形为平原和山地。基地选址避让了保护区，考虑地面覆盖物、地形坡度
等因素影响，可装机面积 348.48km²，利用率 34.79%。按照初步开发方案，
基地装机容量 28.19GW，年发电量 59964GWh；项目总投资 130.65 亿美元
（13065 百万美元），综合度电成本 1.96 美分 / kWh。

9. 印度杜利亚（Dhulia）基地

基地位于印度马哈拉施特拉邦（Maharashtra）西北部，基地水平面

年总辐射量 1943.73kWh/m^2。基地占地面积 612.23km^2，海拔高程范围 89.5~939m，主要地形为山地。基地选址避让了保护区，考虑地面覆盖物、地形坡度等因素影响，可装机面积 331km^2，利用率 54.06%。按照初步开发方案，基地装机容量 23.99GW，年发电量 44142GWh；项目总投资 105.29 亿美元（10529 百万美元），综合度电成本 2.15 美分 / kWh。

10. 印度奥兰加巴德（Aurangabad）基地

基地位于印度马哈拉施特拉邦（Maharashtra）西北部，基地水平面年总辐射量 1953.02kWh/m^2。基地占地面积 412.54km^2，海拔高程范围 392~764.5m，主要地形为山地。基地选址避让了保护区，考虑地面覆盖物、地形坡度等因素影响，可装机面积 194.31km^2，利用率 47.10%。按照初步开发方案，基地装机容量 16.14GW，年发电量 29964GWh；项目总投资 68.08 亿美元（6808 百万美元），综合度电成本 2.05 美分 / kWh。

11. 印度巴沃格达（Pavagada）基地

基地位于印度安得拉邦（Andhra Pradesh）西南部，基地水平面年总辐射量 1986.83kWh/m^2。基地占地面积 1017.73km^2，海拔高程范围 208~558m，主要地形为山地。基地选址避让了保护区，考虑地面覆盖物、地形坡度等因素影响，可装机面积 439.29km^2，利用率 43.16%。按照初步开发方案，基地装机容量 40.41GW，年发电量 73138GWh；项目总投资 171.34 亿美元（17134 百万美元），综合度电成本 2.11 美分 / kWh。

12. 印度马杜赖（Madurai）基地

基地位于印度泰米尔纳德邦（Tamil Nadu）东南部，基地水平面年总辐射量 2030.20kWh/m^2。基地占地面积 306.74km^2，海拔高程范围 3~257m，主要地形为平原和山地。基地选址避让了保护区，考虑地面覆盖物、地形坡度等因素影响，可装机面积 194.55km^2，利用率 63.43%。按照初步开发方案，基地装机容量 20.02GW，年发电量 36062GWh；项目总投资 86.16 亿美元（8616 百万美元），综合度电成本 1.91 美分 / kWh。

13.　巴基斯坦奎达（Quetta）基地

基地位于巴基斯坦俾路支省（Baluchistan）北部，基地水平面年总辐射量 2188.29kWh/m²。基地占地面积 490.12km²，海拔高程范围 1401～1800.5m，主要地形为高原山地。基地选址避让了保护区，考虑地面覆盖物、地形坡度等因素影响，可装机面积 444.64km²，利用率 90.72%。按照初步开发方案，基地装机容量 27.98GW，年发电量 57472GWh；项目总投资 125.52 亿美元（12552 百万美元），综合度电成本 1.97 美分 / kWh。

14.　巴基斯坦胡兹达尔（Khuzdar）基地

基地位于巴基斯坦俾路支省（Baluchistan）中部，基地水平面年总辐射量 2201.92kWh/m²。基地占地面积 680.49km²，海拔高程范围 1213.5～2076m，主要地形为高原山地。基地选址避让了保护区，考虑地面覆盖物、地形坡度等因素影响，可装机面积 586.5km²，利用率 86.19%。按照初步开发方案，基地装机容量 35.90GW，年发电量 73951GWh；项目总投资 170.44 亿美元（17044 百万美元），综合度电成本 2.08 美分 / kWh。

15.　巴基斯坦莫蒂亚里（Matiari）基地

基地位于巴基斯坦信德省（Sindh）东部，基地水平面年总辐射量 2038.1kWh/m²。基地占地面积 243.26km²，海拔高程范围 22～70.5m，主要地形为平原和丘陵。基地选址避让了保护区，考虑地面覆盖物、地形坡度等因素影响，可装机面积 220.48km²，利用率 90.64%。按照初步开发方案，基地装机容量 16.07GW，年发电量 28115GWh；项目总投资 71.93 亿美元（7193 百万美元），综合度电成本 2.18 美分 / kWh。

16.　斯里兰卡基利诺奇（Kilinochchi）基地

基地位于斯里兰卡北部省（Northern）北部，基地水平面年总辐射量 2031.49kWh/m²。基地占地面积 120.49km²，海拔高程范围 0～13.5m，主要地形为平原。基地选址避让了保护区，考虑地面覆盖物、地形坡度等因素影响，可装机面积 72.71km²，利用率 60.35%。按照初步开发方案，基地装机容量

7.62GW，年发电量 13728GWh；项目总投资 31.95 亿美元（3195 百万美元），综合度电成本 2.10 美分 / kWh。

17. 哈萨克斯坦图尔克斯坦（Turkistan）基地

基地位于哈萨克斯坦图尔克斯坦州西部，基地水平面年总辐射量 1655.36kWh/m^2。基地占地面积 333.36km^2，海拔高程范围 182~191.5m，主要地形为平地。基地选址避让了保护区，考虑地面覆盖物、地形坡度等因素影响，可装机面积 295.07km^2，利用率 88.51%。按照初步开发方案，基地装机容量 11.00GW，年发电量 17492GWh；项目总投资 61.12 亿美元（6112 百万美元），综合度电成本 3.15 美分 / kWh。

18. 哈萨克斯坦卡普恰盖（Kapchagay）基地

基地位于哈萨克斯坦阿拉木图州（Almaty）中东部，基地水平面年总辐射量 1553.51kWh/m^2。基地占地面积 269.09km^2，海拔高程范围 1021.5~1416m，主要地形为高原平地和丘陵。基地选址避让了保护区，考虑地面覆盖物、地形坡度等因素影响，可装机面积 224.92km^2，利用率 83.59%。按照初步开发方案，基地装机容量 10.00GW，年发电量 14784GWh；项目总投资 39.92 亿美元（3992 百万美元），综合度电成本 2.44 美分 / kWh。

19. 乌兹别克斯坦木伊那克（Muynak）基地

基地位于乌兹别克斯坦卡拉卡尔帕克斯坦自治共和国（Qoraqalpog'iston Respublikasi）东部，基地水平面年总辐射量 1634.31kWh/m^2。基地占地面积 57.8km^2，海拔高程范围 101.5~138.5m，主要地形为平原和丘陵。基地选址避让了保护区，考虑地面覆盖物、地形坡度等因素影响，可装机面积 54.21km^2，利用率 93.79%。按照初步开发方案，基地装机容量 2.00GW，年发电量 3207GWh；项目总投资 9.59 亿美元（959 百万美元），综合度电成本 2.7 美分 / kWh。

20. 乌兹别克斯坦昆格勒（Kungrad）基地

基地位于乌兹别克斯坦布哈拉州（Buxoro）西南部，基地水平面年总辐射量 1754.67kWh/m²。基地占地面积 169.29km²，海拔高程范围 165~183.5m，主要地形为平原。基地选址避让了保护区，范围内没有地面覆盖物、地形坡度等影响因素，可装机土地利用率 99.67%。按照初步开发方案，基地装机容量 7.50GW，年发电量 12509GWh；项目总投资 33.45 亿美元（3345 百万美元），综合度电成本 2.41 美分 / kWh。

21.　土库曼斯坦土库曼纳巴德（Turkmenabat）基地

基地位于乌土库曼斯坦莱巴普州（Lebap）中部，基地水平面年总辐射量 1786.75kWh/m²。基地占地面积 165.55km²，海拔高程范围 189.5~208m，主要地形为平原。基地选址避让了保护区，考虑地面覆盖物、地形坡度等因素影响，可装机面积 107.41km²，利用率 64.88%。按照初步开发方案，基地装机容量 5.00GW，年发电量 8460GWh；项目总投资 23.94 亿美元（2394 百万美元），综合度电成本 2.55 美分 / kWh。

22.　土库曼斯坦马雷（Mary）基地

基地位于乌土库曼斯坦马雷州中南部，基地水平面年总辐射量 1851.26kWh/m²。基地占地面积 127.06km²，海拔高程范围 392.5~446m，主要地形为平原和丘陵。基地选址避让了保护区，考虑地面覆盖物、地形坡度等因素影响，可装机面积 101.65km²，利用率 80.00%。按照初步开发方案，基地装机容量 5.00GW，年发电量 8896GWh；项目总投资 21.35 亿美元（2135 百万美元），综合度电成本 2.17 美分 / kWh。

23.　土库曼斯坦杜沙克（Dushak）基地

基地位于乌土库曼斯坦阿哈尔州（Ahal）东南部，基地水平面年总辐射量 1772.17kWh/m²。基地占地面积 78.81km²，海拔高程范围 213.5~235m，主要地形为平原。基地选址避让了保护区，考虑地面覆盖物、地形坡度等因素影响，可装机面积 64.52km²，利用率 81.87%。按照初步开发方案，基地装机容量 3.26GW，年发电量 5509GWh；项目总投资 15.21 亿美元（1521 百万美元），综合度电成本 2.49 美分 / kWh。

24. 沙特阿弗拉杰（Aflaji）基地

基地位于沙特阿拉伯东部区（Ash Sharqiyah）西南部，基地水平面年总辐射量 2303.02kWh/m²。基地占地面积 178.82km²，海拔高程范围 327~357m，主要地形为平原和丘陵。基地选址避让了保护区，范围内基本没有地面覆盖物、地形坡度等影响因素，可装机土地利用率 100%。按照初步开发方案，基地装机容量 15.15GW，年发电量 30188GWh；项目总投资 70.98 亿美元（7098 百万美元），综合度电成本 2.12 美分 / kWh。

25. 沙特阿尔奥柏拉（Al Obadiah）基地

基地位于沙特阿拉伯东部区（Ash Sharqiyah）东部，基地水平面年总辐射量 2303.02kWh/m²。基地占地面积 124.44km²，海拔高程范围 81.5~108.5m，主要地形为平原和丘陵。基地选址避让了保护区，范围内基本没有地面覆盖物、地形坡度等影响因素，可装机土地利用率 100%。按照初步开发方案，基地装机容量 10.01GW，年发电量 19469GWh；项目总投资 49.86 亿美元（4986 百万美元），综合度电成本 2.31 美分 / kWh。

26. 沙特利雅得（Riyadh）基地

基地位于沙特阿拉伯利雅得区（Ar Riyad）东北部，基地水平面年总辐射量 2245.73kWh/m²。基地占地面积 195.48km²，海拔高程范围 535.5~672m，主要地形为丘陵。基地选址避让了保护区，范围内基本没有地面覆盖物、地形坡度等影响因素，可装机土地利用率 100%。按照初步开发方案，基地装机容量 15.12GW，年发电量 29891GWh；项目总投资 63.95 亿美元（6395 百万美元），综合度电成本 1.93 美分 / kWh。

27. 沙特哈伊勒（Ha'il）基地

基地位于沙特阿拉伯哈伊勒区中部，基地水平面年总辐射量 2245.88kWh/m²。基地占地面积 286.15km²，海拔高程范围 896~1021m，主要地形为高原山地。基地选址避让了保护区，范围内基本没有地面覆盖物、地形坡度等影响因素，可装机土地利用率 99.98%。按照初步开发方案，基地装机容量 20.09GW，年发电量 40859GWh；项目总投资 83.14 亿美元（8314 百万美元），综合度电成本 1.84 美分 / kWh。

28. 沙特泰布克（Tabuk）基地

基地位于沙特阿拉伯泰布克区北部，基地水平面年总辐射量 2333.32kWh/m²。基地占地面积 146.67km²，海拔高程范围 813~914m，主要地形为高原山地。基地选址避让了保护区，范围内基本没有地面覆盖物、地形坡度等影响因素，可装机土地利用率 100%。按照初步开发方案，基地装机容量 10.09GW，年发电量 21415GWh；项目总投资 42.86 亿美元（4286 百万美元），综合度电成本 1.81 美分 / kWh。

29. 阿曼沙里姆（Shalim）基地

基地位于阿曼佐法尔省（Zufar）北部，基地水平面年总辐射量 2303.43kWh/m²。基地占地面积 315.77km²，海拔高程范围 89.5~144.5m，主要地形为丘陵。基地选址避让了保护区，范围内基本没有地面覆盖物、地形坡度等影响因素，可装机土地利用率 100%。按照初步开发方案，基地装机容量 27.29GW，年发电量 54667GWh；项目总投资 198.66 亿美元（19866 百万美元），综合度电成本 3.28 美分 / kWh。

30. 阿联酋斯维汗（Sweihan）基地

基地位于阿联酋阿布扎比酋长国（Abu Dhabi）东部，基地水平面年总辐射量 2216.37kWh/m²。基地占地面积 514.29km²，海拔高程范围 110.5~200m，主要地形为丘陵。基地选址避让了保护区，范围内基本没有地面覆盖物、地形坡度等影响因素，可装机土地利用率 100%。按照初步开发方案，基地装机容量 40.24GW，年发电量 77956GWh；项目总投资 171.08 亿美元（17108 百万美元），综合度电成本 1.98 美分 / kWh。

31. 约旦马安（Ma'an）基地

基地位于约旦马安省南部，基地水平面年总辐射量 2282.75kWh/m²。基地占地面积 187.93km²，海拔高程范围 876~911m，主要地形为高原平地。基地选址避让了保护区，范围内基本没有地面覆盖物、地形坡度等影响因素，可装机土地利用率 100%。按照初步开发方案，基地装机容量 12.45GW，年发电量 26123GWh；项目总投资 53.59 亿美元（5359 百万美元），综合度电成本 1.85 美分 / kWh。

32. 伊拉克阿马拉（Al Amarah）基地

基地位于伊拉克迈桑省（Maysan）东部，基地水平面年总辐射量 1969.15kWh/m²。基地占地面积 323.27km²，海拔高程范围 7~29.5m，主要地形为平原。基地选址避让了保护区，范围内基本没有地面覆盖物、地形坡度等影响因素，可装机土地利用率 99.94%。按照初步开发方案，基地装机容量 20.12GW，年发电量 36109GWh；项目总投资 83.51 亿美元（8351 百万美元），综合度电成本 2.09 美分 / kWh。

33. 伊拉克纳杰夫（An Najaf）基地

基地位于伊拉克纳杰夫省中部，基地水平面年总辐射量 2061.19kWh/m²。基地占地面积 278.13km²，海拔高程范围 218.5~283m，主要地形为平原。基地选址避让了保护区，范围内基本没有地面覆盖物、地形坡度等影响因素，可装机土地利用率 100%。按照初步开发方案，基地装机容量 17.63GW，年发电量 33003GWh；项目总投资 79.78 亿美元（7978 百万美元），综合度电成本 2.18 美分 / kWh。

34. 叙利亚霍姆斯（Hims）基地

基地位于叙利亚霍姆斯省北部，基地水平面年总辐射量 2030.68kWh/m²。基地占地面积 268.51km²，海拔高程范围 675.5~914m，主要地形为山地。基地选址避让了保护区，范围内基本没有地面覆盖物、地形坡度等影响因素，可装机土地利用率 100%。按照初步开发方案，基地装机容量 14.96GW，年发电量 28584GWh；项目总投资 62.89 亿美元（6289 百万美元），综合度电成本 1.99 美分 / kWh。

35. 伊朗设拉子（Shiraz）基地

基地位于伊朗法尔斯省（Fars）北部，基地水平面年总辐射量 2201.08kWh/m²。基地占地面积 731km²，海拔高程范围 1918.5~2563m，主要地形为高原山地。

基地选址避让了保护区，考虑地面覆盖物、地形坡度等因素影响，可装机面积 402.9km²，利用率 55.12%。按照初步开发方案，基地装机容量 25.02GW，年发电量 52371GWh；项目总投资 107.72 亿美元（10772 百万美元），综合度电成本 1.86 美分 / kWh。

36. 伊朗扎黑丹（Zahedan）基地

基地位于伊朗锡斯坦－俾路支斯坦省（Sistan Va Baluchestan）北部，基地水平面年总辐射量 2181.17kWh/m²。基地占地面积 357.3km²，海拔高程范围 1251.5~1594.5m，主要地形为高原山地。基地选址避让了保护区，范围内基本没有地面覆盖物、地形坡度等影响因素，可装机土地利用率 98.86%。按照初步开发方案，基地装机容量 22.48GW，年发电量 45504GWh；项目总投资 101.07 亿美元（10107 百万美元），综合度电成本 2.0 美分 / kWh。

37. 伊朗比尔詹德（Birjand）基地

基地位于伊朗南呼罗珊省（Khorasan-e Janubi）中北部，基地水平面年总辐射量 2130.86kWh/m²。基地占地面积 388.25km²，海拔高程范围 1736~2314m，主要地形为高原山地。基地选址避让了保护区，范围内基本没有地面覆盖物、地形坡度等影响因素，可装机土地利用率 98.79%。按照初步开发方案，基地装机容量 22.54GW，年发电量 46323GWh；项目总投资 100.59 亿美元（10059 百万美元），综合度电成本 1.96 美分 / kWh。

38. 阿富汗坎大哈（Kandahar）基地

基地位于阿富汗坎大哈省中部，基地水平面年总辐射量 2120.08kWh/m²。基地占地面积 64.5km²，海拔高程范围 1021.5~1096m，主要地形为高原平地。基地选址避让了保护区，范围内基本没有地面覆盖物、地形坡度等影响因素，可装机土地利用率 100%。按照初步开发方案，基地装机容量 3.98GW，年发电量 7825GWh；项目总投资 16.99 亿美元（1699 百万美元），综合度电成本 1.96 美分 / kWh。

各大型光伏基地主要技术经济指标见表 3-8。

表 3-8 亚洲主要大型光伏基地技术经济指标

序号单位	基地名称	国家	占地面积（km²）	主要地形	年均GHI（kWh/m²）	装机容量（GW）	年发电量（GWh）	总投资（亿美元）	度电成本（美分/kWh）
1	乔伊尔	蒙古	224	高原山地	1668.19	8	14300	36.50	2.30
2	古尔班特斯	蒙古	29	高原平地	1781.25	1	1848	4.42	2.16
3	塔班陶勒盖	蒙古	114	高原山地	1738.23	4	7244	18.08	2.25
4	杰伊瑟尔梅尔	印度	566	丘陵	2028.53	40.2	73642	179.52	2.20
5	科尔纳	印度	630	丘陵	2026.05	36	66071	151.99	2.08
6	帕坦	印度	629	丘陵	2017.18	31.9	59455	240.22	2.05
7	普杰	印度	385	平原	2045.58	30	56464	137.67	2.20
8	拉杰果德	印度	1002	平原和山地	2049.36	28.2	59964	130.65	1.96
9	杜利亚	印度	612	山地	1943.73	24	44142	105.29	2.15
10	奥兰加巴德	印度	413	山地	1953.02	16.1	29964	68.08	2.05
11	巴沃格达	印度	1018	山地	1986.83	40.4	73138	171.34	2.11
12	马杜赖	印度	307	平原和山地	2030.20	20	36062	86.16	1.91
13	奎达	巴基斯坦	490	高原山地	2188.29	28	57472	125.52	1.97
14	胡兹达尔	巴基斯坦	680	高原山地	2201.92	35.9	73951	170.44	2.08
15	莫蒂亚里	巴基斯坦	243	平原和丘陵	2038.10	16.1	29755	71.93	2.18
16	基利诺奇	斯里兰卡	120	平原	2031.49	7.6	13738	31.95	2.10
17	图尔克斯坦	哈萨克斯坦	333	平原	1655.36	11	17492	61.12	3.15
18	卡普恰盖	哈萨克斯坦	269	高原平地和丘陵	1553.51	9.6	14784	39.92	2.44
19	木伊那克	乌兹别克斯坦	58	平原和丘陵	1634.31	2	3207	9.59	2.70
20	昆格勒	乌兹别克斯坦	169	平原	1754.67	7.5	12509	33.45	2.41

序号单位	基地名称	国家	占地面积（km²）	主要地形	年均GHI（kWh/m²）	装机容量（GW）	年发电量（GWh）	总投资（亿美元）	度电成本（美分/kWh）
21	土库曼纳巴德	土库曼斯坦	166	平原	1786.75	5	8460	23.94	2.55
22	马雷	土库曼斯坦	127	平原和丘陵	1851.26	5	8896	21.35	2.17
23	杜沙克	土库曼斯坦	79	平原	1772.17	3.3	5509	15.21	2.49
24	阿弗拉杰	沙特阿拉伯	179	平原和丘陵	2303.02	15.1	30188	70.98	2.12
25	阿尔奥柏拉	沙特阿拉伯	124	平原和丘陵	2239.28	10	19469	49.86	2.31
26	利雅得	沙特阿拉伯	195	丘陵	2245.73	15.1	29891	63.95	1.93
27	哈伊勒	沙特阿拉伯	286	高原山地	2245.88	20.1	40859	83.14	1.84
28	泰布克	沙特阿拉伯	147	高原山地	2333.32	10.1	21415	42.86	1.81
29	沙里姆	阿曼	316	丘陵	2303.43	27.3	54667	198.66	3.28
30	斯维汗	阿联酋	514	丘陵	2216.37	40.2	77956	171.08	1.98
31	马安	约旦	188	高原平地	2282.75	12.4	26123	52.95	1.83
32	阿马拉	伊拉克	323	平原	1969.15	20.1	36109	83.51	2.09
33	纳杰夫	伊拉克	278	平原	2061.19	17.6	33003	79.78	2.18
34	霍姆斯	叙利亚	269	山地	2030.68	15	28584	62.89	1.99
35	设拉子	伊朗	731	高原山地	2201.08	25	52371	107.72	1.86
36	扎黑丹	伊朗	357	高原山地	2181.17	22.5	45504	101.07	2.00
37	比尔詹德	伊朗	388	高原山地	2130.86	22.5	46323	100.59	1.96
38	坎大哈	阿富汗	65	高原平地	2120.08	4	7825	16.99	1.96
合计	—	—	—	—	—	687.8	1318354	3220.37	—

3.3.4 基地选址研究

报告给出了沙特泰布克和巴基斯坦胡兹达尔 2 个光伏基地选址研究的详细结果，可供项目开发研究参考。

3.3.4.1 沙特泰布克光伏基地

1. 主要开发条件分析

光伏资源条件。 泰布克（Tabuk）光伏基地位于沙特阿拉伯（Saudi Arabia）西北部泰布克区，基地多年平均 GHI 为 2333.32kWh/m^2，属于最丰富等级，非常适宜进行太阳能资源规模化开发。基地位置及其 GHI 分布示意图如图 3-11 所示。

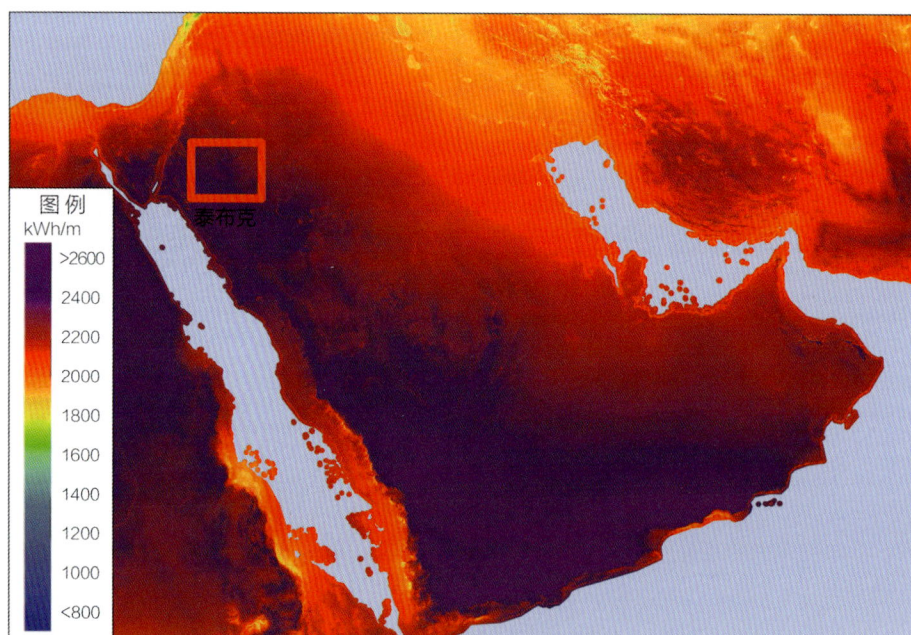

图 3-11　泰布克光伏基地太阳能水平面总辐射量分布示意图

地形地貌。 区域地处沙特阿拉伯西北部的高原地区，北临图拜格山（At Tubayq），南临希贾兹山脉（Hejaz），区域内的海拔高程范围 813m~914m，最大坡度 7.9°，地形较平坦，适宜建设大型光伏基地。

主要限制性因素。 基地位于泰布克区北部，占地总面积 146.67km^2，选址及其周边主要限制因素分布的示意图如图 3-12 所示。区域内地物覆盖类型为裸露地表。基地内无自然保护区等限制性因素，选址主要避让西北部3km外的耕地。基地西北部25km处有Tabuk机场，东、南、西、北部15km内均有公路通过。电网方面，东北部16km有1条110kV交流输电通道经过，西北部25km有1条±500kV直流输电通道经过，接入电网条件较好。

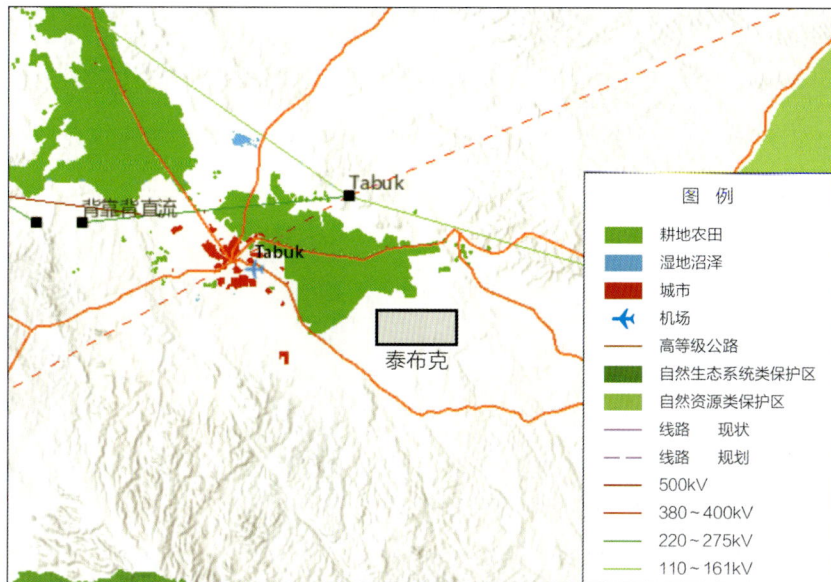

图3-12　泰布克光伏基地选址示意图

基地范围内松散沉积岩与硅碎屑沉积岩主要发育。西北部88km处接触断层分布，距离最近的存在历史地震记录的地区约85km，地质结构稳定。基地岩层分布及地震情况示意图如图3-13所示。区域内无大型城镇等人类活动密集区，西部18km和东部63km处有中小型城镇分布，距离最近人口密集区域（3.5万/km²）超过330km，距离基地最近的大型城市为泰布克市。

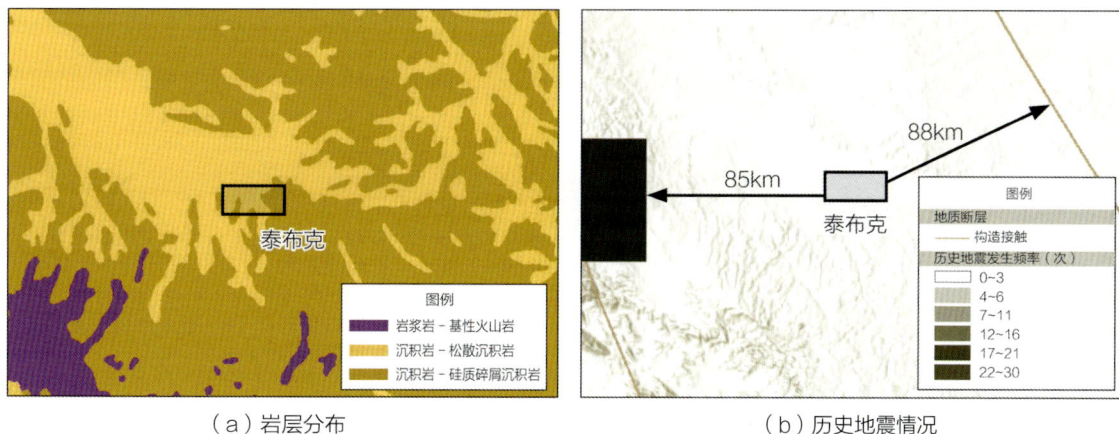

（a）岩层分布　　　　　　　　　（b）历史地震情况

图3-13　泰布克光伏基地岩层分布及地震情况示意图

2. 开发规模与资源特性

经测算，泰布克光伏基地太阳能资源理论蕴藏总量 342.2TWh/a。技术可开发装机容量 10.1GW，年发电量 21415GWh，利用小时数 2122。基地光伏年发电量的地理区域分布示意如图 3-14（a）所示，基地地势平坦，装机和发电量的地理分布相对均匀；基地 8760 逐小时出力系数热力分布如图 3-14（b）所示，其横坐标代表 24 小时，纵坐标代表 365 天，反映了 8760 小时光伏出力随时间变化的规律，可见基地每年 3-9 月日照时间长，发电能力强。

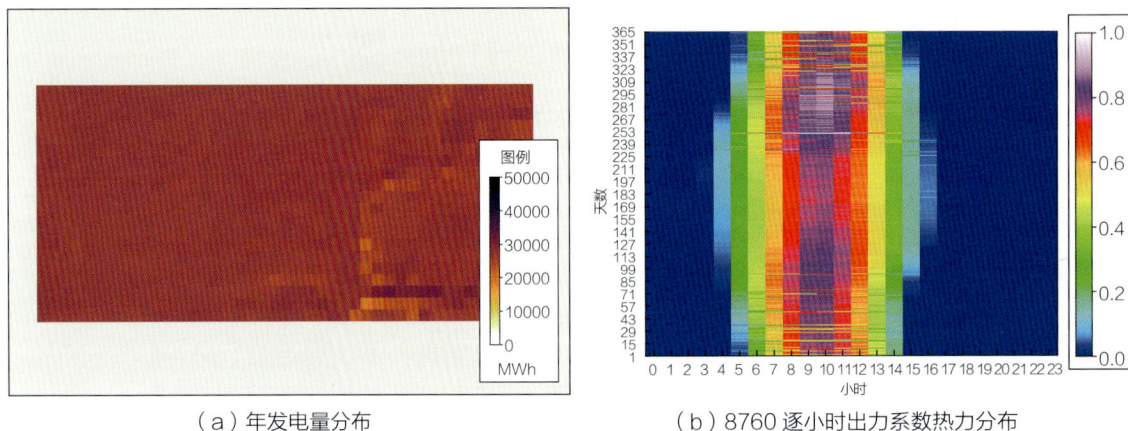

（a）年发电量分布　　　　　（b）8760 逐小时出力系数热力分布

图 3-14　泰布克光伏基地年发电量分布和 8760 逐小时出力系数热力分布图

选择代表点对基地发电特性进行分析。基地辐射和温度以及对应光伏发电出力的典型日变化和年变化曲线如图 3-15 和图 3-16 所示。从日变化来看，高辐射时段主要集中在 9—11 点（世界标准时间，下同。折算到沙特阿拉伯当地时间为 12—14 点）。从月度变化来看，全年 3—9 月总辐射大，发电能力强，10 月—次年 2 月总辐射小，发电能力小。

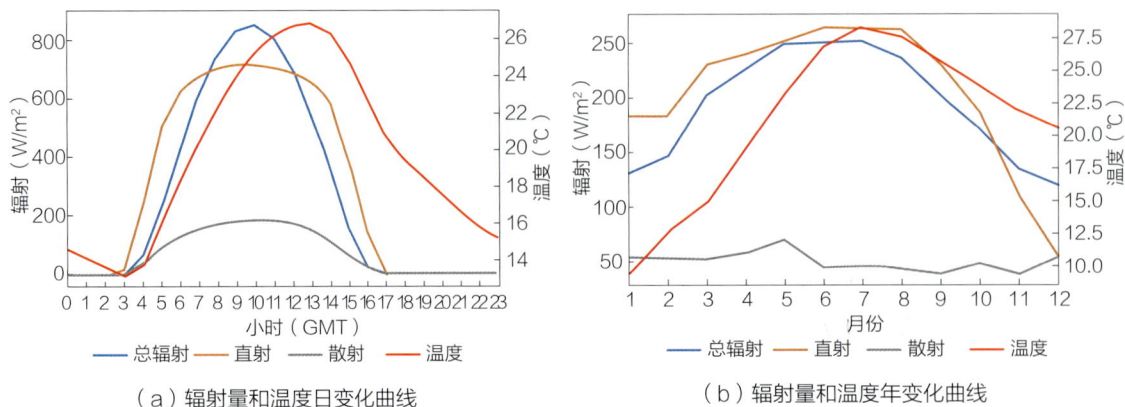

（a）辐射量和温度日变化曲线　　　　　（b）辐射量和温度年变化曲线

图 3-15　泰布克光伏基地辐射和温度典型日变化和年变化曲线

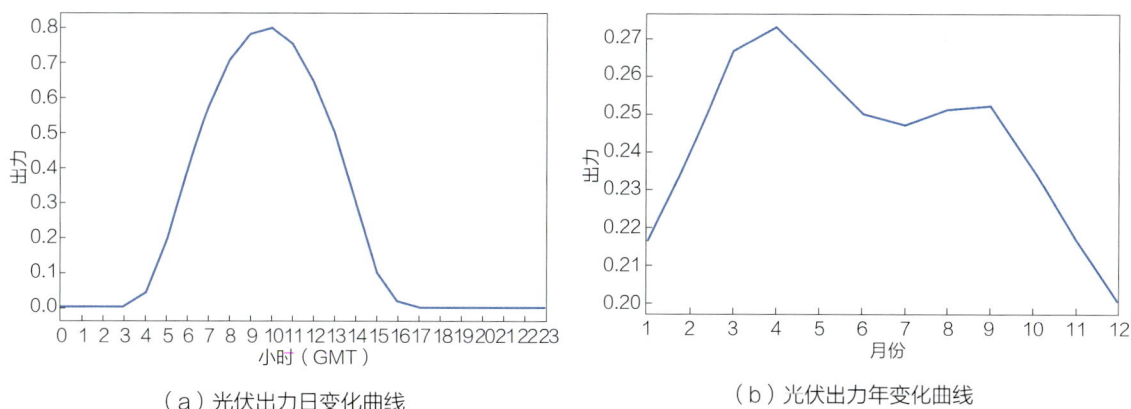

（a）光伏出力日变化曲线　　　　（b）光伏出力年变化曲线

图 3-16　泰布克光伏基地典型日出力和年出力曲线

3. 工程设想与经济性分析

基地暂按 310Wp 高效单晶组件，采用固定式支架，竖向 2×22（横向 22 排，竖向 2 列）开展光伏阵列布置研究。综合考虑当地太阳能资源和地形等条件，并基于中国大型光伏电站设计经验及相关光伏板布置原则，采用光伏基地宏观选址规划数字化方法，开展光伏阵列自动排布。当地组件最佳倾角为 28°，基于最佳倾角下的倾斜面辐射量，预留对应前后排间距 6.7m，考虑检修空间和通行道路，组串东西向间距为 0.5m。基地规划布置图见图 3-17。

按照对光伏发电工程 2035 年经济性水平预测，综合考虑交通和电网基础设施条件，泰布克光伏基地总投资估算 42.86 亿美元（4286 百万美元），其中并网及交通成本 2.38 亿美元（238 百万美元），投资匡算见表 3-9。按此测算，基地开发后平均度电成本 1.81 美分 / kWh。基于 10% 内部收益率测算的上网电价 2.72 美分 / kWh。

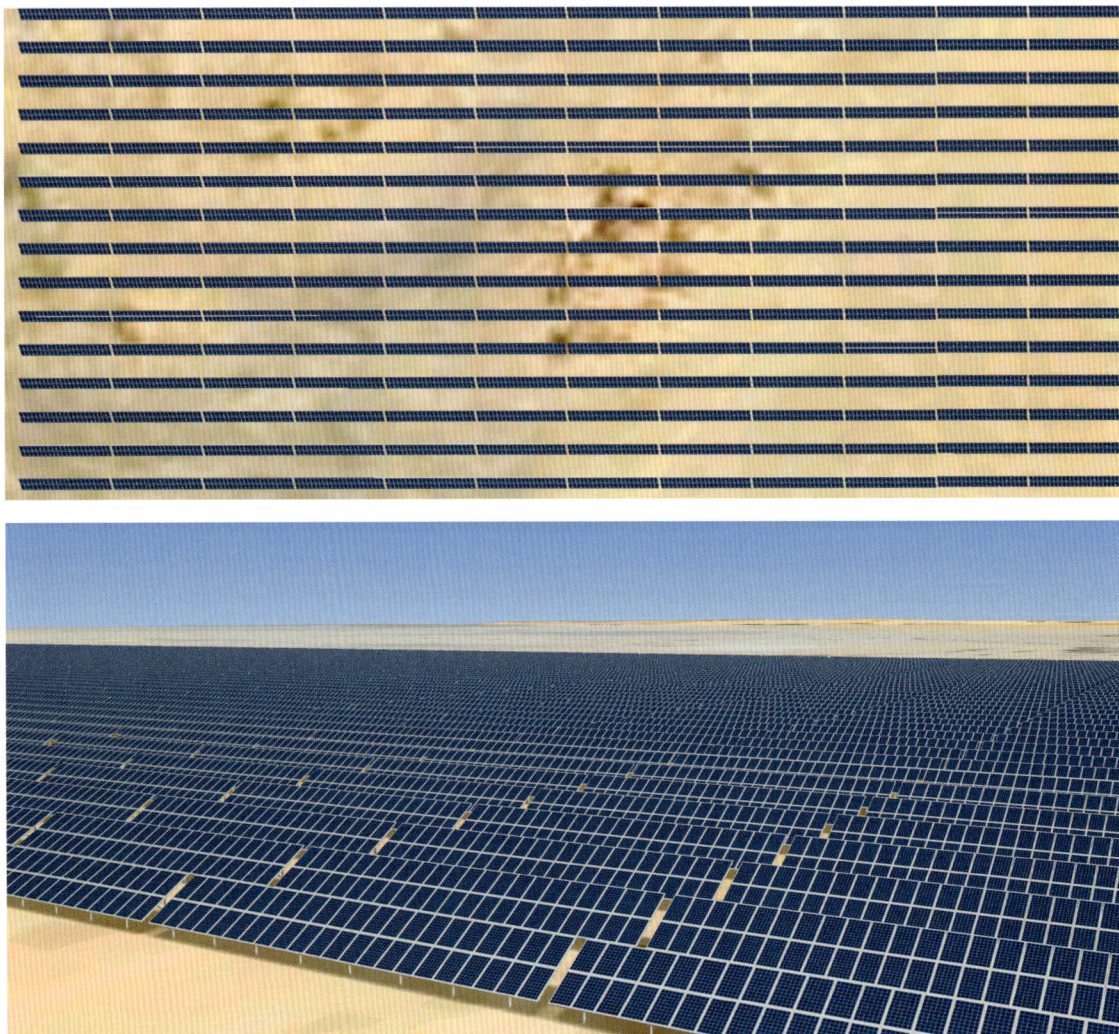

图 3-17　泰布克光伏基地组件排布示意图

表 3-9　泰布克光伏基地投资匡算表

编号	项目内容	泰布克光伏基地
1	设备成本（百万美元）	3866
2	建设成本（百万美元）	71
3	其他成本（百万美元）	111
4	场外交通及并网成本（百万美元）	238
5	单位千瓦投资（美元/千瓦）	425

3.3.4.2 巴基斯坦胡兹达尔光伏基地

1. 主要开发条件分析

光伏资源条件。胡兹达尔（Khuzdar）光伏基地位于巴基斯坦（Pakistan）俾路支省（Baluchistan）中部，基地多年平均 GHI 为 2201.92kWh/m²，属于太阳能资源的最丰富等级，非常适宜进行太阳能资源的规模化开发。基地位置及其 GHI 分布示意图如图 3-18 所示。

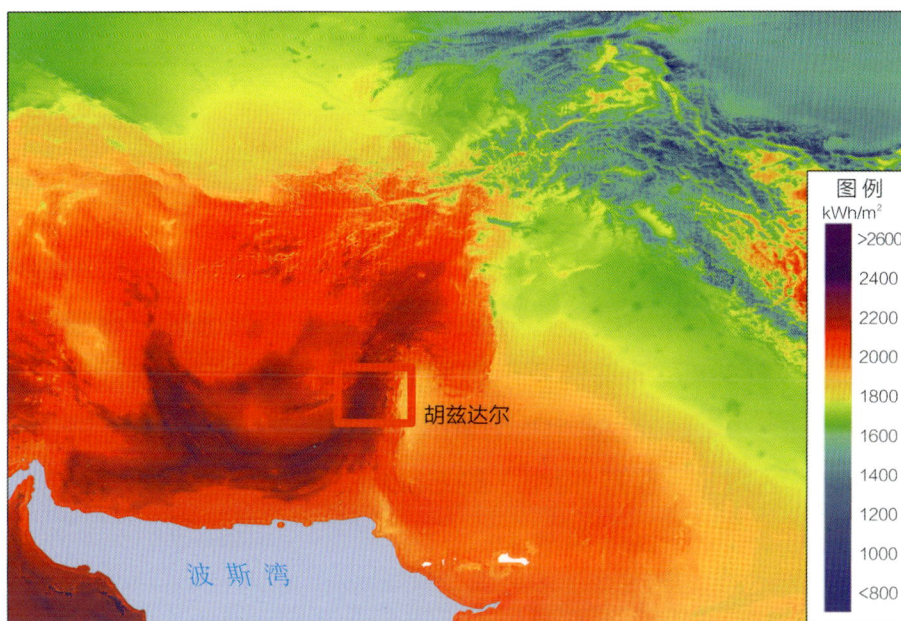

图 3-18　胡兹达尔光伏基地太阳能水平面总辐射量分布示意图

地形地貌。区域地处巴基斯坦俾路支高原（Baluchistan Plateau），东邻吉尔特尔山（Kirthar Range），西南接中莫克兰岭（Central Makran Range），区域内的海拔高程范围为 1213.5~2076m，最大坡度 35.5°，可以开发大型山地光伏基地。

主要限制性因素。基地位于俾路支省（Baluchistan）中东部，占地总面积 680.49km²，选址及其周边主要限制因素分布的示意图如图 3-19 所示。区域内地物覆盖类型为裸露地表，无自然保护区等限制性因素，选址主要避让南部和北部的耕地。基地南部 27km 处有 Khuzdar 机场，基地内有公路通过。电网方面，西南部 44km 有 1 条 220kV 交流输电通道经过，接入电网条件较好。

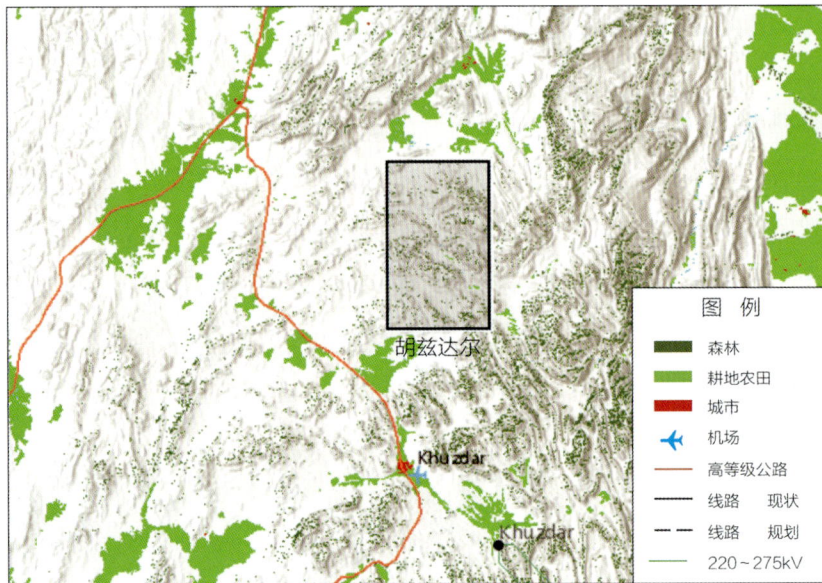

图 3-19　胡兹达尔光伏基地选址示意图

　　基地范围内碳酸盐沉积岩主要发育，基地所在区域属喜马拉雅地中海地震带。与水电开发相比，地质地震对光伏开发影响小，且选址已尽量避让地震多发区域。基地岩层分布及地震情况示意图如图 3-20 所示。基地区域内无大型城镇等人类活动密集区，北部 19km 和南部 27km 处有中小型城镇分布，距离最近人口密集区域（3.5 万 /km²）约 65km，距离最近的大型城市为胡兹达尔市。

图 3-20　胡兹达尔光伏基地岩层分布情况示意图

2．开发规模与资源特性

经测算，胡兹达尔光伏基地太阳能资源理论蕴藏总量为 366.8TWh/a。技术可开发装机容量 35.9GW，年发电量 73951GWh，利用小时数 2060。基地光伏年发电量的地理区域分布示意如图 3-21（a）所示，基地需依山势建设，装机和发电量的地理分布与地形坡度变化相近；基地 8760 逐小时出力系数热力分布如图 3-21（b）所示，其横坐标代表 24 小时，纵坐标代表 365 天，反映了 8760 小时光伏出力随时间变化的规律，可见基地每年 2-10 月日照时间长，发电能力强。

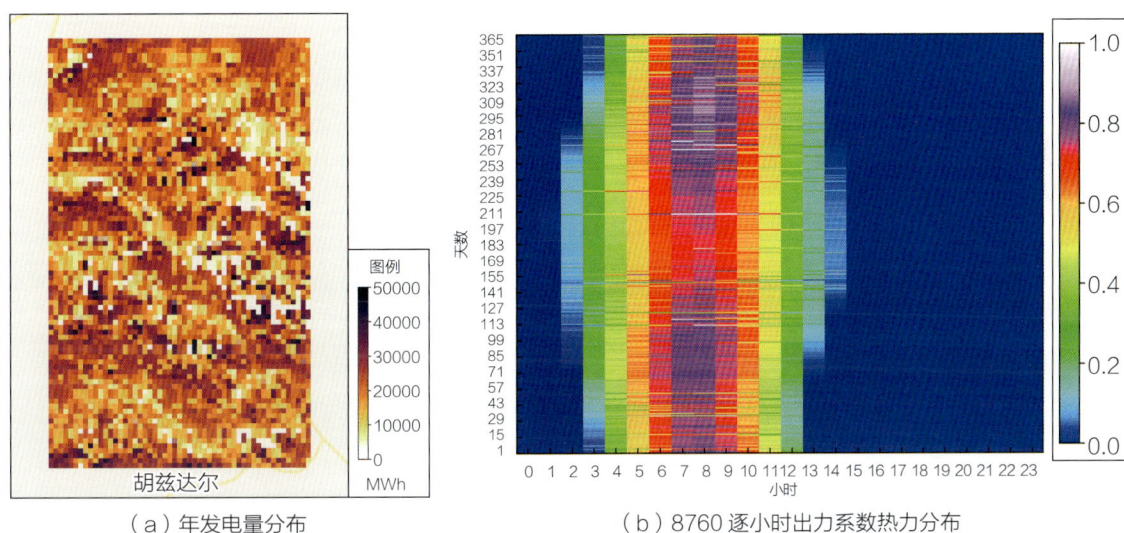

（a）年发电量分布　　　　（b）8760 逐小时出力系数热力分布

图 3-21　胡兹达尔光伏基地年发电量分布和 8760 逐小时出力系数热力分布图

选择代表点对基地发电特性进行分析。基地辐射和温度以及对应光伏发电出力的典型日变化和年变化曲线如图 3-22 和图 3-23 所示。从日变化来看，高辐射时段主要集中在 7—9 点（世界标准时间，下同。折算到巴基斯坦当地时间为 12—14 点）。从月度变化来看，2—7 月、9—10 月总辐射大，发电能力强，11 月—次年 1 月、8 月总辐射小，发电能力小。

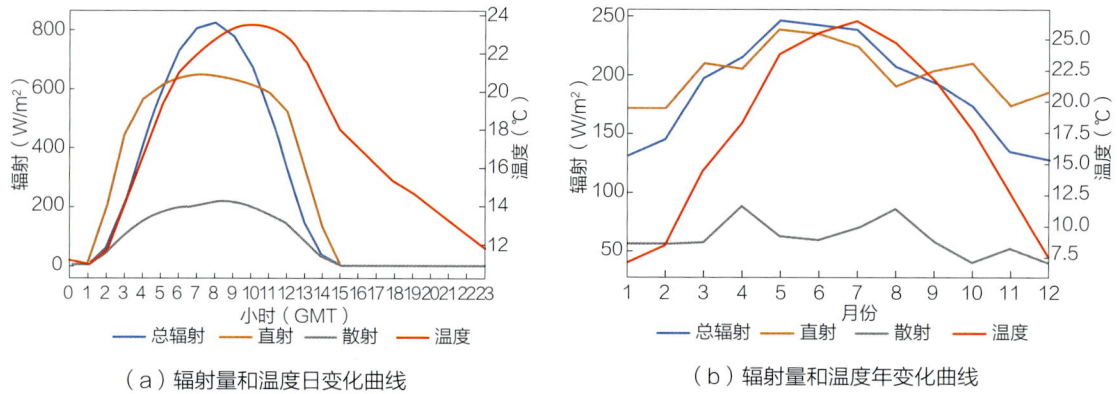

（a）辐射量和温度日变化曲线　　（b）辐射量和温度年变化曲线

图 3-22　胡兹达尔光伏基地辐射和温度典型日变化和年变化曲线

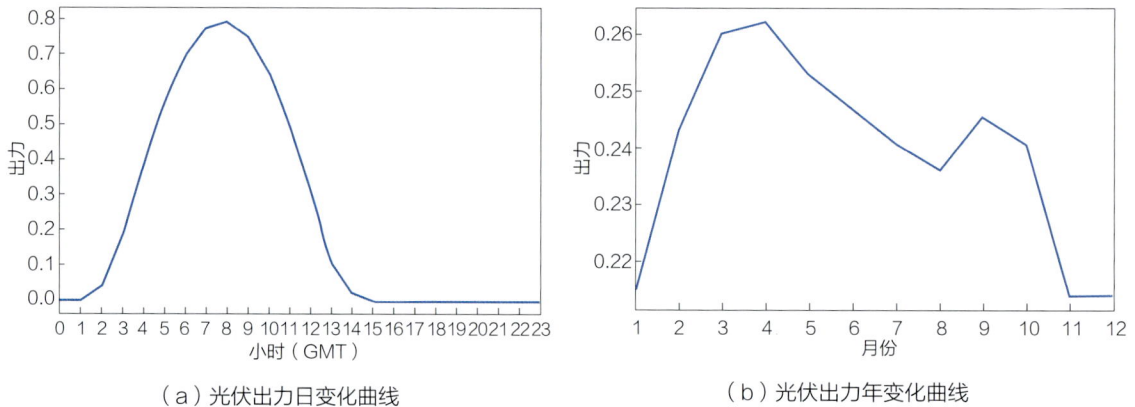

（a）光伏出力日变化曲线　　（b）光伏出力年变化曲线

图 3-23　胡兹达尔光伏基地典型日出力和年出力曲线

3. 工程设想与经济性分析

暂按 310Wp 高效单晶组件，采用固定式支架，竖向 2×22（横向 22 排，竖向 2 列）开展光伏阵列布置研究。综合考虑当地太阳能资源和地形等条件，并基于中国大型光伏电站设计经验及相关光伏板布置原则，采用光伏基地宏观选址规划数字化方法，开展光伏阵列自动排布。当地组件最佳倾角为 28°，基于最佳倾角下的倾斜面辐射量，预留对应前后排间距 6.7m，考虑检修空间和通行道路，组串东西向间距为 0.5m。基地规划布置图如图 3-24 所示。

图 3-24　胡兹达尔光伏基地组件排布示意图

　　按照对光伏发电工程 2035 年经济性水平预测，综合考虑交通和电网基础设施条件，胡兹达尔光伏基地总投资估算 170.44 亿美元（17044 百万美元），其中并网及交通成本 26.49 亿美元（2649 百万美元），投资匡算见表 3-10。按此测算，基地开发后平均度电成本 2.08 美分 / kWh。基于 10% 内部收益率测算的上网电价 3.14 美分 / kWh。

表 3-10　胡兹达尔光伏基地投资匡算表

编号	项目内容	胡兹达尔光伏基地
1	设备成本（亿美元）	137.48
2	建设成本（亿美元）	2.51
3	其他成本（亿美元）	3.95
4	场外交通及并网成本（亿美元）	26.49
5	单位千瓦投资（美元）	4.75

4 大型清洁能源基地外送

基于亚洲能源电力供需发展趋势，统筹区域内、跨区及跨洲电力消纳市场，充分结合基地电力外送容量、输电距离及电网网架结构发展等因素，研究分析了亚洲大型清洁能源基地送电方向和输电方式。研究成果对实现大型清洁能源基地开发外送与电网有效衔接、协调发展，促进亚洲清洁能源大规模开发和高效利用具有重要意义。

4.1 电力需求预测

东亚 ❶ 总人口 16.4 亿人，占亚洲总人口的 37%；GDP 达到 18.5 万亿美元，占亚洲总量的 69%。2016 年，东亚用电量 7.6PWh，最大负荷 1.3TW，中国、日本和韩国是主要电力负荷中心，用电量占东亚总量的比重分别为 81%、12% 和 7%；电源装机 2.1TW，以火电为主，占比 61%；人均用电量 4640kWh/a，人均装机 1.3kW，高于亚洲和世界平均水平。预计 2035 年，东亚总用电量将达到 14.1PWh，最大负荷 2.4TW；2050 年，总用电量达到 16.9PWh，最大负荷 2.9TW。东亚电力需求变化趋势如图 4-1 所示。负荷中心主要为中国、日本和韩国，2050 年中国、日本和韩国占总用电量比重预计分别达到 86%、8% 和 4%。

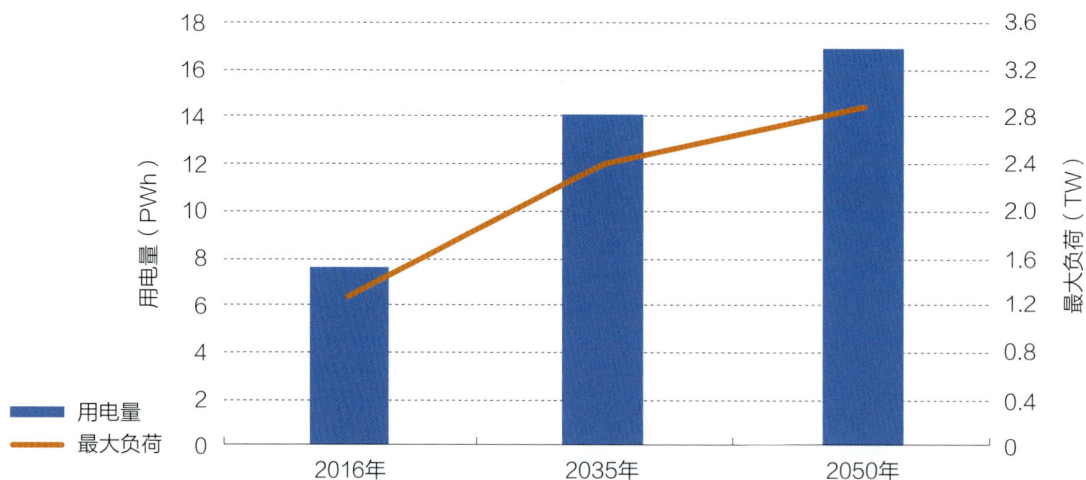

图 4-1 东亚电力需求变化趋势

---

❶ 参考地理人文习惯、区域经济共同体（RECs）和区域电力池（Power Pools）成员情况，将亚洲划分为东亚、东南亚、南亚、中亚、西亚 5 个区域。
东亚包括中国、日本、韩国、朝鲜、蒙古 5 个国家。

东南亚 ❶ 总人口约 6.4 亿人，占亚洲总人口的 15%；GDP 达到 2.6 万亿美元，占亚洲总量的 10%。2016 年，东南亚用电量 837.6TWh，最大负荷 141.8GW，印度尼西亚、泰国、越南、马来西亚是主要电力负荷中心，用电量分别占东南亚总量的 26%、22%、17%、16%；电源装机容量 230.2GW，以火电为主，占比 73%；人均用电量 1305kWh/a，人均装机容量 0.36kW，远低于亚洲平均水平，低于世界平均水平。预计 2035 年，东南亚总用电量将达到 1981.1TWh，最大负荷 355.4GW；2050 年，总用电量达到 3151.7TWh，最大负荷 577.0GW。东南亚电力需求变化趋势如图 4-2 所示。负荷中心主要为印度尼西亚、越南、泰国、菲律宾和马来西亚，2050 年用电量分别占东南亚总用电量的比重将达到 36%、19%、15%、10% 和 8%。

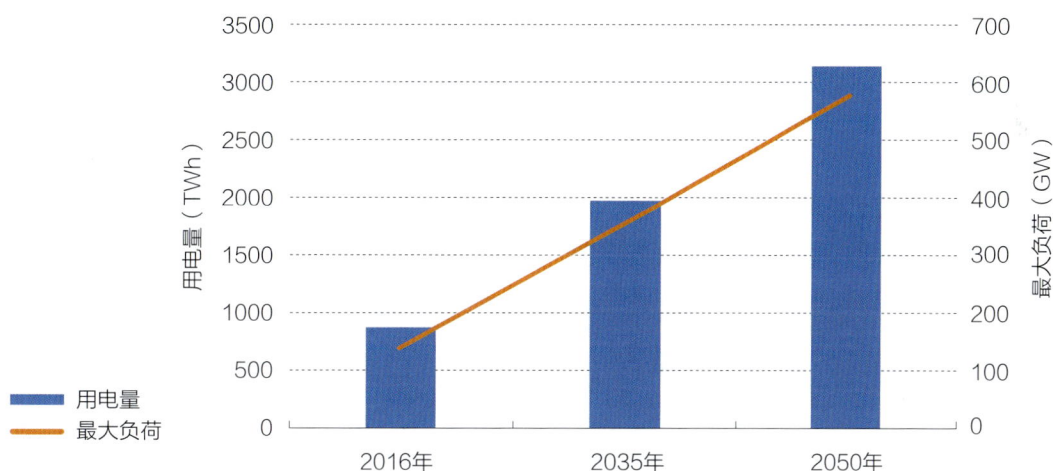

图 4-2　东南亚电力需求变化趋势

南亚 ❷ 总人口约 17.3 亿人，占亚洲总人口的 39%，GDP 为 2.9 万亿美元，占亚洲总量的 11%。2016 年，南亚用电量 1302.7TWh，最大负荷 208.5GW，印度是主要电力负荷中心，用电量占比高达近 87%。电源装机 413.4GW，其中火电装机占比 72%。南亚整体电力发展水平较低，人均用电量 750kWh/a，人均装机容量 0.24kW，约为亚洲平均水平的三分之一。预计 2035 年，南亚总用电量将达到 5864.3TWh，最大负荷 958GW；2050 年，总用电量达到 11724.1TWh，最大负荷 1948GW。南亚电力需求变化趋势如图 4-3 所示。南亚负荷中心为印度、巴基斯坦，2050 年两国占南亚用电量比重分别为 77%、14%。

❶ 东南亚包括柬埔寨、老挝、缅甸、泰国、越南、文莱、印度尼西亚、菲律宾、马来西亚、新加坡、东帝汶 11 个国家。
❷ 南亚包括印度、孟加拉国、不丹、尼泊尔、斯里兰卡、巴基斯坦、马尔代夫 7 个国家。

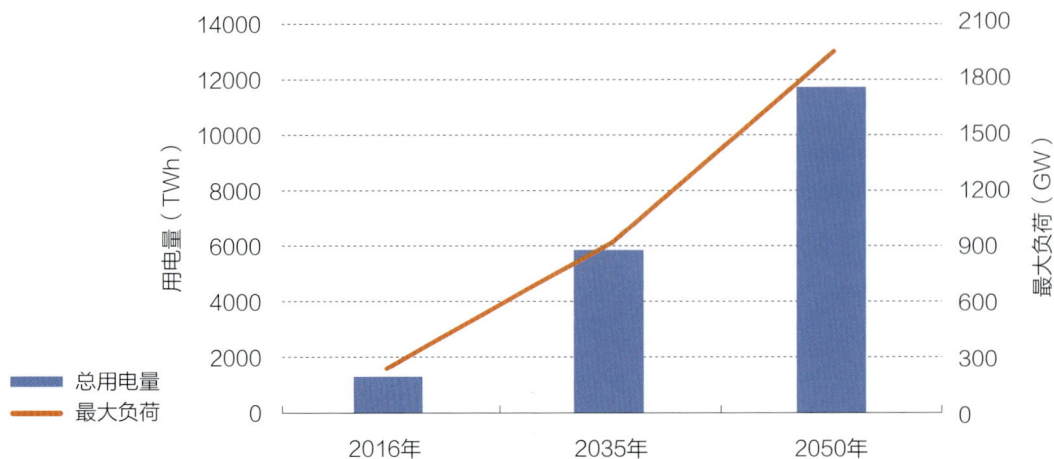

图 4-3　南亚电力需求变化趋势

中亚❶总人口 0.7 亿人，占亚洲总人口的 2%；GDP 达到 2543 亿美元，占亚洲总量的 1%。2016 年，中亚用电量 2076TWh，最大负荷 411.5GW；电源装机容量 466.6GW，以火电为主，占比 72%；人均用电量 2975kWh/a，人均装机容量 0.67kW，基本与亚洲平均水平相当。预计 2035 年，中亚总用电量将达到 4135TWh，最大负荷 714.6GW；2050 年，总用电量达到 6174TWh，最大负荷 1066.8GW。主要负荷中心为哈萨克斯坦，约占整个中亚地区的 50%。中亚电力需求变化趋势如图 4-4 所示。

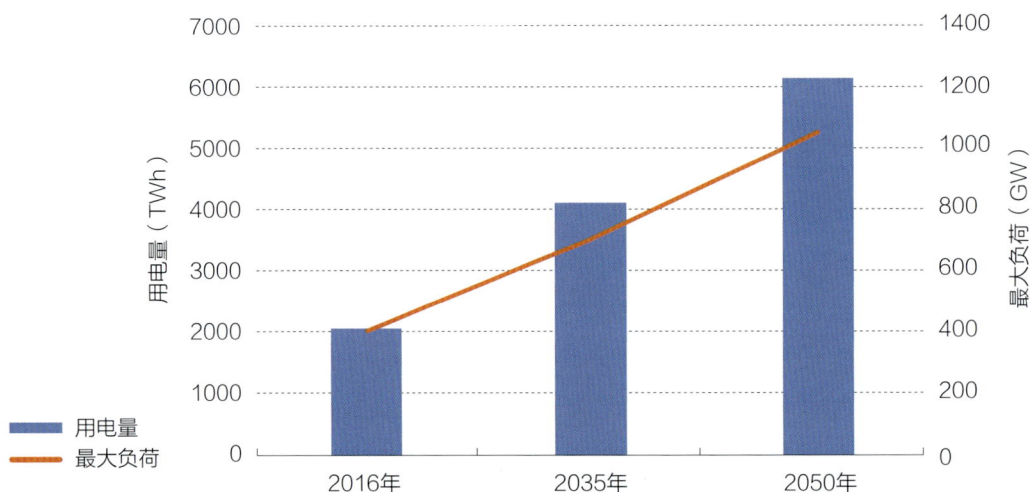

图 4-4　中亚电力需求变化趋势

❶ 中亚包括土库曼斯坦、乌兹别克斯坦、吉尔吉斯斯坦、塔吉克斯坦、哈萨克斯坦 5 个国家。

西亚❶人口总数约3亿，占亚洲总人口的7%；GDP达到2.5万亿美元，占亚洲总量的9%。2016年，西亚用电量989.5TWh，最大负荷229.8GW，沙特阿拉伯和伊朗是主要电力负荷中心，用电量分别占西亚总量的30%和24%；电源装机容量308GW，以火电为主，占比92%；人均用电量3330kWh/a，人均装机容量1.04kW，高于亚洲平均水平和世界平均水平。预计2035年，西亚总用电量将达到2559.3TWh，最大负荷510.5GW；2050年，总用电量达到3931.7TWh，最大负荷775.2GW。西亚电力需求变化趋势如图4-5所示。负荷中心主要为沙特阿拉伯和伊朗，2050年沙特阿拉伯和伊朗占西亚总用电量比重预计分别达到28%和21%。

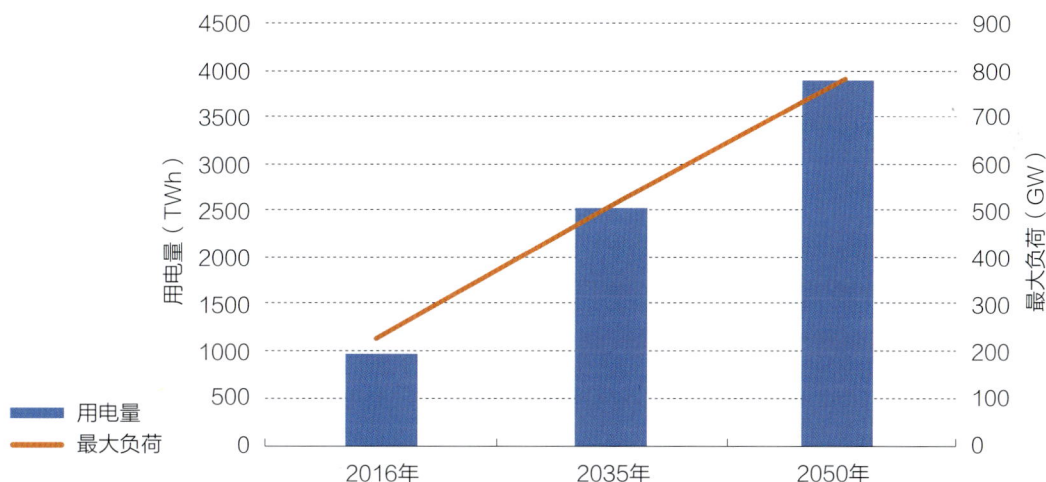

图4-5　西亚电力需求变化趋势

❶ 西亚包括伊朗、阿富汗、叙利亚、黎巴嫩、巴勒斯坦、以色列、约旦、塞浦路斯、伊拉克、科威特、沙特阿拉伯、也门、阿曼、阿联酋、卡塔尔、巴林、格鲁吉亚、亚美尼亚、阿塞拜疆、土耳其20个国家。

4.1　电力需求预测

4.2 深度电能替代

4.2.1 清洁电力制氢与氢能利用

1. 电制氢与消纳清洁电力

氢能具有来源广泛、能量密度大、清洁高效等诸多优点。2018 年，全球氢产量约 1.2 亿 t，其中 95% 来源于传统化石资源的热化学重整。[1] 虽然化石资源制氢工艺成熟，成本相对低廉，但会排放大量的温室气体，对环境造成污染。未来，随着能源清洁转型的不断深入，清洁、绿色的电解水技术将成为主流的制氢方式。

通过采用电制氢技术，一方面可以在难以实施电能替代进行脱碳的领域使用清洁氢，如冶金、化工、货运、航运、工业制热等行业，电制氢技术将成为连接清洁电力与部分终端能源消费领域的"纽带环节"。另一方面，电制氢设备具有较快的启停速度和全功率调节范围，可以成为电网中宝贵的灵活性调节资源。未来，电制氢不仅是一种新的电力负荷，同时也为清洁电力消纳提供了一条新思路。

西亚是全球太阳能资源最为丰富的地区之一，通过规模化发展电制氢产业，能够有效增加当地用电需求，平抑光伏发电的日内波动。制成的氢可用于发电替代当地的燃油调峰电厂，在夜间光伏无法发电的时段作为重要的调峰电源。在对现有的港口 LNG 加注设备进行必要改造之后，还可将富余的氢以海运液氢的方式输送至东亚、美洲、欧洲等全球其他用能中心。

当前，中国氢产能占全球的约 1/3，未来仍将是重要的产氢国。中国西部和北部风能、太阳能资源丰富，在满足电力外送需求后，利用富余电力制氢并通过西气东输管道送至东部负荷中心或就地用于冶金、化工等行业，将有效增加清洁能源利用市场，提升系统消纳能力。

---

[1] 资料来源：IRENA《Hydrogen-A Renewable Energy Perspective》

电制氢与消纳清洁电力

电解水制氢指在直流电的作用下，通过电化学过程将水分子分解为氢分子与氧分子，并分别在阴、阳两极析出。电解水制氢技术主要包括以下三种：一是碱性电解槽技术，通常采用氢氧化钠溶液或氢氧化钾溶液等碱性电解液，由石棉隔膜隔开正负极区域，选用镍、铁等作为电极材料进行电解。碱性电解槽技术成熟、设备结构简单，具有较快的启停速度（分钟级）和部分功率调节能力，是当前主流的电解水制氢方法，缺点是效率较低（60%~70%）。二是质子交换膜技术，其特点是使用仅质子可以透过的有机物薄膜代替传统碱性电解槽中的隔膜和液态电解质，并将具有较高活性的贵金属催化剂压在质子交换膜两侧，从而有效减小电解槽的体积和电阻，使电解效率提高到80%左右，功率调节也更加灵活，但设备成本相对昂贵。三是高温固体氧化物电解槽技术（SOEC），其特点是在较高温度（600~1000℃）环境下，电解反应的热力学和动力学特性都有所改善，可以将电解效率提高到90%左右。高温固体氧化物电解槽还可以作为燃料电池使用，实现电解和发电的可逆运行，该技术目前还处于商业示范阶段。

电制氢设备具有较快的启停速度和全功率调节范围，主流的碱性电解槽启停速度为15~30分钟，新型的质子交换膜电解槽，启停速度可达秒级，功率调节范围可达额定功率的1.5倍左右。根据新能源发电出力和用电负荷的变化灵活调整电制氢设备的功率，使其成为系统中的可控负荷，可以有效消纳电网负荷低谷期的富余电力，平抑新能源发电的波动性。在未来以清洁能源作为主要电源的情况下，电制氢将成为电网中宝贵的灵活性调节资源。

风光发电具有波动性大、利用小时数低等特点，利用电制氢消纳新能源发电，制氢设备利用率不高。以风光互补新能源发电基地为例，按照风电光伏装机1:1进行测算，电制氢设备利用率约为35%~45%（3000~4000小时），如下图所示。

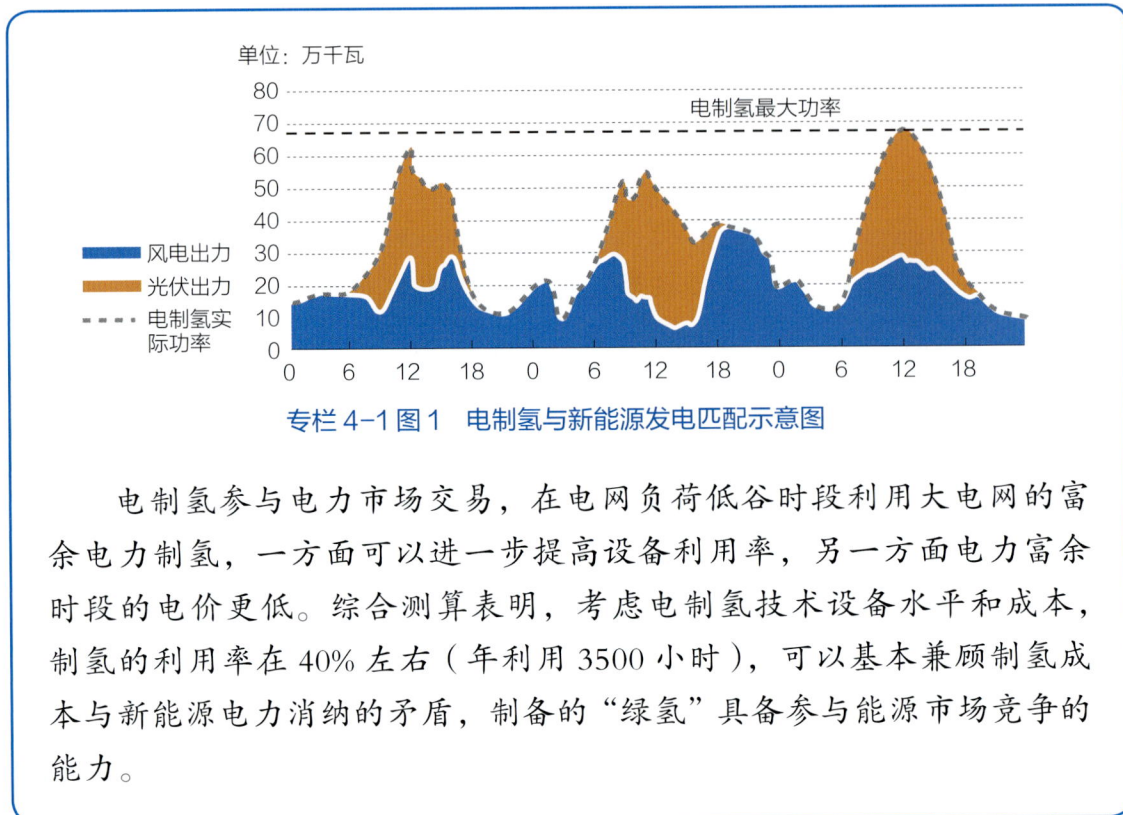

单位：万千瓦

风电出力
光伏出力
电制氢实际功率

电制氢最大功率

专栏 4-1 图 1　电制氢与新能源发电匹配示意图

电制氢参与电力市场交易，在电网负荷低谷时段利用大电网的富余电力制氢，一方面可以进一步提高设备利用率，另一方面电力富余时段的电价更低。综合测算表明，考虑电制氢技术设备水平和成本，制氢的利用率在 40% 左右（年利用 3500 小时），可以基本兼顾制氢成本与新能源电力消纳的矛盾，制备的"绿氢"具备参与能源市场竞争的能力。

2. 氢能利用

目前，氢能主要作为化工原料，并部分应用于能源领域。未来，随着能源清洁转型不断深入，对于氢的需求将主要体现在能源用途，特别是在电能难以替代的部分终端能源消费领域氢能将发挥重要作用，如工业、交通运输、建筑用能等方面，成为深入推进能源消费侧电能替代的又一个重要途径。

预计到 2050 年，亚洲氢需求量将达到 1.65 亿 t/a，60% 来源于电制氢，年消纳电量 4.7 万亿 kWh。东亚人口密集，交通运输、制造、化工、建筑用能等领域用氢需求旺盛，氢能将成为日本、韩国终端消费极为重要的能源品种。中国西部、北部的风电、光伏，俄罗斯远东的水电在满足送电需求后的富余电力可以制氢供负荷中心使用。南亚及东南亚人口红利显著，未来有望承接东亚转移的中低端制造产业，当地清洁能源的富余电力可用于制氢供当地利用。西亚太阳能资源丰富且具有良好的港口和 LNG 运输条件，光伏发电制氢后除替代当地天然气需求外，可以以液氢或氢化合物的形式海运出口。

专栏 4-2　　　　　　　氢能利用的主要方式

目前，全球氢消费量5600万t，其中95%作为化工原料使用，包括石油制品精炼、制氨、制甲醇、冶金、食品加工等；其余部分作为能源使用，包括航天、高端制热、氢燃料电池等。

未来，随着能源清洁转型不断深入，对于氢的需求将主要体现在能源用途，特别是在电能难以替代的部分终端能源消费领域氢能将发挥重要作用，包括：工业用氢方面，作为化工原料及高端制热能源，需求量对氢价非常敏感，且与减排要求相关，预计未来小幅增长。交通运输领域是未来氢能需求的主要增长点，目前氢燃料电池的发电效率约为40%~60%，随着技术进步，氢能有望在长途客车、货运、航运等长距离运输领域占有一席之地，但替代量与计及输配环节后的氢价密切相关。建筑用能方面，使用可再生电力生产的氢可以通过天然气管网供给家庭和商业建筑，用氢替代部分化石燃料。预计到2050年，全球氢需求将达到约3亿t，将增加全球电能消费约8.6万亿kWh。

4.2.2　海水淡化与生态修复

在风光资源丰富、沿海缺水区域推动以清洁能源发电为供能方式的海水淡化工程，利用清洁电力淡化海水，可以显著改善地区水环境，提升地区支撑生产、生活的水资源能力，增加生物质和植树造林发展所需的淡水资源，增加森林碳汇，促进生态修复和环境治理。

西亚是全球最为干旱的地区之一，年均降水量不超过200mm。目前，西亚是全球海水淡化产能最大的地区，但主要依靠油气提供所需能源。当地作为全球太阳能资源最为富集的地区之一，大力发展太阳能发电为海水淡化提供能源，可以在有效降低海水淡化能耗和投资成本的同时，为清洁能源消纳提供新思路，加速电能替代和清洁能源资源开发利用。东亚地区人口稠密、经济发达，大型城市的发展均在一定程度上受制于当地水资源承载能力，就地开展大规模海水淡化，将为当地进一步发展提供动力。预计到2050年，亚洲海水淡化需求将达到1000亿t/a，消耗电量2500亿kWh，占总用电量的0.6%。

专栏 4-3   **海水淡化技术**

海水淡化是可持续提供淡水资源的有效方式。将海水里的溶解矿物质盐分、有机物、细菌和病毒以固体形式分离出来从而获得淡水。截至2017年年底，全球已有160多个国家和地区在利用海水淡化技术，已建成和在建的海水淡化工厂接近2万个，合计产能约1.04亿 t/ 日。

目前已实现规模应用的主流技术有反渗透法和蒸馏法。反渗透法通常又称超过滤法，是利用半透膜将海水与淡水分隔开，在海水侧施加大于海水渗透压的外压，将海水中的纯水反向渗透至淡水侧，示意图见右侧。该技术要求海水浓度在一定范围，对结垢、污染、氧化剂等控制要求严格。蒸馏法又包括多级闪蒸法和低温多效蒸馏法等，其中多级闪蒸应用较为广泛。闪蒸是指一定温度的海水在压力突然降低条件下，部分海水急骤蒸发的现象，多级闪蒸是指将加热的海水，依次通过多个温度、压力逐级降低的闪蒸室，进行蒸发冷凝的蒸馏淡化方法。

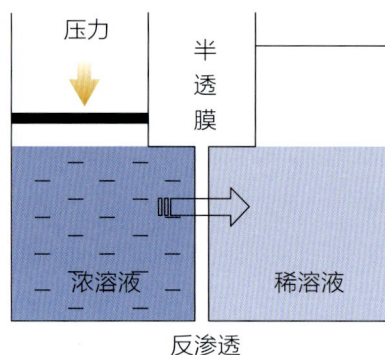

在浓溶液一侧施加超过渗透压的压力
使得溶剂分子向稀溶液一侧流动

专栏 4-3 图 1   反渗透法海水淡化技术示意图

反渗透法是全球应用最广泛的海水淡化技术，产量占比达到67%，是沿海干旱地区供水的主要方案。随着反渗透膜性能、能源效率、运转技术的改进，能源消耗量大幅降低到目前的 2.5~4kWh/t。多级闪蒸技术海水淡化产能约占全球的21%，技术成熟、运行可靠，但能耗较约为 3.5~5kWh/t，项目初始投资大，适合于大型和超大型海水淡化项目，可与火电站联合建设以降低公共设施、电力、蒸汽等资源成本。低温多效蒸馏技术产能较小，但能耗仅为 0.9~1.2kWh/t。

技术发展前景方面，传统海水淡化采用常规能源，能耗高，二氧化碳排放量大。随着全球能源转型和低碳发展的深入，海水淡化技术与风、光等清洁能源发电的结合将是重要的发展趋势。

4.3　东亚

4.3.1　送电方向

东亚地处亚欧通道和"丝绸之路经济带"起点，北靠俄罗斯远东能源资源基地，西临中亚能源资源基地，南接南亚和东南亚负荷中心，区位优势显著。东亚是全球重要的经济中心，科技创新高地，具有较强的资金和人才储备，能源电力需求大。未来东亚重点开发蒙古风电和太阳能资源，在更大范围内优化配置能源资源，跨区受入中亚、俄罗斯远东清洁能源。通过水风光互补互济，充分发挥"蓄水池"调节作用，电力外送南亚和东南亚地区，成为亚洲重要电力配置平台。东亚大型清洁能源基地送电方向见表4-1。

中国是全球第二大经济体，经济保持稳定增长，能源电力需求大。通过加快开发"三北"和西南清洁能源资源，满足东部和南部沿海负荷需求，大力推进互联互通，接受中亚、蒙古和俄罗斯富余电力，电力外送日韩朝、东南亚和南亚地区，打造东亚能源电力枢纽平台。**日本**积极开发本地清洁能源资源，尤其是沿海风电资源，同时从中国和俄罗斯等周边国家受入电力，满足自身负荷需求。**韩国**作为东亚电力消费大国，重点开发东部沿海风电资源，同时从中国和俄罗斯等周边国家受入电力，并部分转送至日本。**朝鲜**经济转型带动电力需求增长，大规模开发东部沿海风电的同时，近期从中国接受电力，远期将从俄罗斯接受电力，保障朝鲜能源电力供应。**蒙古**是东亚重要的风电和太阳能基地，在满足本国用电需求的基础上，盈余电力外送中国，部分电力转送至日本和韩国。

表4-1　东亚大型清洁能源基地送电方向

基地	国家	主要送电方向
风电基地		
乔巴山	蒙古	蒙古首都地区
曼达勒戈壁	蒙古	蒙古首都地区
南德勒格尔	蒙古	蒙古首都地区
乔伊尔	蒙古	中国华北和东北地区
塔班陶勒盖	蒙古	中国华北地区
稚内	日本	日本北海道本岛北部地区
珠洲	日本	日本本岛中部和首都地区
浦项	韩国	韩国西部和北部地区
吉州	朝鲜	朝鲜西部地区
太阳能基地		
乔伊尔	蒙古	中国华北和东北地区
古尔班特斯	蒙古	蒙古南部地区
塔班陶勒盖	蒙古	中国华北地区

4.3.2　输电方式

蒙古风电、太阳能基地，其中乔伊尔风电和太阳能基地、塔班陶勒盖风电和太阳能基地宜直接通过 ±800kV 特高压直流输电工程送至中国华北和东北地区。曼达勒戈壁风电基地、南德勒格尔风电基地、乔巴山风电基地和古尔班特斯太阳能基地宜通过 500kV、220kV 等接入本地交流主网架，送至首都负荷中心和南部工矿区消纳。

日本、韩国和朝鲜风电、太阳能基地，其中稚内海上风电基地宜接入本地500kV 主干网，部分在本地消纳，部分通过 ±500kV 直流输电工程送至日本本岛北部。珠洲海上风电基地通过加强 500kV 区域网架送至日本中部和首都地区。浦项海上风电基地通过 765kV 和 345kV 电网部分在本地消纳，部分送至韩国西部和北部地区。吉州海上风电基地通过建设 500kV 交流电网，部分在本地消纳，部分送至朝鲜西部首都地区。

东亚清洁能源基地远期输电方案如图 4-6 所示。

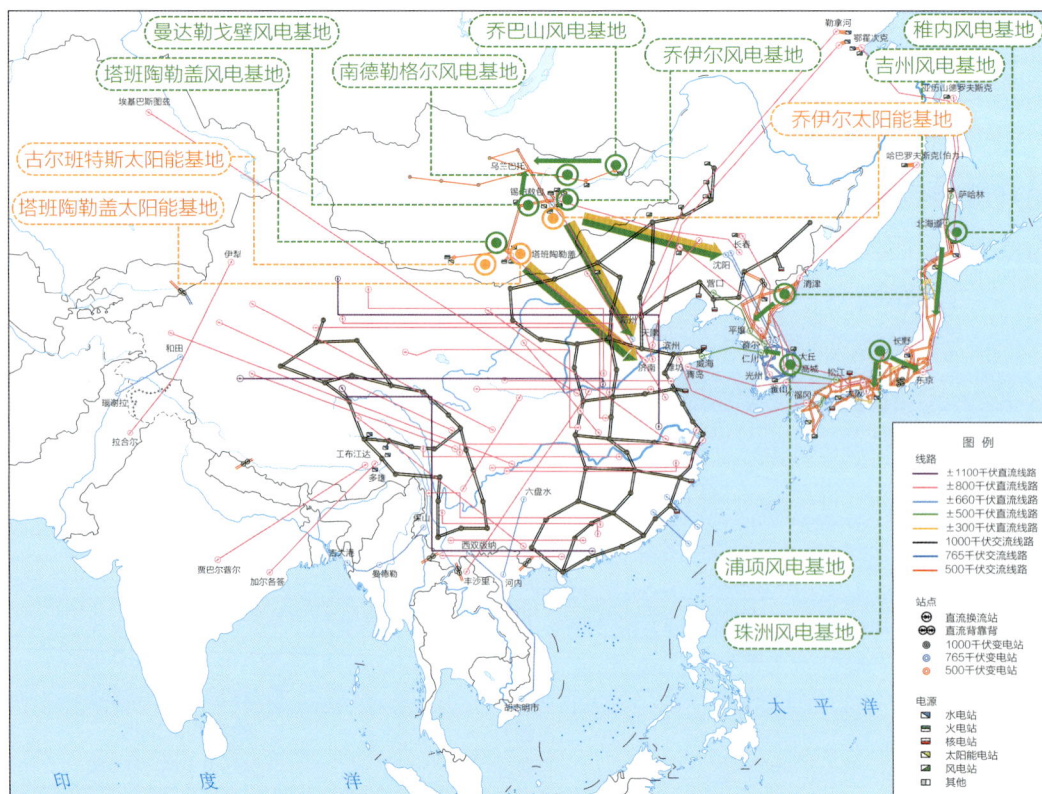

图 4-6　东亚清洁能源基地远期输电方案示意图

4.4 东南亚

4.4.1 送电方向

东南亚清洁能源和矿产资源丰富、人口红利突出、港口优势明显、发展潜力巨大。未来，东南亚可立足资源禀赋特性，发挥区位优势，大力发展水能、太阳能、风能以及地热等清洁能源，形成清洁主导的发展模式；加快推进电网互联建设，统筹利用区内、区外两种资源和两个市场，打造绿色低碳、安全可靠、灵活互济的清洁能源大范围配置平台，带动区域多层次融合；以"电—矿—冶—工—贸"联动发展模式，推动能源发展方式和经济产业发展模式转型，实现区域全面均衡发展。东南亚大型清洁能源基地送电方向见表 4-2。

印度尼西亚石油、煤炭等能源资源和矿产资源非常丰富，未来依托"电—矿—冶—工—贸"联动发展新模式，开发加里曼丹岛的太阳能和水电，加强与马来西亚和菲律宾电网互联，受入澳大利亚北部清洁太阳能电力，保障经济社会发展用能需要。**泰国**地处东南亚大陆中心位置，与柬埔寨、老挝、缅甸、马来西亚陆地相连，未来通过加快推动泰国中部太阳能和南部沿海风电等清洁能源资源开发，加强与周边国家电力互联，增强跨国电力交换能力，成为东南亚区域电力枢纽。**越南**三面环海，煤炭、铁矿、铝土矿等矿产资源储量丰富，经济增速持续保持较快态势。通过开发本国沿海风电，跨国受入中国、老挝水电，满足经济发展用能需求。**老挝**水能资源储量丰富，未来大力开发本国水电，加大与周边国家互联互通，将本国丰富的水电送至泰国、柬埔寨、越南等国，实现资源优势转化为经济优势。**新加坡**能源需求依赖进口，未来新加坡将加快本国太阳能、风能等清洁能源开发，同时加强与马来西亚西部和印度尼西亚电网互联，跨国受入清洁能源电力满足本国电力需求。**菲律宾**将重点开发海洋能、地热能、风电等清洁能源资源，加强与马来西亚沙捞越、印度尼西亚加里曼丹电网互联，提高跨国电力交换能力，受入沙捞越、东加里曼丹岛水电、太阳能等清洁能源电力，满足电力消费需求。

表 4-2　东南亚大型清洁能源基地送电方向

基地		国家	主要送电方向
水电基地	伊洛瓦底江	缅甸	印度、孟加拉国
	萨尔温江	缅甸	缅甸、泰国
	湄公河老挝	老挝	泰国、柬埔寨、越南
	加里曼丹岛	印度尼西亚	新加坡、菲律宾、印尼爪哇岛
风电基地	广义	越南	越南东部
	平顺	越南	越南东南部
	宁顺	越南	越南南部
	班吉	菲律宾	菲律宾北部
	南他加禄	菲律宾	菲律宾北部

4.4.2　输电方式

伊洛瓦底江水电基地，包括伊洛瓦底江中上游干支流水电站，通过统筹开发、统一规划，规模优势明显，在保障本地区供电基础上，主要跨区外送。区内，接入特高压交流主网架，通过交流同步电网跨国外送；跨区，通过 1 回 ±800kV 特高压直流将 8GW 电力送至印度勒克瑙负荷中心。

萨尔温江水电基地，包括萨尔温江干支流水电站。充分发挥水电运行可靠、调节灵活等优势，与当地其他电源灵活互济，在满足本地用电需求的基础上，实现水电大规模外送。萨尔温江水电基地通过 ±660kV 三端直流输电工程送至缅甸仰光及泰国首都曼谷负荷中心消纳，实现萨尔温江水电大范围优化配置。

湄公河老挝水电基地，包括老挝境内湄公河干支流水电站群。湄公河中上游水电资源丰富，由覆盖中南半岛的"三横三纵"1000kV 特高压交流电网汇集，在保障老挝本国电力需求的基础上，主要跨国外送泰国、柬埔寨、越南等国，实现湄公河水电大范围优化配置。

加里曼丹岛水电基地，包括马来西亚沙捞越、沙巴州以及加里曼丹岛印度尼西亚地区多个水电站。未来，水电基地就近接入规划建设的环岛 500kV 交流环网，满足岛内工业产业发展带来的电力需求快速增长，盈余电力跨岛外送。向西，通过 ±500kV 直流送电新加坡；向北，通过 ±500kV 直流送电菲律宾棉兰老岛、巴拉望、民都洛负荷中心；向南，通过 ±500kV 直流通道将盈余电力送至印尼爪哇岛负荷中心。

越南沿海风电基地，包括广义、宁顺、平顺三个近海风电基地，位于越南东部沿海。通过本国 500/220kV 交流网架汇集后，就近于越南沿海负荷中心消纳。

菲律宾沿海风电基地，包括班吉、南他加禄两个近海风电基地，位于菲律宾北部沿海。接入本国 500/230kV 交流网架，就近送至菲律宾北部负荷中心就近消纳。

东南亚清洁能源基地远期输电方案如图 4-7 所示。

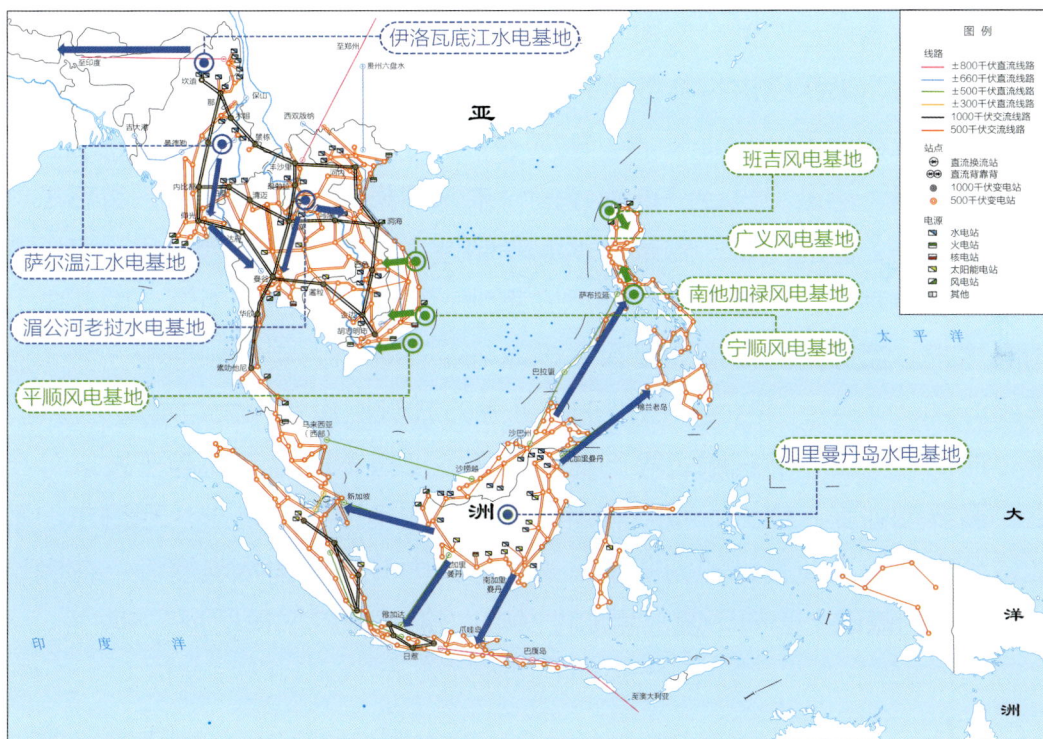

图 4-7　东南亚清洁能源基地远期输电方案示意图

4.5　南亚

4.5.1　送电方向

南亚经济结构升级潜力、人口发展潜力、清洁能源资源开发利用潜力巨大。未来南亚可以充分利用三大潜力，打造环孟加拉湾、中巴经济走廊和印度南部三大经济带，重点发展汽车制造、通信、水泥、纺织等产业，促进能源电力需求快速增长，南亚将成为亚洲能源电力增长点和消费中心。南亚大型清洁能源基地送电方向见表4-3。

印度产业基础较好，人口红利显著，首都新德里，西海岸孟买，东南沿海金奈和东部加尔各答是印度四大城市圈，正在通过"印度制造"、"智慧城市"等战略，着力将印度打造成制造业大国。印度负荷与资源分布不均，可重点开发印度西部与南部太阳能、风电基地，印度东部水电基地，加大从周边区域和国家受入电力，满足经济社会发展带来的巨大电力需求。**巴基斯坦**地理位置优越，处于西亚与南亚、东亚交界，毗邻波斯湾。正在不断加大基础设施建设、改善投资环境、推进中巴经济走廊建设，未来将形成北部旁遮普、南部瓜达尔港两大经济圈，促进纺织、皮革、水泥等制造业以及港口航运发展，可重点开发印度河水电基地、巴基斯坦南部风光基地、并受入西亚、中国、中亚电力满足用电需求。**孟加拉国**制造业具有一定基础，正在努力实施制造业升级，通过创建经济区、高科技园特区、出口加工区等方式吸引投资，大力发展能源电力、交通、通信、化工、纺织服装等产业。未来孟加拉本国清洁能源开发以分布式为主，需要加强受入电力，重点满足达卡及周边负荷增长需求。**尼泊尔、不丹**水能资源丰富，工业基础较为薄弱，未来可大力开发本国水电资源，在满足自身发展需求的基础上，向印度、孟加拉送电，将资源优势转化为经济收益。

表 4-3　南亚大型清洁能源基地送电方向

基地		国家	主要送电方向
水电基地	恒河	尼泊尔	尼泊尔、印度
	布拉马普特拉河	印度、不丹	不丹国内消纳，印度北部、南部地区
太阳能基地	杰伊瑟尔梅尔	印度	印度中部地区
	帕坦	印度	印度西南部地区
	巴沃格达	印度	印度南部地区
	莫蒂亚里	巴基斯坦	巴基斯坦南部地区
风电基地	杰伊瑟尔栒尔	印度	印度中部地区
	帕焦	印度	印度南部地区
	金皮尔	巴基斯坦	巴基斯坦南部
	马纳尔	斯里兰卡	斯里兰卡西南部

4.5.2　输电方式

恒河水电基地，包括尼泊尔、印度境内多个水电站。水电开发在满足本地负荷的基础上，主要外送至印度北部地区。目前为满足已开发水电站送出需要，已建成 400kV/220kV 送电通道，未来将进一步完善和升级现有 400kV 输电通道，新建 ±500kV、±800kV 直流线路，实现更大规模电力外送。在尼泊尔境内，可依托 400kV 主网架，送电首都加德满都及南部负荷中心。

印度西部太阳能、风电基地，重点开发杰伊瑟尔梅尔、帕坦、帕焦等太阳能、风电基地，位于印度西部沙漠地区，宜就地汇集，通过 ±800 直流送至印度南部、中部地区的卡纳塔克邦、果阿邦、马哈拉史特拉邦负荷中心消纳。

印度南部风电、太阳能基地，重点开发巴沃格达等太阳能基地、杜蒂戈林等风电基地，均位于印度南部地区，未来通过新建的印度南部 765/400kV 交流输电通道，送至周边安得拉邦、卡纳塔克邦负荷中心消纳。

布拉马普特拉河水电基地，主要位于不丹和印度东北部地区。充分发挥水电运行可靠、调节灵活、覆盖面广等优势，促进印度北部、南部受端地区分布式清洁能源电力开发，通过 ±800kV 直流送至印度北部、南部负荷中心，接入当地 765kV 主网架消纳。不丹水电通过加强国内 400kV 建设满足自身负荷需求。

巴基斯坦东部太阳能、风电基地，重点开发莫蒂亚里太阳能、金皮尔风电等基地，位于巴基斯坦东部沙漠地区，就地汇集，通过 500kV 交流网架送至周边地区消纳。

斯里兰卡风电、太阳能基地，马纳尔海上风电基地、基利诺奇太阳能基地位于斯里兰卡北部地区，通过由北向南的 500kV 交流输电通道，将电力送至西南部首都科伦坡及汉班托塔港等负荷中心。

南亚清洁能源基地远期输电方案如图 4-8 所示。

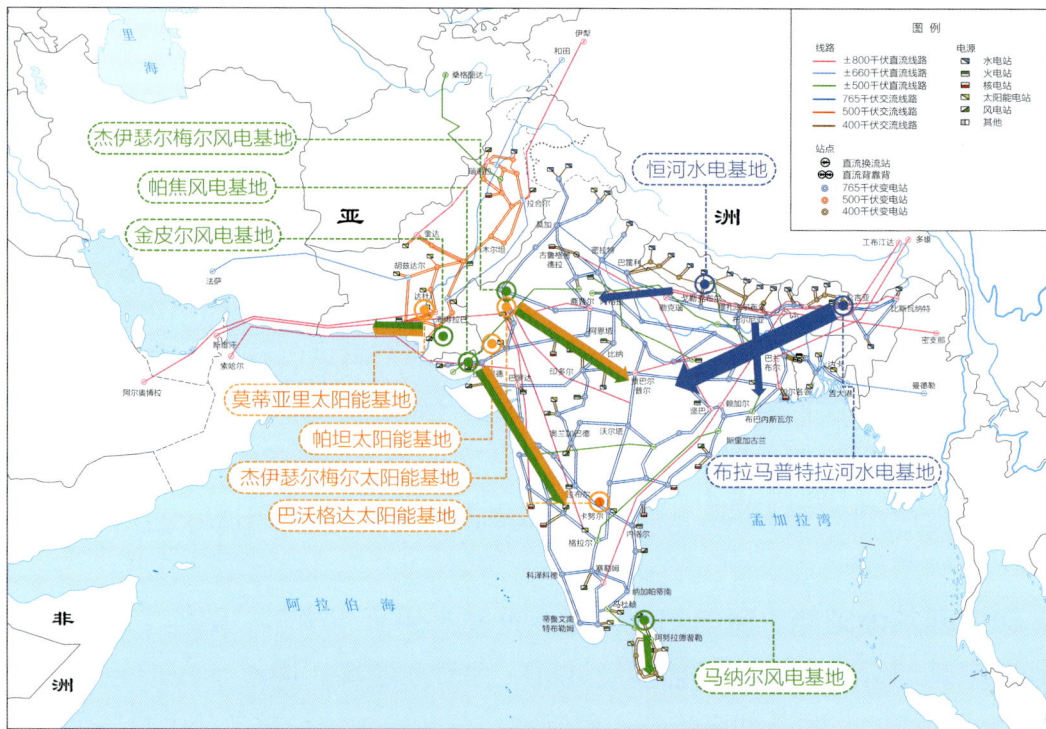

图 4-8　南亚清洁能源基地远期输电方案示意图

4.6　中亚

4.6.1　送电方向

中亚能源资源丰富，区位优势明显、连接着太平洋与大西洋沿岸经济圈，是"一带一路"建设的核心地区。未来，可通过规模化开发阿姆河和锡尔河流域上游水电，哈萨克斯坦境内风电以及覆盖中亚各国的太阳能发电，推动区内各国电力供应清洁低碳化发展，成为连接欧亚大陆的重要清洁能源外送基地，实现中亚与"两洋"沿岸经济圈协同发展。中亚大型清洁能源基地送电方向见表4-4。

表4-4　中亚清洁能源外送基地送电方向

基地		国家	主要送电方向
水电基地	锡尔河	吉尔吉斯斯坦	吉尔吉斯斯坦东中部、跨区与中国新疆风光互济
风电基地	阿特劳	哈萨克斯坦	哈萨克斯坦北部、欧洲德国
	曼吉斯套	哈萨克斯坦	吉尔吉斯斯坦、塔吉克斯坦
	卡拉干达	哈萨克斯坦	哈萨克斯坦北部、东亚中国
	江布尔	哈萨克斯坦	哈萨克斯坦北部、东亚中国
	图尔克斯坦	哈萨克斯坦	哈萨克斯坦北部、欧洲德国
太阳能基地	图尔克斯坦	哈萨克斯坦	哈萨克斯坦中部、吉尔吉斯斯坦、塔吉克斯坦
	卡普恰盖	哈萨克斯坦	哈萨克斯坦南部、东亚中国、吉尔吉斯斯坦、塔吉克斯坦
	木伊那克	乌兹别克斯坦	乌兹别克斯坦东中部地区
	昆格勒	乌兹别克斯坦	乌兹别克斯坦东中部地区
	土库曼纳巴德	土库曼斯坦	土库曼斯坦东部、乌兹别克斯坦
	马雷	土库曼斯坦	土库曼斯坦东部、塔吉克斯坦
	杜沙克	土库曼斯坦	土库曼斯坦东部、塔吉克斯坦

　　哈萨克斯坦是横跨中亚的资源大国，尤其是风光资源丰富。未来，通过加快开发大型太阳能、风电基地，并升级建设本国电网、同时推进跨国、跨区、跨洲电网互联互通，充分发挥区位优势、资源优势和市场优势，打造联结亚欧的能源电力枢纽平台。**吉尔吉斯斯坦**资源类型较为单一，以水能为主。未来在开发自身水电基础上还将加大与中亚区内的各国互联互通，扩大清洁电力受入规模，满足本国电力供应；同时通过与中国新疆互联互通，实现水、风、光多类型资源互补互济。**塔吉克斯坦**水能资源储量丰富，未来在适度开发本国水电基础上，还将加大与周边国家互联互通，一方面接受区内哈萨克斯坦和土库曼斯坦经济性更好的风光电力、一方面将本国水电送至巴基斯坦，实现资源优势转化为经济优势。**土库曼斯坦**通过开发太阳能基地并配置天然气发电，在满足本国经济社会发展电能需求前提下，外送区内其他国家，打造为中亚区内的清洁能源外送基地。**乌兹别克斯坦**地处中亚中心，地理优势明显；未来在开发本国风光发电基础上，还将大规模接受哈萨克斯坦北部和土库曼斯坦南部的清洁电力，部分转送吉尔吉斯斯坦和塔吉克斯坦，是中亚地区的负荷中心和电力中转站。

4.6.2　输电方式

　　哈萨克斯坦风光基地，哈萨克斯坦风光基地规模大、布局广，由覆盖全国的特高压交流电网汇集，跨区跨国外送。跨区送电规模 24GW，输电距离远，采用特高压直流输电方式，通过 3 回直流送电至中国和德国负荷中心。跨国，与周边国家经 500kV 线路互联互通，由他国转送区内的吉尔吉斯斯坦和塔吉克斯坦。

　　锡尔河水电基地，包括吉尔吉斯斯坦境内多个水电站，主要由该国 500kV 电网送电至负荷中心。考虑水电丰盈枯缺特性，经直流背靠背与中国新疆互联，与中国新疆的风光发电资源互补互济。

　　土库曼斯坦太阳能基地，包括土库曼纳巴德、马雷、杜沙克太阳能基地，均通过建设 500kV 输电通道汇集，送至本国负荷中心，盈余部分通过跨国互联 500kV 通道送至乌兹别克斯坦、吉尔吉斯斯坦和塔吉克斯坦。

乌兹别克斯坦太阳能基地，包括木伊那克、昆格勒太阳能基地，位于乌兹别克斯坦中部地区，通过建设 500kV 输电通道送至中部负荷中心消纳。

中亚清洁能源基地远期输电方案如图 4-9 所示。

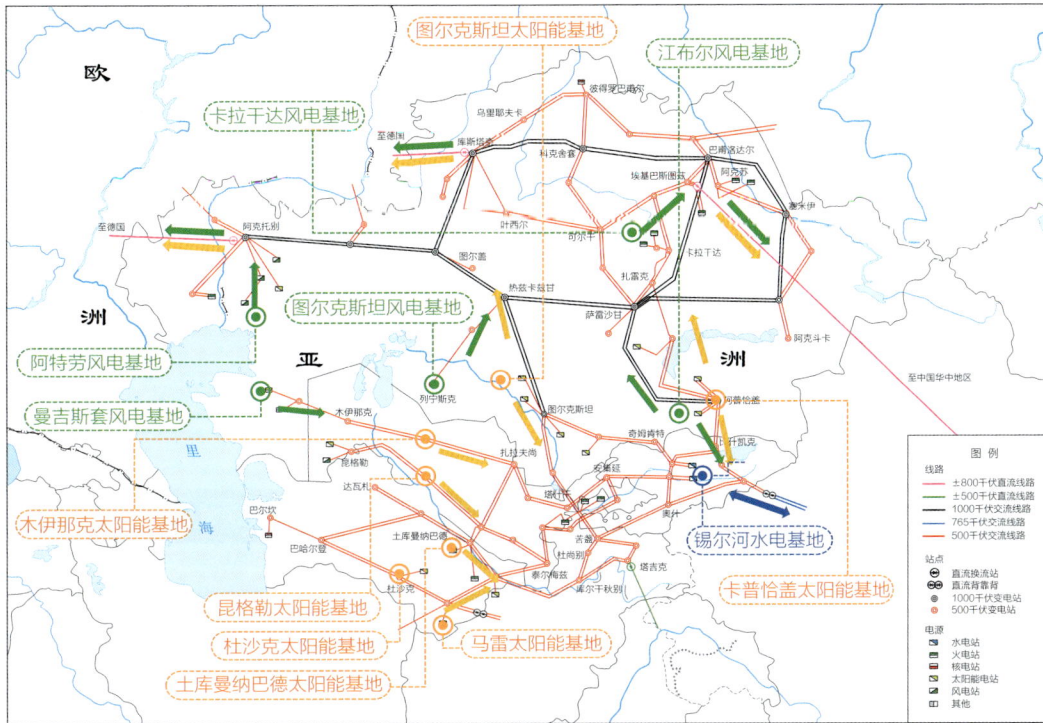

图 4-9　中亚清洁能源基地远期输电方案示意图

4.7 西亚

4.7.1 送电方向

西亚区位优势明显、劳动力人口充足、油气资源十分丰富，但面临严峻的环境压力和产业升级转型压力，通过加速实现产业结构优化、推动能源产业转型等相关政策，西亚各国已开启产业多元化发展新模式。未来，西亚将调整能源生产格局，降低对油气资源依赖，加快发展清洁能源，重点开发区内的大型太阳能和风电基地，促进能源供应多元化和清洁化，实现能源可持续发展。同时，充分利用亚非欧三大洲交汇的地理区位优势，以及太阳能、风能丰富的资源优势，向南亚和欧洲送电，跨区跨洲形成"双辐射"格局。西亚大型清洁能源基地送电方向见表 4-5。

表 4-5　西亚大型清洁能源基地送电方向

基地		国家	主要送电方向
风电基地	达曼	沙特阿拉伯	沙特阿拉伯东部、科威特、卡塔尔、巴林
	古韦里耶	卡塔尔	卡塔尔
	拉卡比、拉斯马德拉卡	阿曼	印度西部、阿联酋
	塔伊兹	也门	沙特阿拉伯西南部
	阿勒颇	叙利亚	叙利亚首都地区、黎巴嫩
	比尔詹德	伊朗	阿富汗
	赫拉特	阿富汗	阿富汗
太阳能基地	阿弗拉杰、阿尔奥柏拉	沙特阿拉伯	巴基斯坦、阿联酋、卡塔尔、巴林
	利雅得	沙特阿拉伯	埃塞俄比亚
	哈伊勒	沙特阿拉伯	土耳其、科威特、以色列
	泰布克	沙特阿拉伯	约旦、埃及
	沙里姆	阿曼	印度西部
	斯维汗	阿联酋	印度西北部
	马安	约旦	以色列、巴勒斯坦、叙利亚
	阿马拉、纳杰夫	伊拉克	科威特
	霍姆斯	叙利亚	黎巴嫩
	设拉子、扎黑丹、比尔詹德	伊朗	伊朗首都地区、巴基斯坦、阿富汗
	坎大哈	阿富汗	阿富汗

沙特阿拉伯是西亚重要的太阳能和风电基地，通过大力开发当地太阳能和风电资源，加强跨国跨洲电力互联，可实现与埃塞俄比亚水电互补互济，盈余电力可跨国送至周边约旦、科威特、巴林和卡塔尔等国，跨区送至南亚巴基斯坦，跨洲送电欧洲和非洲。阿联酋在东部建设太阳能基地，凭借区位优势，通过跨区直流互联，向南亚印度负荷中心送电。伊朗是西亚重要的电力输出国，通过在东部建设太阳能和风电基地、在南部建设太阳能基地，推动化石能源清洁替代，在满足本国用电需求的基础上，盈余电力外送至区内的伊拉克、阿富汗、亚美尼亚和阿塞拜疆等国，跨区外送至南亚巴基斯坦。伊拉克在南部建设大型太阳能基地，并通过跨国交流互联，承接伊朗太阳能电力，在满足本国用电需求基础上，跨国将电力外送至科威特。

4.7.2　输电方式

沙特阿拉伯风电、太阳能基地，包括达曼风电基地、阿弗拉杰太阳能基地、阿尔奥柏拉太阳能基地、利雅得太阳能基地，接入沙特阿拉伯本地 380kV 主干网架，并通过 3 条 1000kV 特高压交流输电通道将清洁电力输送至利雅德等负荷中心。在满足本地电力需求的基础上，通过 4 条 ±800kV 直流工程将盈余太阳能电力跨区送至印度、巴基斯坦，跨洲送至土耳其；通过 3 条 ±660kV 直流工程将清洁电力跨国输送至约旦，跨洲输送至埃及，并跨红海与非洲埃塞俄比亚水电互补互济；通过交流电网，输送至巴林、卡塔尔、阿联酋消纳。

阿联酋太阳能基地，包括斯维汗太阳能基地，接入阿联酋 400kV 主网架，在满足本地清洁电力需求基础上，建设阿联酋 – 印度 ±800kV 直流输电工程，向东外送至印度消纳。

伊朗风电、太阳能基地，包括比尔詹德风电基地、设拉子太阳能基地、扎黑丹太阳能基地、比尔詹德太阳能基地，建设连接德黑兰、伊斯法罕和阿瓦士三大负荷中心区以及主要风电、太阳能基地的 765kV 骨干网架，在满足本地电力需求基础上，建设伊朗—巴基斯坦 ±660kV 直流输电工程，将盈余清洁电力向东送至巴基斯坦消纳。

伊拉克太阳能基地，包括加阿马拉太阳能基地和、纳杰夫太阳能基地，宜接入伊拉克 400kV 主网架，汇集后通过交流电网跨国送至科威特和沙特阿拉伯东部负荷中心消纳。

阿曼风电、太阳能基地，包括拉卡比风电基地、拉斯马德拉卡风电基地、沙里姆太阳能基地，通过本地交流主网架，将风光互补后的清洁电力汇集至新建的阿曼—印度 ±800kV 直流输电工程，跨阿拉伯海外送至印度负荷中心消纳。

约旦太阳能基地，包括马安太阳能基地，接入约旦南部 400kV 双环网，首先满足本国用电需求，富余电力通过交流电网跨国送至埃及、巴勒斯坦、以色列消纳。

叙利亚风电、太阳能基地，包括阿勒颇风电基地、霍姆斯太阳能基地，接入叙利亚 400kV 主网架，满足首都负荷中心用电需求，通过交流电网跨国送至黎巴嫩消纳。

阿富汗风电、太阳能基地，包括赫拉特风电基地、坎大哈太阳能基地，接入阿富汗 500kV 主网架，满足本国用电需求。

西亚清洁能源基地远期输电方案如图 4-10 所示。

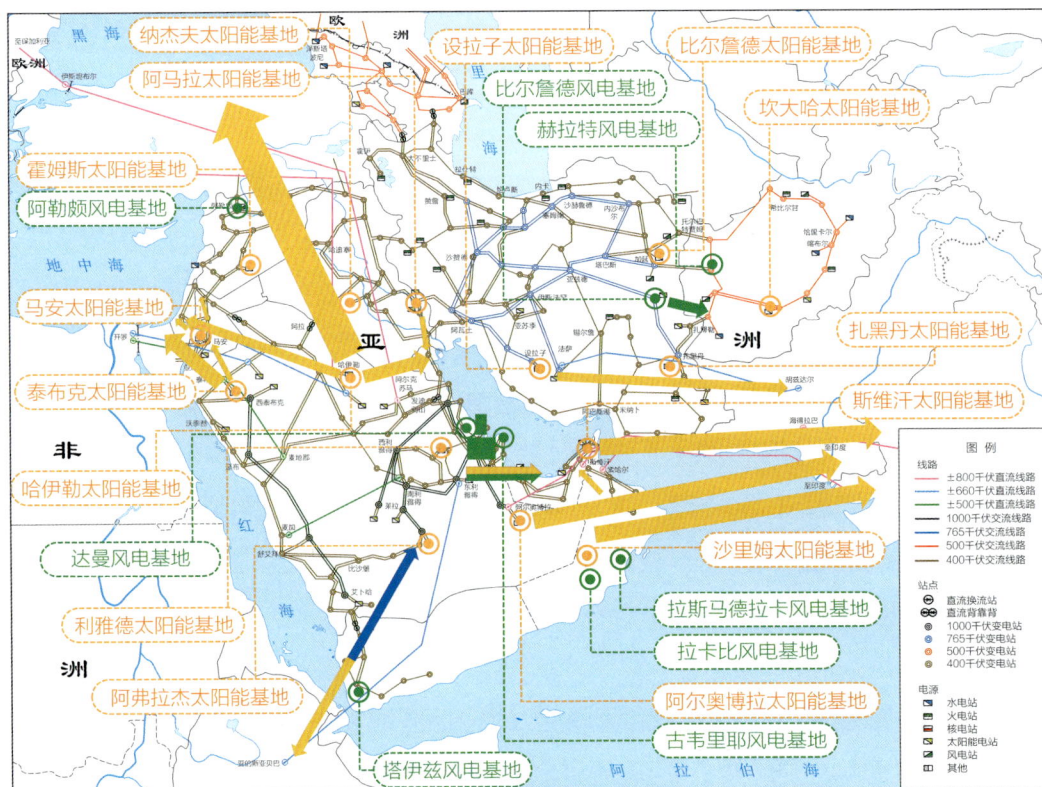

图 4-10　西亚清洁能源基地远期输电方案示意图

5 政策环境和投融资建议

亚洲国家拥有丰富的水能、太阳能、风能资源，清洁能源发展潜力巨大。多数亚洲国家已将清洁能源开发置于重要的战略地位，并制定了明确的管理规划，清洁能源将逐步替代传统能源。通过综合分析亚洲地区整体清洁能源发展环境和投融资政策，提出亚洲开发清洁能源的投融资建议，以促进清洁能源项目的实施，保障亚洲生态环境健康发展，实现地区可持续性发展。

5.1 亚洲国家投融资政策概况

亚洲国家营商环境整体高于全球平均水平，营商环境竞争力不断提高。根据世界银行集团最新发布的《2020 年营商环境报告》，在过去一年中，全世界共有 115 个经济体政府启动 294 项改革，以提高私营部门的营商便利度。其中，亚洲有多个经济体表现抢眼，在营商环境改善方面取得明显进步，营商环境竞争力不断提高。具体来看，在全部参与测评的 190 个经济体中，得分最高的 10 个经济体中有三个亚洲国家或地区，即排名第 2 位的新加坡、第 3 位的中国香港特别行政区和第 5 位的韩国。在营商环境改善最大的 10 个经济体中，有 5 个经济体是亚洲国家，分别是沙特阿拉伯、约旦、巴林、塔吉克斯坦、巴基斯坦、科威特、中国和印度。分区域上看，东北亚整体上营商环境较高，其中俄罗斯、日本、中国分别排名第 25、29 和 31 位；西亚石油国家排名位于中上游，如阿拉伯联合酋长国、沙特阿拉伯、约旦、卡塔尔等国家排名分别为第 16、62、75 位及 77 位，而非石油国家营商环境竞争力则较弱；南亚及东南亚一些贫穷国家营商环境较差，如巴基斯坦、柬埔寨、老挝、缅甸、孟加拉国排名分别为第 105、144、154、165 位及 165 位。

清洁能源开发在亚洲具有重要的战略地位，发展潜力巨大。多数亚洲国家制定了清洁能源发展的近期及远期发展战略规划，以应对日益严峻的气候变化所带来的挑战，同时也作为缓解电力紧缺的重要手段。亚洲经济发展较好的国家多数计划到 2030 年全国电力的 20% 将由清洁能源生产，如日本，韩国更是计划到 2050 年将此比例提高至 100%；中亚国家、东南亚经济发展较好国家及西亚石油国家对清洁能源发展较为重视，如哈萨克斯坦、乌兹别克斯坦、泰国、印度尼西亚、沙特阿拉伯等国家；东南亚及南亚一些经济发展不高国家尽管有明确的清洁能源发展规划，但其占比不高，如缅甸、老挝、巴基斯坦、孟加拉国、印度等国家。

亚洲国家积极推动电力体制改革，但市场化程度参差不齐。日本电力运营市场化程度较高，零售和发电完全自由化，俄罗斯电力批发市场以私营资本为主，电力零售市场则以国有资本为主，哈萨克斯坦成立电力交易市场，发电站、配电网逐步向私有化发展。印度、沙特电力市场自由化程度较高，2020 年70% 的发电资产将被私有化。韩国、伊朗、巴基斯坦、泰国、乌兹别克斯坦、孟加拉国、印度尼西亚、蒙古国电力行业主要为国有体制，受政府机构监管，市场化竞争程度较低。

多数亚洲国家积极鼓励外资进入清洁能源开发领域，努力消除对可再生能源的投资限制。

俄罗斯、日本、伊朗、韩国、沙特阿拉伯、孟加拉国、巴基斯坦、乌兹别克斯坦、印度、印度尼西亚、蒙古、缅甸、老挝等国家对外国投资的准入条件较为宽松，允许外国公司、企业、自然人和外国政府机构在境内创办外资企业、合资企业、分公司或外国公司代表处，外国投资者可以投资清洁能源发电项目，并获得优先发展优惠，外商在业务方面享受国民待遇。哈萨克斯坦、泰国等国的投资准入政策稍微严格一些，如哈萨克斯坦《公司法》规定外国投资企业可采用合伙公司、股份公司及其他哈萨克斯坦法律允许的形式建立，但外资的持股比例不能超过企业总股份的 49%。

亚洲国家投资清洁能源项目运作模式多样，招标定价市场化程度较高。亚洲国家清洁能源项目运作模式可采用BOT（建设—运营—移交）、BOO（建设—拥有—运营）、BTO（建设—移交—运营），BOOT（建设—拥有—运营—移交）等多种模式。如俄罗斯规定采用 BTO（建设—移交—运营）和 DBFO（设计—建设—融资—经营）两种模式；韩国民间投资则主要采用 BTO 和 BTL（建设—移交—租赁）两种模式；日本则多采用 BTO 模式，而印度尼西亚则采用 BOOT 模式。

多数亚洲国家对清洁能源投资给予税收优惠等支持性财政政策。 多数亚洲国家为安装和使用清洁能源设备的制造商提供长期抵押贷款支持，包括设施基金支持（5~10 年），生产基金支持（5~10 年）和营运基金支持（1~2 年）。对于投资于清洁能源设施的公司或个人，可享受一定的税额扣除；对进行清洁能源投资项目的法人免征进口关税，并提供土地税和财产税方面的优惠；当投资先进的清洁能源设施并将其用于商业目的时，可享受 20% 的特殊税收减免。一些国家根据不同装机规模的清洁能源项目可获得利率在 4%~5% 的财政部优惠贷款，在项目经营期内，企业可获得政府提供的税费减免以及法律豁免等优惠。

多数亚洲国家用地政策宽松，外籍劳工政策趋紧，并实行严格的环评审查制度。 为吸引外资进入，多数亚洲国家放松土地管理，允许外资企业在本国境内通过购买、租赁两种方式获得土地所有权、使用权；俄罗斯、沙特、日本、韩国、哈萨克斯坦等国家允许外国投资者获得土地所有权，对于清洁能源项目，哈萨克斯坦政府还将提供价值不超过投资价值 30% 的土地临时免费使用权；泰国、伊朗、印度尼西亚、蒙古、孟加拉国、缅甸、老挝等国家不允许外国投资者拥有土地所有权，但清洁能源项目开发商可向土地事务组织提交申请租用土地。亚洲经济发展较好的国家允许外籍劳工进入本国务工，但一些国家政府规定，若想获得补贴，必须雇佣一部分本地人；经济发展较差的亚洲国家均实行较为严格的工作许可审查制度，限制外籍劳工进入本国市场。在环保政策上，几乎所有亚洲国家均对清洁能源投资实行严格的环评审查制度，投资企业未按要求进行环境评估将受到相应惩罚。

5.2　亚洲重点国家投融资政策

5.2.1　俄罗斯

　　俄罗斯总体营商环境较好，根据世界银行《2020 年营商环境报告》，俄罗斯在全部 190 个国家和地区中排名第 25 位，在报告中 47 个亚洲国家和地区中排名第 10 位。政府为可再生能源发展规划了明确的目标；电力市场化改革实现了该国在电力批发市场以私营资本为主，电力零售市场以国有资本为主的经营模式；俄罗斯设立特别法律调节和鼓励外商投资；俄罗斯允许外国投资者拥有土地所有权和使用权，但对外国劳动力进入本国市场有一定的限制，并颁布相关法律监督环境治理。

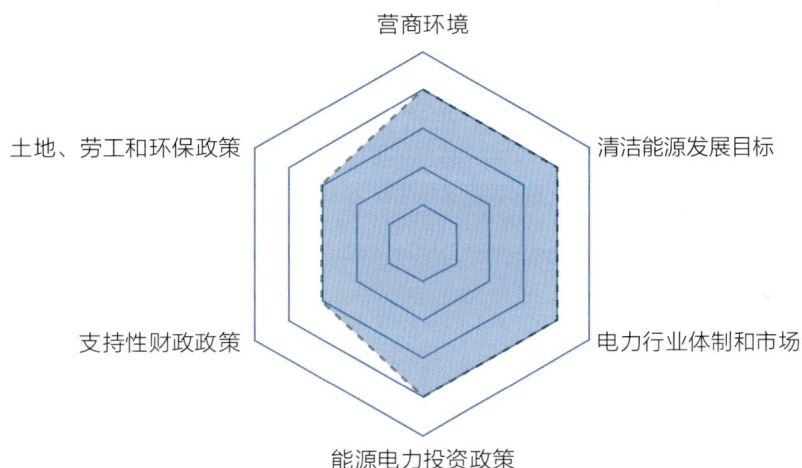

图 5-1　俄罗斯政策概况

　　清洁能源发展目标方面，2013 年政府公布了《国家能源效率和能源发展计划》[1]，目标到 2022 年可再生能源占比至少为 2.5%，并将此比例维持到 2030年。到 2020 年光伏装机容量 1.5GW，小型水电装机容量 0.9GW；到 2024年实现风力发电装机容量 3.5GW；到 2030 年可再生能源电力装机容量在9GW 到 11GW 之间。俄罗斯《可再生能源（RES）的机制》等一系列法规规定电网公司有义务以管制价格购买可再生能源电力。

[1] 国家能源效率和能源发展计划，2013/512-r 号，The State Programme for Energy Efficiency and the Development of the Energy Sector，2013/No. 512-r

电力行业体制和市场方面，俄罗斯进行了市场化改革，打破垄断。电力批发市场以私有资本为主，基于化石燃料的发电厂大部分已私有化，但核能和水力发电仍然国有。在零售市场，以国有资本为主，将原来 7 个价格区域合并为 2 个价格区域和 2 个管制区域，并将具有垄断地位的电网公司 RAO EES 拆分为 Federal Grid Company（负责大于 330kV 和 220kV 电网）和 Holding MRSK（负责小于 150kV 的分布式电网）两个国有公司。国有资本完全控制输电领域，并控制 75% 的配电领域和 60% 的电力零售。

能源电力投资政策方面，根据《俄罗斯联邦外国投资法》，外国公司、企业、自然人和外国政府机构和国际组织可以在俄罗斯境内创办外资企业、合资企业、分公司或外国公司驻俄代表处。但对于电网等战略产业，《俄联邦外资进入对保障国防和国家安全具有战略意义商业组织程序法》规定严格限制外国投资者进入。即使外资进入俄罗斯市场投资电网线路，也必须交由俄罗斯国内企业运营。电网行业外资股权比例超过 25% 时，联邦政府需对创建合资企业的交易进行预审，但并未对交易预审的程序、标准、规则等进行明确规定。

支持性财政政策方面，外国投资者对俄罗斯联邦政府确定的优先投资项目（主要涉及生产领域、交通设施建设或和基础设施建设项目，未明确是否包含清洁能源项目）进行投资时，可享受进口关税和税收优惠，外商投资俄罗斯政府鼓励的优先发展领域项目时，可享受减免利润税。俄罗斯各地区、州、边疆区、共和国分别根据本地区的不同情况，分别制定地方法律和法规，对外国投资实行不同的减免税的优惠政策。如滨海边疆区规定电力行业的投资免除 5 年内财产税和利润税，之后五年内财产税征收 0.5%，利润税征收 10%。

土地、劳工和环保政策方面，俄罗斯允许外国投资者拥有土地的所有权和使用权，对外资机构中俄罗斯籍雇员占比有明确要求，产品分成项目中，投资者聘用的俄罗斯籍雇员数量应不少于所聘雇员总数的 50%，只有在按协议进行的工程初期或在俄罗斯联邦国内缺乏具有相应专长的工人和专家的情况下方可聘用外国工人和专家。

5.2.2 韩国

韩国总体营商环境很好，根据世界银行《2020 年营商环境报告》，韩国在全部 190 个国家和地区中排名第 5 位，在报告中的 47 个亚洲国家和地区中排名第 3 位。政府为可再生能源发展规划了明确的目标；电力市场采用以国有资本为主的经营模式；韩国设立特别法律保护外商投资，并每年制定促进外商投资计划；对可再生能源领域的投资提供特别贷款，并提供税额扣除优惠；韩国允许外国投资者拥有国内土地，对外国劳动力进入本国市场有一定的限制，并颁布相关法律监督环境治理。

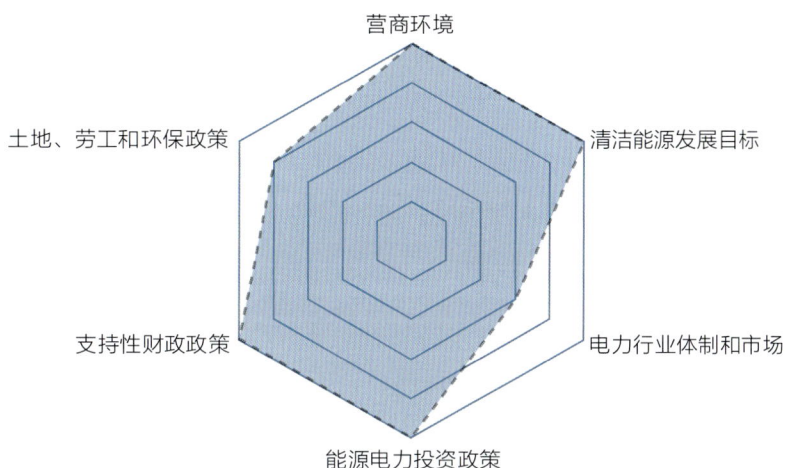

图 5-2　韩国政策概况

清洁能源发展目标方面， 2015 年政府公布了《韩国可再生能源 2030 计划》[1]，规划到 2030 年全国电力的 20% 将由可再生能源生产，新建 30.5GW 光伏项目和 16.5GW 的风能发电机组。2019 年进一步提出到 2050 年韩国可再生能源占比达到 100%，光伏占比 55%，风能占比 23%，海洋能占比 12%，生物能占比 3%，水电占比 3%。

电力行业体制和市场方面， 韩国电力市场中韩国电力公司（KEPCO）是韩国具有垄断地位的公共事业企业，以输电、配电与电力销售为主要业务。韩国电力行业市场化改革始于 1957 年，政府将 KEPCO 有限民营化，将国有持股

---

[1] Korea Renewable Energy 2030 Plan，2015

比例降至 51.11%，并允许独立发电企业（IPP）参与电源开发，但对 IPP 的参与设置了一些限制条件。随后，将 KEPCO 的非核发电部分拆分重组成五个发电子公司，将配售电资产从 KEPCO 中分离，按地区成立配电和售电公司，并分步实现民营化，最终解除配电公司地区控制权。以此打破电力市场垂直一体化垄断，并由韩国电力交易所协调电力批发市场的供需和价格。在零售端，2015 年韩国居民用电价格为 10 美分 /kWh，商业用电价格为 12 美分 /kWh，工业用电价格为 10 美分 / kWh，教育用电价格为 9 美分 / kWh，农业用电为 4 美分 / kWh，并实行错峰价格，午夜的电价为 6 美分 / kWh。

能源电力投资政策方面，自 1997 年亚洲金融危机以来，韩国政府鼓励国内外私人投资者参与投资电力等国家垄断行业。韩国《新能源和可再生能源发展促进法》允许私营部门投资者建立、拥有和运营可再生能源发电站。韩国于 2009 年颁布了《外国投资促进法》[1]，并于 2019 年做了最新修订。保护外商投资，外商在业务方面享受国民待遇，每年制定促进外商投资计划，设立外商投资支持中心，依照《特别税收限制法》[2] 对企业所得税、购置税、财产税、一般土地税等进行减免。

支持性财政政策方面，2019 年韩国《支持可再生能源设施的规定》政策规定，可以为安装和使用新能源和可再生能源的个体以及生产新能源和可再生能源设备的制造商提供长期抵押贷款支持，包括设施基金支持（5~10 年），生产基金支持（5~10 年）和营运基金支持（1~2 年）。对于投资于可再生能源设施的公司或个人，可享受一定的税额扣除。

土地、劳工和环保政策方面，韩国允许外国投资者拥有韩国国内土地，对引进外籍劳务有一定的限制。根据《环境影响评估法》有关规定，项目要经过有行政许可审批权的中央或地方行政机关，例如国土交通部、产业通商资源部、山林厅等"许可机关"批准。许可机关在接到企业关于上马建设项目的申请并提交环评报告后，需征求环境部意见。

---

[1] 外国投资促进法，2019，编号 16479，외국인투자촉진법，2019，제 16479 호
[2] 特别税收限制法，2015 年，第 15551 号，조세특례제한법，2015，제 15551 호

5.2.3　日本

日本总体营商环境较好，根据世界银行《2020 年营商环境报告》，日本在全部 190 个国家和地区中排名第 29 位，在报告中的 47 个亚洲国家和地区中排名第 11 位。政府为可再生能源发展规划了明确的目标；电力运营市场化程度较高，零售和发电完全自由化；日本设立特别法律调节外商投资，并确立促进投资区域；为可再生能源投资提供优惠贷款，并提供特殊税收减免；日本指定特定海域为可再生能源发电项目促进区域，对外国劳动力进入本国市场有没有限制，并颁布相关法律监督环境治理。

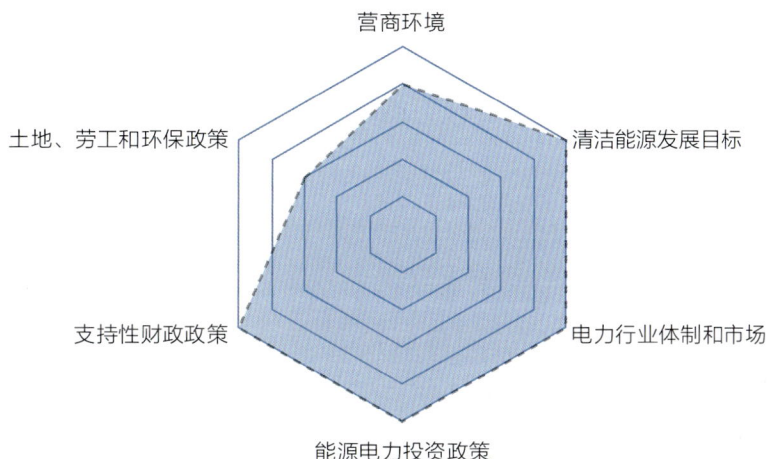

图 5-3　日本政策概况

清洁能源发展目标方面， 2014 年日本政府发布《战略能源计划》❶，规划到 2020 年可再生能源占比为 13.5%，2030 年接近 20% 的目标，并指定福岛为可再生能源示范区。

电力行业体制和市场方面， 2015 年之前，日本九大电力公司 ❷ 在发电、输电、配电和零售领域占据着主导地位，前五大电力公司（东京、中部、关西、东北和九州电力）占比均在 50% 左右。2016 年，日本实施电力系统改革显著削弱了九大电力公司的垄断地位，扩大电网运营，零售和发电完全自由化，允许独立发电企业（IPP）参与电源开发，逐步开放用户对供电商的自由选择权，并计划于

---

❶ 战略能源计划（2014），Strategic Energy Plan（2014）
❷ 东京、中部、关西、东北、九州、北海道、北陆、中国电力及四国电力公司。

2020 年完成电网运营和发电的分离，以使电力市场更加适合可再生能源电力的发展。日本《电力公司关于可再生能源电力采购的特殊措施法》规定电力企业需通过固定价格、固定期限的合同来购买可再生能源电力。日本批发电价为 19 美分 /kWh，居民零售电价为 24 美分 / kWh，商业零售电价为 17 美分 / kWh。

能源电力投资政策方面， 1997 年，日本修改了《外汇及外国贸易管理法》，更名为《外汇及外国贸易法》，规定外国投资需要事先申请行业，并确定"促进对日投资地区"。于 2015 年修订了《特定跨国企业促进研究与开发项目的特殊措施法》，以促进创新，为可持续发展作出贡献。根据《资本移动自由化规则》，日本对电力行业实施外资管制，外资投资需要事先备案，且需要获得经济产业大臣或者厚生劳动大臣的批准。

支持性财政政策方面， 日本环境和能源措施基金（与非石化能源设施有关）为中小企业和个体企业提供购买（包括改建和更新）非石化能源设备（可再生能源设备）所需资金的优惠贷款业务，贷款期限为 20 年内。日本为促进节能型可再生能源投资，于 2015 年出台了《所得税法部分修订法》，建立了节能可再生能源投资促进税制。当投资先进的可再生能源设施并将其用于商业目的时，可享受 20% 的特殊税收减免。

土地、劳工和环保政策方面， 日本《关于促进与海洋可再生能源发电设施开发有关的海域利用法》指定特定海域为海洋可再生能源发电项目促进区域，并建立协调机制，使得该海域可以长期被发电项目占据。日本无强制雇佣本地人比例政策，但有地方政府规定，若想获得补贴，必须雇佣一部分本地人。日本规定所有基础设施建设立项前必须进行环保评估，项目实施后如发生与评估报告不符的情况，政府主管部门有权收回施工许可证，中止该项目。

5.2.4　哈萨克斯坦

　　哈萨克斯坦的营商环境很好，根据世界银行《2020 年营商环境报告》，哈萨克斯坦在全部 190 个国家和地区中排名第 25 位，在报告中的 47 个亚洲国家和地区中排名第 9 位。哈国政府为清洁能源的开发和发展制定了明确的规划和激励机制；国内发电侧已完成私有化改革，配电侧逐步向私有化发展，并成立电力交易市场；鼓励外国主体在本国新能源领域展开投资；哈萨克斯坦对可再生能源项目提供充足的财政性支持，包括贷款利率补贴、税收减免等；政府为项目用地提供土地保障和优惠政策，但对外国劳动力的输入有着较严格的把控，并要求相关机构对环境影响进行评估和监管。

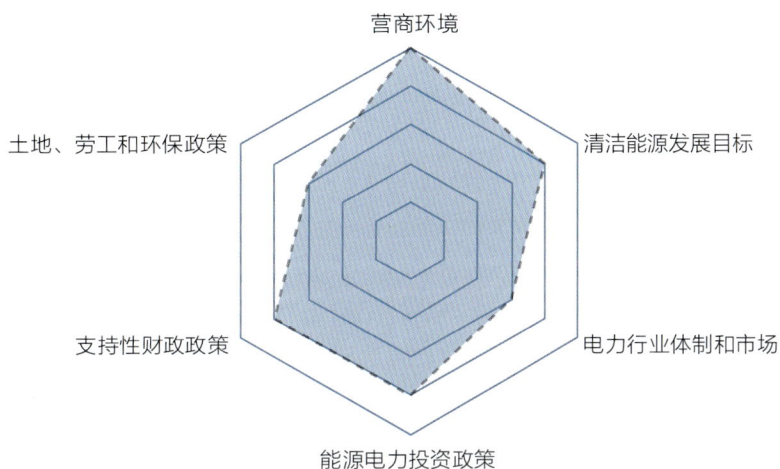

图 5-4　哈萨克斯坦政策概况

　　清洁能源发展目标方面，根据"哈萨克斯坦—2050 战略"[1]和绿色经济发展规划，哈萨克斯坦可再生能源发展短期目标是到 2020 年发电占比提升至 3%，中长期目标到 2030 年覆盖率达到 30%，2050 年达到 50%。2009 年哈萨克斯坦政府颁布《支持可再生能源利用法》《对可再生能源利用实施监督的规定》以及《对专业电力生产机构购买电力的规定》等一揽子规定，明确可再生能源的种类和认定条件，并确定政府对可再生能源项目的支持机制。2017 年，哈萨克斯坦开始以拍卖形式促进可再生能源项目的开发和建设。

---

[1] 数据来源：哈萨克斯坦—2050 战略，Kazakhstan-2050 Strategy.

电力行业体制和市场方面， 哈萨克斯坦采用发电和配电领域部分私有化的垂直一体化管理模式，所有发电站均已实现私有化，配电网完成部分私有化进程，并成立电力交易市场。原哈萨克斯坦电力国家电网公司一分为三，分别为国家电网管理公司、地区电网公司和电力生产企业。此外，在哈国内存在电站、区域输电网和配电网垂直一体化的私有电力集团公司，这些公司是所在区域电力的垄断者。在发电和输电侧，哈萨克斯坦将电力生产与输送分开。除干线输变电网由国家控制外，大部分电厂和地方电网企业都允许私人企业参与，或用于抵偿债务。在售电侧，哈国实行分段、分区、分时电价计算法。在售电侧，哈国实行分段、分区、分时电价计算法。居民用电平均电价为 5 美分 / kWh，工业用电平均电价为 6 美分 / kWh。对于电炉居民用户，一档用电量电价为 5.6 美分 / kWh，二档用电量电价为 7.9 美分 / kWh，三档用电量电价为 9.5 美分 / kWh。对于非电炉居民用户，一档用电量电费为 5.9 美分 / kWh，二档用电量电价为 7.9 美分 / kWh，三档用电量电价为 9.9 美分 / kWh。就不同用电时段而言，白天区间电价为 9.2 美分 / kWh，夜间区间电价为 2.3 美分 / kWh。哈国 2014 年设立可再生能源电力结算中心，收购并保证对可再生能源电力的消纳，主要从事电力贸易、清偿管理等事务。

能源电力投资政策方面， 哈萨克斯坦对可再生能源领域未设立外国投资限制。根据哈萨克斯坦《公司法》[1]，外国投资企业可采用合伙公司、股份公司及其他哈萨克斯坦法律允许的形式建立，但外资的持股比例不能超过企业总股份的49%。为吸引外国投资者在新能源领域的投资，哈国建立了国际绿色技术和投资项目发展中心，并将对可再生能源支付的补贴与美元挂钩。

支持性财政政策方面， 哈萨克斯坦通过金融机构对可再生能源项目提供贷款，并提供贷款利率补贴。2014 年起，哈萨克斯坦开始为可再生能源生产提供上网电价补贴，补贴后风能发电上网电价 9 美分 / kWh，太阳能发电 6 美分 / kWh，小型水电 4 美分 / kWh，补贴力度在国际上属于较高水平。哈萨克斯坦《支持可再生能源利用法的补充及修订法案》[2]确定对进行可再生能源投资项目的法人免征进口关税，并提供土地税和财产税方面的优惠。

---

[1] 数据来源：《哈萨克斯坦股份公司法》, Kazakhstan Law on Joint-Stock Companies
[2] 数据来源：The Law About Support the Use of Renewable Energy Sources（amended）

　　土地、劳工和环保政策方面。根据哈国《支持可再生能源利用法的补充及修订法案》，可再生能源项目建设用地享有优先权，政府将提供价值不超过投资价值 30% 的土地临时免费使用权。为保障本国公民就业，哈萨克斯坦限制外国劳务进入，但本国人员不能完全胜任的工种或者缺乏的人才除外。哈国对使用外国劳务有严格的配额制度，获取签证十分困难。外资企业在哈萨克斯坦开展投资和承包工程如果产生对土壤、植被等可能带来影响的废水、废气等废物，均要进行环保评估，并经哈萨克斯坦能源部生态调解委员会和地方各州政府相关部门审核。

5.2.5 伊朗

伊朗总体营商环境一般，根据世界银行《2020 年营商环境报告》，伊朗在全部 190 个国家和地区中排名第 127 位，在报告中的 47 个亚洲国家和地区中排名第 36 位。伊朗政府对可再生能源的发展制定了明确的目标和规划，并出台多项措施保障目标的实现；电力市场实现了发电环节的私有化，输电和配电侧私有制限制尚存，国内电价维持稳定；伊朗鼓励外资进入可再生能源领域，并对外国投资者利益进行保护；对可再生能源项目提供贷款服务、上网补贴以及税收优惠等财政方面支持；政府以低价格提供项目用地，但对引进外国劳工持较消极态度，并通过环保测试、环境许可证等政策监督环境治理。

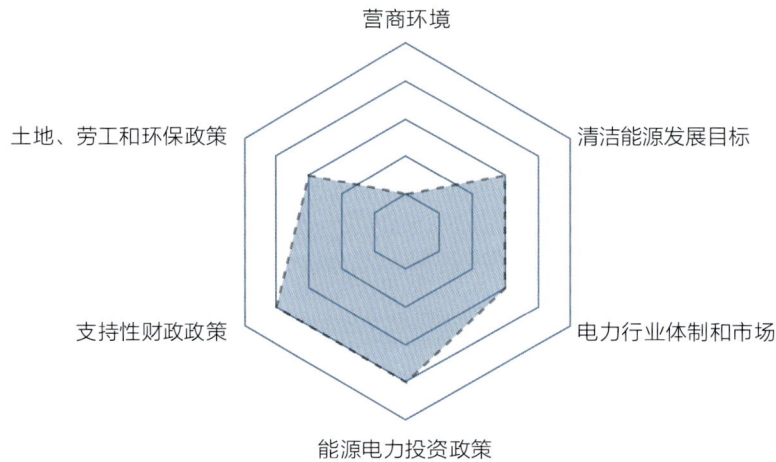

图 5-5 伊朗政策概况

清洁能源发展目标方面， 根据伊朗《第六个五年发展计划法》[1] 第 50 条，计划到 2021 年，可再生能源和清洁能源发电厂的发电容量至少增加到全国总发电量的 5%，到 2025 年，这一占比达到 10%，到 2030 年，达到 35%。伊朗颁布了《改变能源消费模式法》[2]《支持电力工业法》[3] 等相关法案，明确标准电力购买合同、上网电价方案、建设运营许可等事项，以促进可再生能源项目的开发、融资、运营和销售。2016 年底伊朗对可再生能源项目启动首次招标，并分阶段逐步实施。

---

[1] Sixth Five-Year Development Plan Law（6th FYDPL）
[2] 改变能源消费模式法（第 61/2016 号法令），Law on Modification of energy consumption pattern（Decree No 61/2016）
[3] 数据来源：article 5 of the Law Supporting Electricity Industry 2015

电力行业体制和市场方面，伊朗采用发电领域私有化的垂直一体化管理模式。允许私营部门拥有发电权，但在输电和配电环节仍存在私有制的限制，私人发电厂不得拥有输电或配电设施。在发电和输电侧，伊朗政府对发电站中的国有股份以股票上市出售的形式转让给私营业主，能源部先后将 230kV 电网的运行移交给各区域电力公司。此外，政府授予各省对新能源开发和区域输配电网优化运行发表意见的权利。在售电侧，伊朗电力价格基本保持稳定，居民用电实施累进制收费，一般均价为 1.4 美分 / kWh，工业用电均价为 1.2 美分 / kWh。伊朗强制性市场份额政策规定电力供应商有义务收购部分可再生能源，此政策附带可交易的可再生能源证书。

能源电力投资政策方面，伊朗对新能源领域的外国投资不设立特别法律加以约束。伊朗投资、经济和技术援助组织出台了《外商投资促进与保护法》❶，以法案的形式对外国投资者的原则和利益进行保护。伊朗政府鼓励外资进入可再生能源开发领域，外国投资者可以在不涉及所用权的前提下投资可再生能源发电项目，并获得优先发展优惠。此外，伊朗支持私营部门在可再生能源中的投资，私人股本投资者、银行和其他机构投资者可对可再生能源项目进行融资。

支持性财政政策方面。伊朗国家发展基金提供可再生能源项目的贷款服务，2012 年伊朗批准从国家发展基金中划拨 5 亿欧元，用以发展可再生能源工程，该笔资金将以贷款形式支付给小规模的开发商。根据伊朗第四个发展计划，环境部将通过年度预算基金，对新能源发电支付一定数额的补贴。伊朗政府降低了可再生能源生产设备的进口关税，并对可再生能源项目提供若干税收减免优惠，减免期限根据项目所处区域，从 5 年延长至 20 年。

土地、劳工和环保政策方面。伊朗政府允许可再生能源项目以低成本价格使用政府用地，但当项目退役后，公司必须搬出项目用地。如果可再生能源项目开发商需要获得公共土地，则必须向伊朗土地事务组织提交申请。伊朗对引进外国劳工持较消极态度，根据伊朗《劳工法》规定，外国公民需经由劳动及社会事务部确认，在没有拥有同等专业技能的伊朗公民，并取得入境工作签证及工作许可的条件下，才能在伊朗受雇工作。在伊朗新建发电能力超过 100 万千瓦的发电厂需经过环保测试，开发地上或地下水资源、建立工业供水系统必须获得许可证，需排放大量污水的企业也必须得到政府的许可。

---

❶ 数据来源：Foreign Investment Promotion and Protection Act（FIPPA）

5.2.6　沙特阿拉伯

　　沙特阿拉伯的营商环境较好，根据世界银行《2020 年营商环境报告》，沙特在全部 190 个国家和地区中排名第 62 位，在报告中的 47 个亚洲国家和地区中排名第 15 位，较上年有所提升。沙特政府为可再生能源发展制定了长远的目标，并加大了对可再生能源的投资；电力行业采用垂直一体化管理模式，发电侧基本实现私有化，其他环节将进一步展开私有化改革；沙特正在逐步解除对可再生能源的投资限制，鼓励外资进入新能源行业；政府出台了项目基金融资优惠、购电价格上调、区域税收减免等财政支持性政策；沙特对外籍劳工的引入限制较少，并通过环境预审及评估等方式对项目环境影响进行监管。

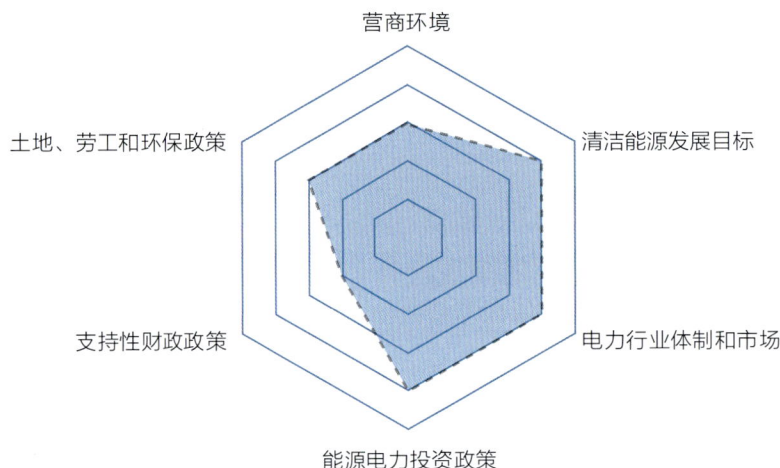

图 5-6　沙特阿拉伯政策概况

　　清洁能源发展目标方面，根据沙特阿拉伯可再生能源项目开发办公室发布的《沙特阿拉伯 2030 年可再生能源规划》❶，到 2023 年沙特可再生能源装机容量目标为 27.3GW，到 2030 年目标达到 55.7GW，包括光伏 40GW、风电 16GW、光热发电 2.7GW。沙特成立原子与新能源中心（K.A.CARE），负责沙特全国核能和新能源的科研、利用、国际合作以及可持续和平发展。沙特将于 2032 年前在新能源领域投资 300 亿~500 亿美元，计划在未来十年内推出 30 个太阳能和风力发电项目。沙特可再生能源开发项目主要通过招标的形式以 BOO 承包模式开展，中标公司将 100% 拥有该项目。

---

❶ 数据来源：Saudi Arabia renewable energy plan 2030

电力行业体制和市场方面，沙特采用发电领域部分私有化的垂直一体化管理模式。沙特电力公司（SEC）曾完全控制国家电力行业，2015 年重组后被分拆为四家发电公司、一家输电公司以及一家配电公司，发电、输配电业务均独立运作，并允许民企进行部分投资和生产，实现市场自由化。在发电侧，沙特电力公司下的 4 家发电公司将被私有化，按照 2020 年国家转型计划目标，70% 的发电资产将被私有化。沙特电力运行监测由该国电力和废热联产管理局（ECRA）负责，监管范围覆盖电力的生产、传送和配电的各个环节。在售电侧，沙特计划建立一个新的公司，既能进行国内电力交易，也可以将电力出售给其他国家。在 2015 年和 2015 年沙特两次大幅提高用电价格。居民用电价格根据月耗量为 4.5-5 美分 / kWh，工业用电价格为 4.5 美分 / kWh。

能源电力投资政策方面，沙特在新能源电力领域无特别限制，也不设立特别的法律规定。沙特允许外资以合资或独资方式在沙特设立公司、工厂或开设办事处，对外国公司实施平等保护，并与本国公司一样受到《公司法》的约束。从沙特投资总局 [1] 获得外国投资许可只需提交两份文件，在三小时内即可完成，仅 2019 年上半年发放的外国投资者许可总数就是上年发放数量的两倍多。沙特正在努力消除对可再生能源的投资限制，促进私营部门对整个价值链的参与，积极寻求外国资金对新能源发电行业的支持。

支持性财政政策方面。沙特 NREP[2] 项目没有政府方面的投资，但公司可通过沙特工业发展基金获得项目融资，最高可融资项目成本的 75%。沙特政府 2015 年宣布上调电价，使得小型太阳能光伏发电项目的投资回收期大幅缩短至 5~7 年。外商在沙特政府规划的六座经济城、建成和在建的工业城以及专属工业区内投资（包括新能源项目）可享受减免企业所得税、免除原材料及器械进口关税等在内的一系列税收优惠待遇。

土地、劳工和环保政策方面，沙特尚没有可再生能源领域的明确土地优惠政策，但对于在沙特投资的外国投资者，可申请购买从事其投资经营活动所必要的自用房产。根据沙特《劳工法》的规定，外籍人可在沙特民事领域的任何岗位就业，但必须经过沙特劳工部批准，获得工作许可证，并与雇主签订书面

---

[1] 沙特投资总局（SAGIA）
[2] 国家可再生能源计划，National Renewable Energy Program（NREP）

合同，接受由雇主担任其担保人。沙特气象与环境总署（PME）负责受理企业的环境评估申请，目前尚无公开的环境评估标准。政府在对参与项目投标的企业进行资格预审时，会要求企业提供符合 HSSE（Health, Safety, Security, Environmental）体系标准的相关证明材料。

5.2.7　孟加拉国

　　孟加拉国总体营商环境较差，根据世界银行《2020 年营商环境报告》，孟加拉国在全部 190 个国家和地区中排名第 176 位，在报告中的 47 个亚洲国家和地区排名第 42 位。政府为可再生能源发展规划了目标；电力市场化改革仍处于初级阶段，在发电侧引入私有资本，输配电侧仍以国有资本为主；孟加拉国投资准入门槛较低，不设立特别的法律规定限制外资进入；对可再生能源项目设立优惠贷款及税收优惠政策；在土地政策方面，政府对项目用地要求较为严格，在劳工方面对外国劳动力需求数量较少，在环保方面颁布相关法律监督环境治理。

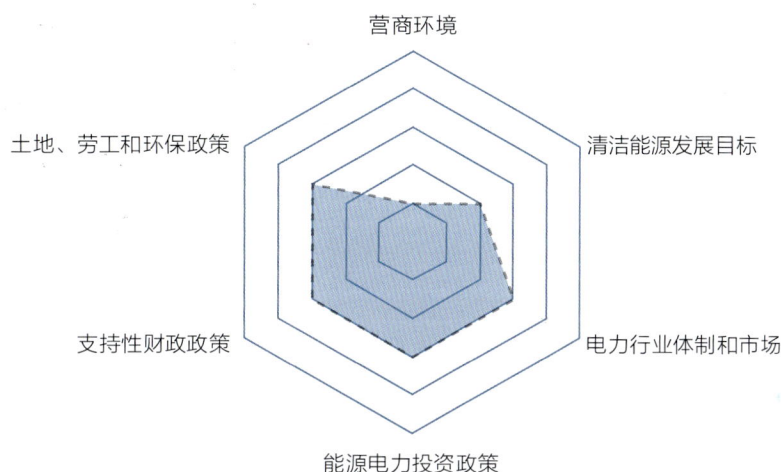

图 5-7　孟加拉国政策概况

　　清洁能源发展目标方面，目前孟加拉国尚处于电力短缺阶段，国内仍有 10% 的人口未实现电力覆盖，为了加快可再生能源发展，孟政府于 2005 年发布了《可再生能源政策》❶，旨在开发可再生能源，到 2020 年满足总电力需求的 10%。2012 年 12 月，孟政府通过了《可持续和可再生能源发展管理局（SREDA）法》❷，用于监管公共和私人实施的所有可再生能源计划和活动。

　　电力行业体制和市场方面，孟加拉国采用发电领域部分私有化的垂直一体化管理模式，在发电侧，除国有发电公司外，孟政府批准了《孟加拉国私营部门

---

❶ 数据来源：Renewable Energy Policy（Dec 15th 2005）.

❷ 数据来源：The Sustainable and Renewable Energy Development Authority（SREDA）Act.

发电政策》❶，以促进私营部门发电。在输配电侧，输配电资产由国有资本经营，孟加拉国电网公司拥有 100% 输电资产。在售电侧，能源监管委员会（BERC）负责制定电力价格，仲裁能源行业的纠纷等，孟加拉国供电价格实行分类计价，对于居民用电，用电量小于 75kWh 的，价格为 5 美分 / kWh，用电量在 76~400kWh，价格为 7 美分 / kWh，用电量在 400~600kWh 的，价格为 12 美分 / kWh，600 kWh 以上的用电量，价格则为 14 美分 / kWh；农业灌溉的用电价格为 5 美分 / kWh；非居民（照明和动力）的用电价格为 7 美分 / kWh；街道灯和抽水的用电价格为 10 美分 / kWh。

能源电力投资政策方面，孟加拉国对于外国投资并不设立特别的法律规定，孟政府允许国外投资者以独资企业、合资企业、私人有限公司、公众有限公司形式投资能源电力领域，外国投资者赴孟加拉国投资只须到孟加拉国投资局办理登记注册即可，无须事先批准。

支持性财政政策方面，孟政府为太阳能发电项目提供为期 10 年的优惠利率贷款。根据 2005 年孟加拉国《可再生能源政策》规定，政府可为可再生和清洁能源电站级大型项目（Utility Scale）提供财政补贴。此外孟政府对外国投资者提供了一系列税收减免政策，包括减免税期、免征 10 年公司所得税、进口资本设备关税优惠等。

土地、劳工和环保政策方面，孟加拉国不允许外国人以私人身份买卖孟加拉国土地，但在孟加拉国投资合法注册的公司可以购买土地，国有土地交易仅限于使用权的买卖，其最高使用年限（租期）为 99 年。在劳工政策方面，最重要的是《孟加拉国劳动法》，孟加拉国是一个劳务输出大国，对外籍劳务需求极少，市场所需的外籍劳务人员基本上任职高级管理岗位和特殊技能岗位。在环保政策方面，孟政府出台多部环保相关法律，如《环境保护法案》《环境法院法案》及《消耗臭氧层物质控制法案》等。根据《孟加拉国环境法（修订）》❷对投资项目实施强制环境评估与检测制度。相关投资项目在被批准前必须进行环境影响评估（EIA）和初期环境检测（IEE），以确定相关项目对环境的影响程度。

---

❶ Bangladesh's private sector power generation policy.
❷ 数据来源：The Bangladesh Environment Conservation（Amendment）Act No. 50 of 2010.

5.2.8　巴基斯坦

　　巴基斯坦总体营商环境一般，根据世界银行《2020 年营商环境报告》，巴基斯坦在全部 190 个国家和地区中排名第 105 位，在报告中的 47 个亚洲国家和地区中排名第 35 位。巴基斯坦政府为可再生能源发展规划了明确的目标；电力市场化改革取得初步成效，发、输电侧国有资本与私营资本占比相当，配、售电侧仍以国有资本为主；巴基斯坦投资准入门槛较低，对能源电力领域无投资限制；对可再生能源项目设立贷款及税收优惠政策；政府对工业特区内项目用地提供土地优惠政策，且对外国劳动力进入本国市场限制较宽松，巴政府积极颁布相关法律监督环境治理。

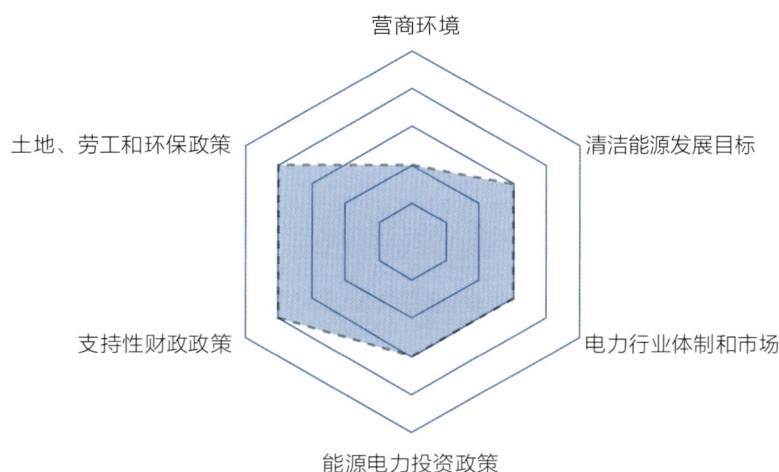

图 5-8　巴基斯坦政策概况

　　清洁能源发展目标方面，政府通过了《巴基斯坦清洁能源目标》，旨在到 2030 年将可再生能源提高到商业能源总量的 5%。巴基斯坦《2002 年公共采购法》（即招标法）明确了项目招标竞价等发展规划。2019 年，巴基斯坦政府提出 "30% + 30%" 的可再生能源计划，即到 2030 年将在其能源结构中实现 30% 的可再生能源，加上原有 30% 的水电能源，这将使可再生能源总量在 2030 年超过 60%。

　　电力行业体制和市场方面，巴基斯坦采用发电和配电领域部分私有化的垂直一体化管理模式，其中发电领域市场化竞争程度较高。在发电侧，国有发电厂市场份额为 49.7%，独立发电商市场份额为 50.3%。在输配电侧，国有资本拥有 45% 输电资产和 91% 配电资产，其余 52% 的输电资产和 9% 的配电资产由私营资本经营。在售电侧，国有资本拥有 91% 的市场份额，巴基斯坦实行固定电价制，居民、商业和工业用电实行阶梯电价，电价水平分别在 2.50~21.13 美分 / kWh、11.23~20.71 美分 / kWh、10.52~14.75 美分 / kWh 范围浮动。

能源电力投资政策方面， 巴基斯坦多领域面向外资开放，在能源电力领域无投资限制，并规定外资同本国投资者享有同等待遇，允许外资拥有 100% 的股权。在非制造业方面，则根据行业不同有最低投资金额要求，服务业（含金融、通信和 IT 业）最低投额为 15 万美元，农业和其他行业最低投资额为 30 万美元。

支持性财政政策方面， 巴基斯坦国家银行（SBP）于 2009 年发布了《可再生能源项目融资计划》，规定了商业银行和金融机构将以固定利率向可替代 / 可再生能源发电厂提供项目贷款，并且该计划中贷款利率一直在稳步下降，并在 2015 年 7 月降至 6%。巴基斯坦水电部在 2006 年的短期可再生能源发展政策中，为可再生能源项目 / 公司提供一系列税收优惠，包括对可再生能源项目必要资本支出免除关税和销售税等。

土地、劳工和环保政策方面， 根据《巴基斯坦外国直接投资：政策问题和业务影响》[1] 报告，巴政府将在工业特区实施优惠土地政策，即土地将出租给投资者 50 年，到期后还可延长 50 年等。劳工政策方面，目前在巴工作的外籍劳务数量很小，且绝大部分为管理人员和技术工人。巴政府对外籍劳务进入该国工作无限制性要求，仅需申办工作签证即可。环保政策方面，巴基斯坦建立了以《巴基斯坦环境保护法（1997）》为核心的较为完善的环保法规体系，且巴政府设立环境部作为环保管理部门，环境部会根据巴基斯坦环境保护法制定相关环保政策。

---

[1] 数据来源：FOREIGN DIRECT INVESTMENT IN PAKISTAN: POLICY ISSUES AND OPERATIONAL IMPLICATIONS

5.2.9 乌兹别克斯坦

乌兹别克斯坦总体营商环境较好，根据世界银行《2020 年营商环境报告》，乌兹别克斯坦在全部 190 个国家和地区中排名第 69 位，在报告中的 47 个亚洲国家和地区排名第 22 位。政府为可再生能源发展规划了明确的目标；电力市场改革进展缓慢，发电侧仍以国有资本为主；乌兹别克斯坦不设立特别的法律规定限制外资进入；对可再生能源项目设立多种贷款及税收优惠政策；政府对项目用地提供土地，对外国劳动力进入本国市场有明确法律规范，并颁布相关法律监督环境治理。

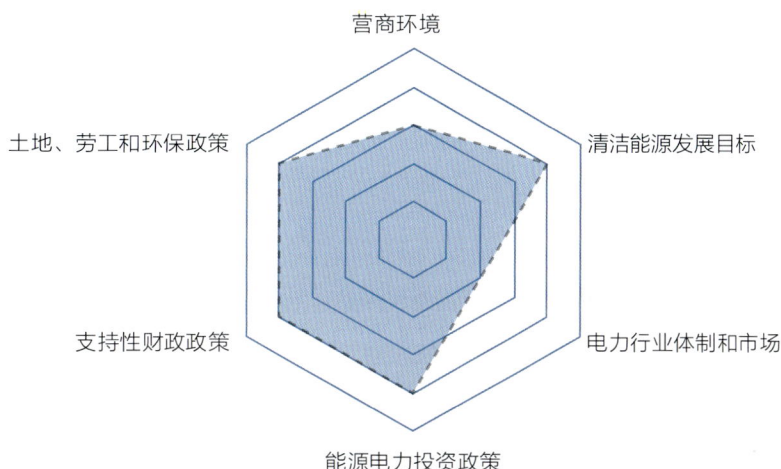

图 5-9　乌兹别克斯坦政策概况

清洁能源发展目标方面， 乌政府通过了《2017~2021 年乌兹别克斯坦五大优先领域发展行动战略》[1]，旨在提高能效、增加发电能力和可再生能源利用效率，并制定了至 2021 年太阳能产能 300MW，陆上风能 102MW，至 2025 年太阳能产能 450MW，陆上风能 302MW 的目标。此外乌政府通过了《可再生能源法》[2]，该法律将成立的能源部，进一步对可再生能源进行规划管理。

电力行业体制和市场方面， 乌兹别克斯坦电力行业主要为国有体制，受政府机构监管，市场化竞争程度低。全国 95% 的电能产量均来自乌兹别克斯坦

---

[1] 数据来源：Uzbekistan's Development Strategy for 2017-2021
[2] 数据来源：Law No. ZRU-539 On Use of Renewable Sources of Energy dated 21 May 2019（the "Renewable Energy Law" or "Law"）

国家电力公司。电力生产充足，乌政府对电价按照夏季和冬季每半年调整一次，且对不同用户规定不同用电价格，平均电价为 5.2 美分 / kWh。

能源电力投资政策方面，乌兹别克斯坦对于外国投资并不设立特别的法律规定，外国投资者可根据《外国投资法》❶《投资活动法》❷《关于保护外国投资者权益条款及措施法》❸ 设立合资企业、100% 外资企业的方式进行投资。外国投资者还可通过竞标方式获得乌国企业的部分或全部股份、通过塔什干交易所购买乌国企业股票、通过建立合资企业持有乌国企业股份。

支持性财政政策方面，根据乌兹别克斯坦 2013 年国家规划，乌国银行将提供 30 亿美元优惠贷款用于支持企业发展。此外为鼓励外资投资，乌兹别克斯坦政府出台多部法律法规，向外国投资者提供了减、免税的优惠政策框架。为促进可再生能源发展，乌国政府规定直至 2022 年 1 月 1 日，《可再生能源法》所列的全部项目，以及自产可再生能源项目均免征进口关税。

土地、劳工和环保政策方面，根据 649 号总统令规定❹，外国投资者可通过签署合同并支付费用的方式取得土地使用权。在劳工政策方面，乌兹别克斯坦对外籍劳务需求数量不大，政府主管部门对外籍劳务实行许可审批制度，并对跟随项目的管理人员、技术人员发放一定数量的劳务许可。在环保政策方面，乌政府规定企业必须对企业及交通干线地带影响居民健康的有害物质进行评估。此外，乌政府于 1992 年引入环境污染付费机制，内阁 15 号《关于完善特殊自然资源利用支付体系的决议》规定了排污赔偿标准。

---

❶ 数据来源：LAW OF THE REPUBLIC OF UZBEKISTAN ON FOREIGN INVESTMENT
❷ 数据来源：LAW. of the. REPUBLIC OF UZBEKISTAN. December 24, 1995 No. 719-I. On investment activity
❸ 数据来源：Law on Guarantees and Measures of Protection of Foreign Investors' Rights
❹ 数据来源：Presidential Decree No. PP-649 concerning improvement of the issuance of licences for subsoil management.

5.2.10 泰国

泰国总体营商环境很好，根据世界银行《2020 年营商环境报告》，泰国在全部 190 个国家和地区中排名第 21 位，在报告的亚洲 47 个国家和地区中排名第 5 位。泰国是东南亚总装机容量的区域领导者。它是东南亚国家中第一个实施上网电价补贴以刺激可再生能源项目投资和发展的国家；电力系统中形成了以泰国发电管理局（EGAT）为主，通过国家控制中心和五个地区性的控制中心管理、控制电力调度的模式；政府颁布了相关法律对外国投资人准入行业进行了多重限制；投资促进委员会按行业的重要性给予不同程度的优惠政策，另外也按项目所在地区及价值的不同给予额外的优惠；政府将全面放开在泰国外籍劳工从业工种限制，但外籍劳工流动性方面仍未全面放开，须就近选择就业，并颁布相关法律监督环境治理。

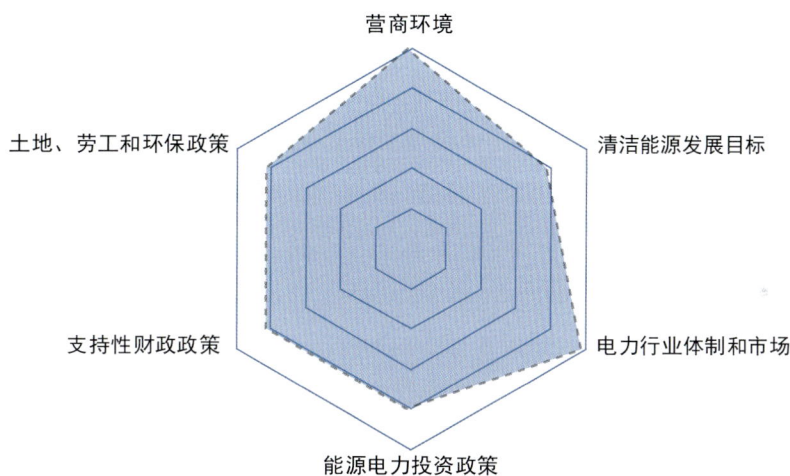

图 5-10　泰国政策概况

清洁能源发展目标方面，政府积极实施上网电价补贴和后续上网电价计划来支持可再生能源行业的发展。2007 年引入有吸引力的上网电价刺激了可再生能源的容量。在发布《2015 年电力发展计划》（PDP）的两年内，泰国实现了2036 年可再生能源产能目标的近一半。根据 2015—2037 年的最新电力发展计划，目标在未来 20 年内增加 15.6GW 的可再生能源发电量。泰国的企业和商业银行也积极支持泰国可再生能源的开发与转型。

电力行业体制和市场方面，泰国发电管理局（EGAT）是泰国唯一的电力系统运营商，通过国家控制中心和五个地区性的控制中心管理、控制电力调度。

在发电侧，自 1992 年以来，泰国政府为了促进电力行业的竞争，逐步推动私人发电商包括小型发电商（SPP）、微小型电力生产商（VSPP）和独立发电商（IPP）推行发电业务；在输配电侧，泰国发电管理局（EGAT）是电力产业价值链中最大的国有企业，其次是首都电力管理局（MEA）及省电力管理局（PEA）。根据购电合同要求，SPP、VSPP 和 IPP 将电出售给 EGAT，然后由 EGAT 将电输送给配电商 MEA 和 PEA。电价方面，小型企业、商业与住宅的电费费率约为 9.4 美分 / kWh，工业用电平均约 12.5 美分 / kWh，商业用电约为 25.1 美分 / kWh。可再生能源电价方面，太阳能的 25 年上网电价（最高价）为 17.7 美分 / kWh，风能的 20 年上网电价（最高价）为 19 美分 / kWh。

能源电力投资政策方面，泰国投资促进委员会负责（BOI），负责根据 1977 年颁布的《投资促进法（ Investment Promotion Act ）》及 1991 年第二次修正和 2001 年第三次修正的版本制定投资政策。根据《外籍人经商法》，泰国对外国人投资的限制行业分三类：因特殊理由禁止外国人投资的业务、须经商业部长批准的项目、本国人对外国人未具竞争能力的投资业务。泰国对可再生能源领域投资准入并无限制。

支持性财政政策方面，泰国投资促进委员会负责（BOI）向投资者提供两种形式的优惠政策：一是税务上的优惠权益，主要包括免缴或减免法人所得税、免缴或减免机器进口税、减免必需的原材料进口税、免缴出口产品所需要的原材料进口税等；二是非税务上的优惠权益，主要包括允许引进专家技术人员、允许获得土地所有权、允许汇出外汇以及其他保障和保护措施等。此外，为鼓励外商投资，BOI 还放宽了对外商持股比例的限制。税收方面，BOI 提供免征机械进口关税和为期 5 年的企业所得税免税期，并在接下来的五年中为可再生能源生产商和制造商提供 50% 的减免。

土地、劳工和环保政策方面，泰国《土地法》规定外国人及外籍法人根据内务部法规，经内务部部长批准可拥有土地，以作为居住和从事商业、工业、农业、坟场、慈善、宗教等活动需要之用。《外籍人工作法》规定泰国雇主欲雇用外籍人士在泰国境内工作，均须向泰国劳工管理部门申请工作许可。环保方面，泰国规定，可能对自然环境造成影响的大型项目，必须向自然资源和环境政策规划办公室提交环境影响评估（EIAs）报告，接受审核和修改。

5.2.11 印度

印度总体营商环境很好，根据世界银行《2020 年营商环境报告》，印度在全部 190 个国家和地区中排名第 63 位，在报告的亚洲 47 个国家和地区中排名第 19 位。印度的"十三五"电力规划草案明确了迅速发展可再生能源的战略；政府积极与周边各国的谈判，实现电网的同步互联；外国投资者可在印度独资或合资设立私人有限公司，允许外资并购印度本地企业；国家清洁能源基金资助设立可再生能源基金；政府颁布法律对外国投资者购买土地，工人最低工资和环境污染进行了限制。

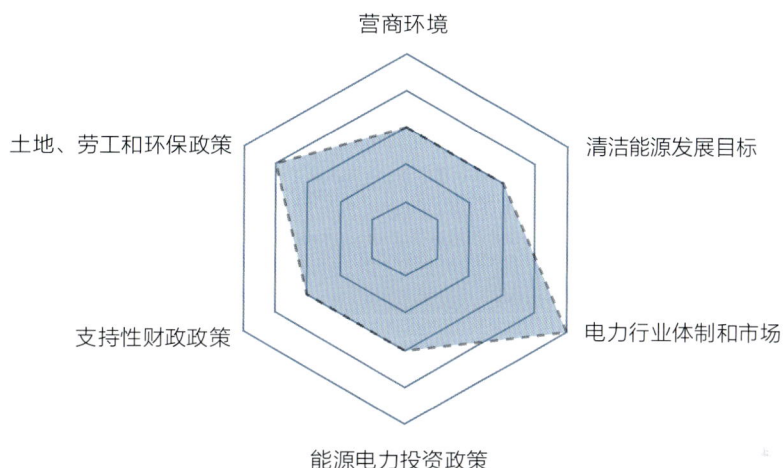

图 5-11 印度政策概况

清洁能源发展目标方面，印度"十三五"电力规划草案计划在 2022 年可再生能源装机容量的目标提升为 175GW。新能源与可再生能源部（MNRE）负责对印度可再生能源项目的招标。其在 2015 年 7 月 14 日提交公众咨询的《新可再生能源法》草案旨在建立一个有利的政策框架，以增加可再生能源在总体能源结构中的份额。

电力行业体制和市场方面，印度电力和煤炭部部长呼吁建立南亚区域联合电网。发电端，私人发电公司、中央发电公司、国家发电公司分别占 27%、30%、43%。配售电领域，Tamil Nadu、Gujarat、Andhra Pradesh 和 Maharashtra 公司市场占比分别为 7%、9%、11% 和 15%，其他私有化配售电公司市场份额为 55%。印度电力供应仍然面临较大缺口，不同地区价格有所不同，以新德里为例，家庭用电在 200kWh 以内的部分 4.2 美分 / kWh，201~400kWh 之间 6.3

美分 / kWh，401~500 kWh 之间 9.1 美分 / kWh，501~1200 kWh 之间 9.5 美分 / kWh，1200kWh 以上的 10.5 美分 / kWh；商业用电（105 kVA 以下负载）在 10 kW 以内 11.1 美分 / kWh，并收取每月每千瓦 139.5 美分 / kW 的固定费用，10kW~100kW 之间 10.6 美分 / kWh，并收取每月 160.4 美分 / kW 的固定费用，100 kW 以上 12.4 美分 / kWh，并收取每月 209.3 美分 / kW 的固定费用；工业用电在 10kW 以内 10.6 美分 / kWh，并收取每月 111.6 美分 / kW 的固定费用，10 kW~100kW 之间 9.5 美分 / kWh，并收取每月 125.6 美分 / kW 的固定费用，100 kW 以上 11.9 美分 / kWh，并收取每月 209.3 美分 / kW 的固定费用；农业用电 3.5 美分 / kWh，并收取每月 27.9 美分的固定费用。

能源电力投资政策方面，外国投资者可在印度独资或合资设立私人有限公司，此类公司设立后视同印度本地企业；同时，印度允许外资并购印度本地企业。外国企业也可以通过印度证券市场收购当地上市公司。外商在印度投资设立的企业视同本地企业，须与印度企业一样遵守印度政府制定的产业政策。外国投资者在印度直接投资，需要在 30 天内向储备银行报告股份转让、汇款金额等信息。印度政府鼓励外资对电力（除核电外）进行投资。

支持性财政政策方面，2015 年印度国家可再生能源法提出国家清洁能源基金资助设立可再生能源基金以促进该法案确定的目标。同样，所有州都将设立州绿色基金，以在其辖区内促进可再生能源。

土地、劳工和环保政策方面，印度《外汇管制法案》和《外汇管理法（印度境外购买或者转让印度不动产实施细则）》对投资者在印度购买土地有许多限制条件。外国投资者想要投资印度不动产，诸如买卖、抵押、租赁土地，首先要确定该不动产能否被交易，其次，投资者要有相应的行为能力。外国人在印度工作必须事先获得工作签证或项目签证（针对电力和冶金项目）。持工作签证的外国人，须在入境后 14 天内到所在地的外国人登记办公室办理登记，领取登记证。环境、森林和气候变化部（MoEF&CC），中央污染控制委员会（CPCB）和邦污染控制委员会（SPCBs）以及地方市政机关对印度的环境进行监督管理。

5.2.12　印度尼西亚

　　印度尼西亚总体营商环境一般，根据世界银行《2020 年营商环境报告》，印度尼西亚在全部 190 个国家和地区中排名第 73 位，在报告的亚洲 47 个国家和地区中排名第 24 位，较 2015 年有所提升。2014 年印尼更新了国家能源政策，制定了更雄心勃勃的可再生能源目标；发配电侧，实现了以印尼国家电力公司（PLN）为主，独立发电商为辅的模式；外国投资者可以自由投资除《投资法》规定限制禁止的行业；政府通过财政政策和其他优惠政策为投资者提供便利；印尼实行土地私有，外国人或外国公司在印尼都不能拥有土地。印尼对本国劳动力保护完善，并颁布相关法律监督环境治理。

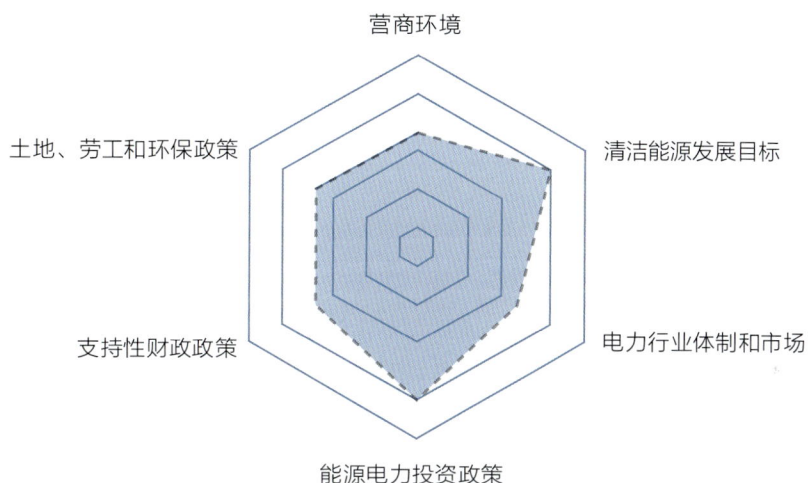

图 5-12　印尼政策概况

　　清洁能源发展目标方面，印尼政府目标是在 2025 年将可再生能源占一次能源结构的比重提高到 23%（之前的目标是 15%）。政府还提出了到 2050 年 31% 的新目标。《2015 年国家公用事业》中明确了 2015 年至 2027 年可再生能源发展的目标：建设 4.6GW 地热，5.3GW 水电，以及 2GW 其他生物质和太阳能。

　　电力行业体制和市场方面，印尼的电力市场是以印尼国家电力公司（PLN）为主，独立发电商为辅的模式。发电侧，印尼独立发电商和印尼国家电力公司分别占 26% 和 74%。配售电市场，印尼国家电力公司占全部市场份额。印尼商业用电价为：450W 以内为 3 美分 / kWh，451~900W 为 3.3 美分 / kWh，

901~1300W 为 3.4 美分 / kWh，1301~2200W 为 3.7 美分 / kWh，2201W 以上为 3.9 美分 / kWh；工业用电价为：450W 以内为 2.5 美分 / kWh，451~900W 为 2.9 美分 / kWh，901W 以上为 3.3 美分 / kWh。

能源电力投资政策方面，印尼《投资法》规定，国内外投资者可自由投资任何行业，外国直接投资可以设立独资企业，外国投资者也可在规定范围内与印尼的个人、公司成立合资企业，还可通过公开市场操作，购买上市公司的股票，但以上都受到相关规定的限制。电力行业方面，允许外国企业通过合作方式参与开发 0.1 万 kW 和 1 万 kW 的发电项目；对 1 万 kW 以上的发电项目，外资股权比例不得超过 95%。

支持性财政政策方面，印尼政府通过财政政策和其他优惠政策为投资者提供便利，如对涉地热开发项目降低开发技术的门槛、放宽间接投资的管制等。除此之外，印尼还对可再生能源财产的增值税和进口关税免税，并加快了可再生能源的折旧。

土地、劳工和环保政策方面，印尼实行土地私有制度，外国人或外国公司在印尼都不能拥有土地，但可以拥有受限制的建筑权、使用权和开发权。印尼对本国劳动力的保护完善，目前只允许引进外籍专业人员，普通劳务人员不许引进。对于印尼经济建设和国家发展需要的外籍专业人员，在保证优先录用本国专业人员的前提下，允许外籍专业人员依合法途径进入印尼，并获工作许可。受聘的外国技术人员，可以申请居留签证和工作准证。印尼《环境法》要求对投资或承包工程进行环境影响评估（AMDAL），规定企业必须获得由环境部颁发的环境许可证，并详细规定了对于那些造成环境破坏行为的处罚，包括监禁和罚款。

5.2.13 蒙古国

蒙古国总体营商环境一般，根据世界银行《2020 年营商环境报告》，蒙古国在全部 190 个国家和地区中排名第 51 位，在报告中的 47 个亚洲国家和地区中排名第 25 位。政府为可再生能源发展规划了明确的目标；电力市场在发、输、配电侧为国有资本和私有资本共同经营的模式；蒙古国投资准入门槛较低，不设立特别的法律规定限制外资进入；对可再生能源项目设立多种贷款及税收优惠政策；政府对项目用地提供土地优惠政策，但对外国劳动力进入本国市场限制较多，并颁布相关法律监督环境治理。

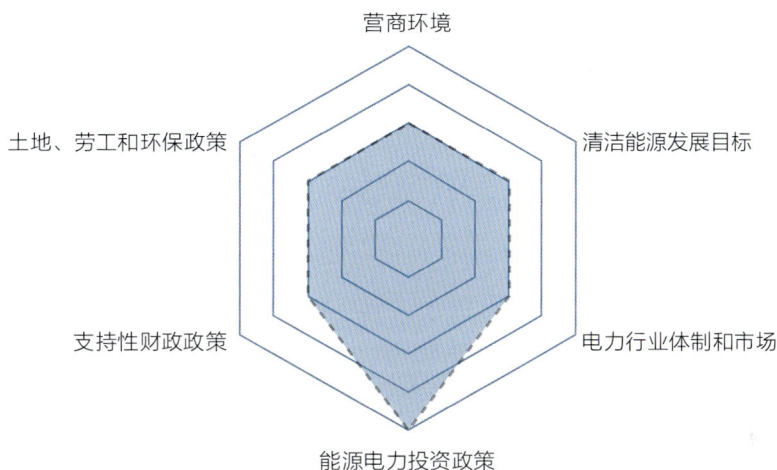

图 5-13 蒙古国政策概况

清洁能源发展目标方面，蒙古国为了大力发展可再生能源发电，于 2007 年 1 月 11 日通过了《可再生能源法》，旨在提高蒙古对可再生能源的利用，并规范可再生能源的产生和供应。于 2015 年 1 月 1 日发布的《国家能源部门政策》是蒙古电力部门的路线图，该政策文件重点介绍了蒙古国的现状和面临的困难，并指出可再生能源的发展方向。蒙古国家可再生能源计划的目标是到 2030 年实现 30% 的可再生能源发电量，到同年至少达到 20% 的容量储备余量，并减少传输损耗。

电力行业体制和市场方面，由于目前蒙古国国家财政紧张，蒙古国政府鼓励利用外资通过各类政府和社会资本合作（PPP）模式参与电力基础设施投资建设。在发电侧，中央电力系统占较大部分。蒙古国整体电价不高，对居民用户、企业用户和公共用户执行不同收费标准，工业用电的价格比居民生活用电价格稍高，为 2.6~9.5 美分 / kWh，居民生活用电的价格为 2.7~4.7 美分 / kWh。

　　能源电力行业投资政策方面，根据蒙古国《投资法》，蒙古国对外商提供国民待遇，除本国法律法规禁止从事的生产和服务行业以外，都允许外商投资。蒙古国法律明确禁止的行业是麻醉品、鸦片和枪支武器生产等，除此之外没有其他禁止投资的行业。2013 年通过了《蒙古投资法》为蒙古各个部门（包括能源和可再生能源部门）创造了有吸引力的投资环境。

　　支持性财政政策方面，2014 年《风电和光伏项目的上网电价》政策规定，根据不同装机规模的光伏项目可获得利率在 4%~5% 的财政部优惠贷款，以鼓励外资投资。蒙古国目前没有特别针对行业的鼓励政策，但是在税收稳定等方面，对矿业开采、重工业、基础设施领域有一定的政策倾斜。

　　土地、劳工和环保政策方面，根据蒙古国相关法律法规，不允许外资企业获得土地所有权，但外资企业可依法获取土地占有和使用权。蒙古严格限制外国劳工进入本国市场，根据蒙古国法律规定，用工单位需向蒙古国劳动主管部门提出申请，获批并按时缴纳有关岗位费用才可为劳务人员申办劳务签证赴蒙合法务工。根据蒙古国《环境保护法》与《环境影响评估法》的规定，矿山开发及与其相关的建设项目（如公路、铁路等）均需进行环境评估，需聘请蒙古国具有环境评估资质的公司，对开发矿山及其相关建设项目将对环境造成的影响进行评估，并将环境评估报告提交蒙古国自然环境部审批。

5.2.14　缅甸

　　缅甸总体营商环境较差，根据世界银行《2020 年营商环境报告》，缅甸在全部 190 个国家和地区中排名第 165 位，在报告中的 47 个亚洲国家和地区排名第 41 位。政府为可再生能源发展规划了明确的目标；电力市场采用国有资本和私有资本共同经营的模式，但国有资本占比较低；缅甸投资准入门槛非常低，允许外国投资任何规模的电力项目；对可再生能源项目设立多种税收优惠政策；政府对项目用地提供土地优惠政策，没有外国劳动力进入本国市场的规定，并颁布相关法律监督环境治理。

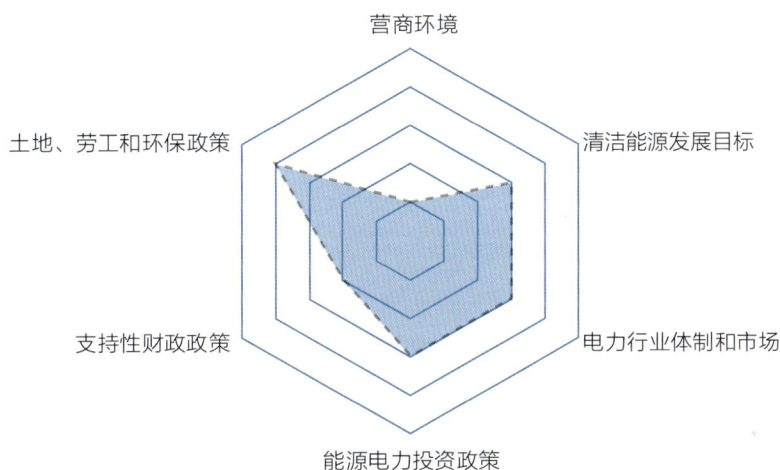

图 5-14　缅甸政策概况

　　清洁能源发展目标方面，缅甸于 2014 年制定了《国家电力发展规划》。按照该规划，到 2030 年，缅甸电力总装机容量将达到 25754MW，其中天然气发电 4956MW（占总发电量的 17.32%）、火电 2760MW（9.55%）。2015 年，缅甸政府通过的《缅甸可持续规划》中明确列出了优先发展以太阳能为代表的可再生能源的目标，缅甸政府致力于到 2020 年，通过风能和太阳能等可再生能源供应全国 5% 的电力。到 2025 年，致力于将这一比例增加到 12%，而这将助力缅甸在 2030 年以前实现全国 100% 通电。缅甸全国电力总装机容量为 5390MW，其中水电 3255MW，占 60.4%，天然气电 1663MW，占 30.9%，火电 375MW，占 7.0%，柴油发电 94MW，占 1.7%。随着经济发展，缅甸用电需求逐年增大，目前，工业用电仍严重短缺。

电力行业体制和市场方面， 政府打破国家对电力行业的垄断，允许和鼓励合作社和私营企业从事适度规模的电力开发，同时加强与外国在电力开发方面的合作，并利用本国丰富的水力资源，新建了许多水电站。缅甸电网由国家互联电网和偏远地区的孤立电网组成，主要包含有 230、132、66、33kV 四种电压等级，围绕中部的仰光—曼德勒负荷中心向周边延伸，覆盖了中部的多数省份。仰光、曼德勒和内比都三个城市占总用电负荷的 61%，其余 39% 为其他城市和乡村用电。在售电侧，由缅甸第二电力部负责制定电费标准，居民和商业用电实行阶梯电价，电价水平在 2.3~3.3 美分 / kWh 范围浮动，工业用电根据使用量不同，费率在 4.9~6.5 美分 /kWh 范围浮动。对外国人另视具体情况收费，还要收取变电器损耗费、电表保护费、功率费等多项杂费。

能源电力投资政策方面， 在 2014 年，缅甸的《电力法》中允许外国投资于该国任何规模的电力项目，最大所有权为 50%。《缅甸投资法》规定，投资委对申报项目的资信情况、项目核算、工业技术等进行审批、核准并颁发项目许可证，在项目实施过程中提供必要帮助、监督和指导，同时也受理许可证协定时限的延长、缩短或变更的申请等。

支持性财政政策方面， 2016 年 1 月颁布的国家税法——《缅甸联邦税法》中对太阳能硬件的税法进行了实质性的修订，新税法没有涉及其他能源技术，主要针对太阳能硬件免除商业税，取消了进口与非进口的区别。并且，在不同地区，可以享受不同年限的所得税减免。

土地、劳工和环保政策方面， 2016 年《缅甸投资法》将原有的《缅甸外国投资法》与《缅甸公民投资法》进行了合并。根据现行的缅甸土地相关法规，任何外国的个人和公司不得拥有土地，但可以长期租用土地用于其投资活动。新投资法规定，土地使用期限为 50 年并视情况可延长 10 年。目前缅甸尚未出台外籍劳务可就业的岗位、市场需求等方面的规定。缅甸整体劳动力水平较低，缅政府鼓励外国在缅投资企业引进管理和技术人员，指导缅甸当地雇员提高技术水平，但同时也鼓励外资企业优先雇用缅甸工人。2015 年 12 月，缅甸自然资源与环境保护部发布了《环境影响评估程序》。该文件规定，经缅甸自然资源与环境保护部认定，对环境有潜在负面影响的投资项目，须事先提交环境评估报告（EIA）。

5.2.15 老挝

老挝总体营商环境一般，根据世界银行《2020 年营商环境报告》，老挝在全部 190 个国家和地区中排名第 154 位，在报告中的 47 个亚洲国家和地区排名第 40 位。政府为可再生能源发展规划了明确的目标；电力市场以国有资本为主私营资本为辅的经营模式；老挝投资准入门槛较低，不设立特别的法律规定限制外资进入；对可再生能源项目设立多种贷款及税收优惠政策；政府对项目用地提供土地优惠政策，但对外国劳动力进入本国市场限制较严格，并颁布相关法律监督环境治理。

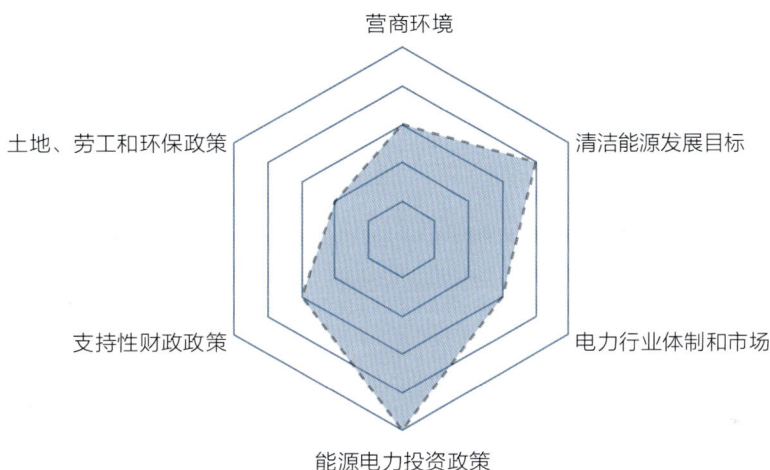

图 5-15　老挝政策概况

清洁能源发展目标方面，为满足人民基本用电和工业化经济发展的需求，老挝政府制定了《国家电力发展规划（2010—2020）》，规划了在湄公河干流及支流流域的水电开发项目；2011 颁布的《可再生能源战略发展规划（2011—2025）》，制定了发展可再生能源的目标。老挝政府将致力于发展能源产业，加快中小水电站的建设，结合生物能源、太阳能、风能等七种替代能源的开发，争取达到上述目标。

电力行业体制和市场方面，老挝采用发电和配电领域部分私有化的垂直一体化管理模式。在配电侧，老挝国家电力公司（EDL）主要以国家级干网、跨区域电网作为主网。在售电侧，老挝居民用电实行阶梯电价，电价水平分别在 4~12 美分 / kWh，工业用电为固定电价，费率在 7 美分 / kWh 范围浮动。

5.2　亚洲重点国家投融资政策

能源电力投资政策方面， 老挝先后颁布或修改多项鼓励外商投资的法律法规，外国投资者可以按照"协议联合经营"、与老挝投资者成立"混合企业"和"外国独资企业"等 3 种方式到老挝投资。老挝开展 BOT 的行业主要有水电、矿产、地产等，特许经营年限水电行业一般为 25 年。

支持性财政政策方面， 为鼓励外国投资，老挝政府继续完善投资相关法律，积极营造良好投资环境。1994 年，老挝颁布新修订的《外资法》，根据该法规定，老挝政府不干涉外资企业事务，允许外资企业汇出所获利润，此外外商可在老挝建立独资、合资企业，获享五年免税优惠。在项目经营期内，企业可获得老挝政府提供的税费减免以及法律豁免等优惠，包括免费租用项目建设用地，免除 1% 的资源税和个人所得税外，全部减免营业税、企业所得税、建安税、关税等，但具体项目的税费仍需要与老挝政府进行协商申请。2014 年《风电和光伏项目的上网电价》政策规定，小于 200kW 光伏项目可以在自筹经费的基础上，获得 4% 利率的财政部优惠贷款；200kW~500kW 光伏项目可以在地方财政融资的基础上，获得 5% 利率的财政部优惠贷款；500kW~50MW 的光伏项目鼓励外资投资。

土地、劳工和环保政策方面， 老挝的《土地法》规定，外国人以及其他组织没有土地的使用权，只享有土地租赁权。老挝国内劳动力不足，劳动力市场明显呈现出供小于求。为保证本国公民就业需求，老挝政府对外籍劳工进入有严格规定，仅限于技术劳工入境。在 2013 年 3 月，老挝颁布了新修订的《环境保护法》。要求投资企业需要向自然资源和环境部监察中心提供环评报告，如未通过则需重新评估。

5.3 投融资建议

5.3.1 推动各国电力市场化改革，构建包含中亚、西亚和东南亚资源方，东亚、南亚市场方的跨国跨区域的清洁能源电力市场

大部分亚洲国家均在积极推动电力体制改革，但市场化程度参差不齐，韩国、伊朗、巴基斯坦、泰国、乌兹别克斯坦、孟加拉国、印度尼西亚、蒙古国电力行业主要为国有体制，市场化自由程度较低。构建主体多元、竞争有序的电力交易格局将减少市场的垄断性，形成适应市场要求的电价机制，激发企业内在活力，提高清洁能源的上网经济性，并促进能源消纳。

在完善电力市场结构的基础上，亚洲各国应积极发展针对清洁能源领域的绿色金融服务，制定专门的绿色金融战略目标和发展规划，创新绿色金融工具。绿色金融重点对清洁能源项目展开投融资、项目运营、风险管理等服务，用绿色信贷、绿色债券以及其他的资产证券化金融工具产品，把资本投入到最需要的绿色行业中，以助推清洁能源的快速发展。

5.3.2 建立亚洲跨国和跨区域层面的清洁能源合作机制

亚洲与世界各国共同参与清洁发展机制下的国际合作，通过积极的外交斡旋，建立起清洁能源合作机制，特别是能源对话与协调机制。将清洁能源的发展与合作作为重要议题共同协商探讨，加强清洁能源领域高层对话，建立健全清洁能源外交机制。亚洲各国政府部门可借鉴中美、中欧，日欧的合作机制和成功经验积极推动在清洁能源领域的深化合作，促成清洁能源合作项目的有序开展，建立起清洁能源产能对接机制、投融资机制、科技交流机制及风险防范机制等。从各个方面建立起可操作的清洁能源合作机制，为亚洲与世界区域间的清洁能源合作提供制度方面的保证，实现清洁能源领域合作的快速发展。

部分亚洲国家已经开始与世界各国建立双边或多边的能源政策对话机制，应进一步扩大合作范围，与其他区域加强清洁能源合作，共同开发清洁能源。中国与美国已形成"中美能源政策对话"机制；中国与欧盟于 2015 年发布《中欧领导人气候变化和清洁能源联合声明》，双方将在清洁能源发电、能

源法规和市场设计等方面展开广泛交流及深化合作，同时积极探讨包括互联互通的能源网络在内的可行方案，以满足全球电力对清洁和绿色替代能源的需求；日本与其他 35 个 OECD 成员国开展清洁能源领域的探讨和合作。其他亚洲国家也应积极参与国际清洁能源合作和对话，共同应对全球能源和气候挑战。

5.3.3 充分发挥"一带一路"能源金融优势，依托亚投行、丝路基金、亚开行等区域金融机构扩大项目投资

亚洲有 40 多个国家处于"一带一路"沿线，应加快明确能源高质量合作的优先领域，共商推动"一带一路"清洁能源合作路线图，充分发挥"一带一路"框架下的基金、银行和保险等金融优势，助力清洁能源企业进行国际投资。

在基金方面，发挥丝路基金、中国气候变化南南合作基金、俄中战略投资基金、中国－东盟基金、绿丝路基金等基金的资源配置和投资引导作用，推广运用 PPP（公私伙伴合作）模式在丝绸之路经济带沿线地区进行绿色投资，应对气候变化，发展绿色经济。在银行方面，发挥亚洲开发银行、亚洲基础设施投资银行、中国国家开发银行、中国进出口银行等政策性银行作用，为"一带一路"清洁能源企业走出去提供融资支持。此外，信保业务可以通过由中长期出口信用保险、海外投资保险和短期出口信用保险等产品，为沿线各国的企业、东道国政府、项目业主和国际金融机构搭建合作桥梁，为"一带一路"清洁能源企业的海外扩展保驾护航。

5.3.4 积极发展清洁能源产业园区

部分亚洲国家的清洁能源开发规模较小，对国际资本投资缺乏吸引力，且可行性研究较复杂，审批流程普遍较长，设备运行维护的专业化要求较高，外籍劳工任职就业较困难，民营和社会资本参与投资建设和运营的门槛也较高。建议亚洲国家以清洁能源产业园区的形式扩大优惠政策实施空间，采取降低外资准入门槛、缩减审批流程、放松外籍劳工要求、鼓励外资开展投资活动等措施，吸引国际资本参与清洁能源投资，实现要素聚集和规模经济。

258

5.3.5　逐步降低化石能源补贴

西亚、东亚等地区对化石能源依赖度较高，并给予化石能源发电大量补贴，在一定程度上抑制了清洁能源的竞争力，限制了清洁能源开发。为减少对化石能源依赖、提高能源供应多样化、提升清洁能源竞争力，应降低对化石能源的补贴，制定化石能源补贴退坡机制，设定近期、中期和远期的化石能源改革路线图，逐步降低化石能源补贴幅度；逐步开征化石能源税，倒逼依赖化石能源的相关产业和技术进行改造升级，降低污染提高效率；将财政补贴更多用于发展清洁能源，为清洁能源开发提供税收减免、贷款优惠等支持性财政政策，提高清洁能源市场竞争力，吸引外资进入本国清洁能源市场。通过开发清洁能源，亚洲国家可以降低、甚至摆脱对化石能源的依赖，有效改善国内生态环境、增加绿色高质量就业岗位，实现清洁绿色可持续发展。

5.4　小结

亚洲国家政治比较稳定，经济发展充满活力，是全球最具发展潜力的地区之一。亚洲水能、太阳能、风能资源丰富，清洁能源经济发展前景广阔。随着世界各国对能源需求的不断增长和环境保护的日益加强，清洁能源的推广应用已成必然趋势。随着亚洲与世界各国经贸往来的进一步深化，在清洁能源领域的合作能够将气候、能源和金融领域的危机转变为全新的可持续增长机遇，从而为亚洲经济发展提供新动力。本章梳理了亚洲地区整体政策环境和重点国家主要政策，提出在亚洲开发清洁能源的投融资建议，包括构建包含中亚、西亚和东南亚资源方，东亚、南亚市场方的跨国跨区域的清洁能源电力市场，充分发挥"一带一路"能源金融优势，依托亚投行、丝路基金、亚开行等区域金融机构扩大项目投资，积极发展清洁能源产业园区，逐步降低化石能源补贴等，以此推动大型清洁能源项目在亚洲国家尽快实施，实现亚洲经济的绿色发展和互惠共赢。

结　语

　　科学准确的资源量化评估和系统高效的基地宏观选址是清洁能源大规模开发利用的基础与前提，开展大型基地的电力外送研究和相关国家的政策环境及投融资研究是实现清洁能源大范围优化配置、推动项目实施落地的关键与保障。亚洲清洁能源开发与投资研究是在全球能源互联网发展战略指导下，秉持绿色、低碳、可持续发展理念，对亚洲水、风、光清洁能源资源条件和开发重点的一次科学、系统、全面的研究。报告系统地回答了亚洲清洁能源"有多少"、"在哪里"、"怎么样"等一系列关键问题，提出了一批极具开发潜力的大型基地，不仅给出了基地开发的技术和经济性指标，而且包括清洁电力消纳、外送输电通道以及政策环境和投融资模式等内容，对推动亚洲能源变革转型提供了强有力的数据支撑和行动指南。

　　加快开发亚洲丰富的清洁能源资源，将有力保障亚洲电力能源供应，有效应对气候变化和保护生态环境，推动"一带一路"清洁能源合作，打造亚洲经济增长新引擎，促进亚洲绿色、低碳、可持续发展。加快亚洲清洁能源资源开发，是一项复杂的系统工程，涉及技术、经济和政治等多方面，需要各方以共商、共建、共享、共赢为原则，开展务实合作，形成强大合力。未来需要各方在以下几个方面共同努力。**一是扩大合作共识，**促进各国政府、能源企业、行业组织、社会团体形成广泛共识，建立清洁发展的合作框架、政策机制和投融资模式。**二是加强规划统筹，**发挥规划统领作用，强化顶层设计，把清洁能源资源开发纳入各国能源电力发展规划重点，加快形成上下游产业协同联动的有利局面。**三是注重创新驱动，**整合企业、科研机构的优势力量，推动技术和装备研发攻关，建立产学研深度融合发展新路径，紧紧抓住清洁能源发电技术快速发展历史机遇，用创新为绿色发展赋能。**四是推动项目突破，**加强政府、企业、金融行业等更广泛合作，结合各国国情和特点，用商业模式和投融资创新推动一批经济效益好、示范效果强的大基地、大项目早开发、早见效，早日惠及亚洲经济社会发展。

　　亚洲清洁能源开发符合亚洲各国与国际投资者的共同利益，前景广阔、大有可为。衷心希望有关各方携手努力、密切协作，大力推动亚洲清洁能源开发项目落地实施，促进亚洲经济社会发展，共创更加美好的明天！

图书在版编目（CIP）数据

亚洲清洁能源开发与投资研究／全球能源互联网发展合作组织著. —北京：中国电力出版社，2020.10

ISBN 978-7-5198-5083-8

Ⅰ．①亚… Ⅱ．①全… Ⅲ．①无污染能源—能源开发—研究—亚洲 ②无污染能源—投资—研究—亚洲 Ⅳ．① F430.62

中国版本图书馆 CIP 数据核字（2020）第 203343 号

审图号：GS（2020）5846 号

出版发行：中国电力出版社
地　　址：北京市东城区北京站西街 19 号（邮政编码 100005）
网　　址：http://www.cepp.sgcc.com.cn
责任编辑：孙世通（010-63412326）　马　静
责任校对：黄　蓓　常燕昆
装帧设计：北京锋尚制版有限公司
责任印制：钱兴根

印　　刷：北京瑞禾彩色印刷有限公司
版　　次：2020 年 10 月第一版
印　　次：2020 年 10 月北京第一次印刷
开　　本：889 毫米 ×1194 毫米　16 开本
印　　张：17.75
字　　数：357 千字
定　　价：230.00 元